Esther Szolnoki | Nina Pohlmann | Illustrationen: Orlando Hoetzel

W0366794

# tu's doch!

## 365 Tipps, die mehr Schwung ins Leben bringen

## Freunde & Familie

004_Die eigenen Wurzeln entdecken
009_Überraschungbesuch bei der Familie
014_Tag der drei Musketiere
047_Liebeserklärung an die Eltern
072_Jahresritual unter Frauen
095_Lagerfeuer veranstalten
103_Blindverkostung organisieren
109_Karten spielen
119_Gemeinsam Plätzchen backen
137_Blumen für die Eltern
143_Expertenteam bilden
150_Mit Freunden kochen
171_Familientreffen organisieren
197_Von Jugendlichen lernen
219_Mutter- und Ehefreuden feiern

**Gleich ausprobieren:**
**249_Familiengeschichten sammeln**

296_Freunden Hilfe anbieten
332_Treffen in einem Jahr
338_Picknick veranstalten
364_Mit der Familie essen

## Kontakte & Begegnungen

007_Nachbarn besser kennenlernen
031_Lunchclub gründen
059_Einen Fremden ansprechen
098_Eigene Vorurteile abbauen
105_Das Tanzbein schwingen
112_Namensvettern finden
126_Kontaktanzeige beantworten
167_Sich jemandem vorstellen
186_Alte Kontakte auffrischen
214_Sich im Smalltalk üben
230_Einen Fremden umarmen
238_Chat über Ländergrenzen
261_E-Mails vorbeibringen
281_Mittags mit Kollegen essen

**Gleich ausprobieren:**
**301_Flaschenpost versenden**

308_Schulfreunde wiederfinden
316_Im Zug Kontakte knüpfen
353_Gleichgesinnte suchen

## Körper & Wellness

003_»Zen-Lunch« für innere Ruhe
019_Schwung in den Tag bringen
023_Kopfstand lernen
027_Zehn Minuten für die Gesundheit
042_Obst auf dem Markt einkaufen
048_Natürliche Kosmetik verwenden
057_Gesund essen und trinken
083_Wartezeiten genießen
097_Beckenboden trainieren
108_Die Füße pflegen

**Gleich ausprobieren:**
**116_Zazen für den Geist**

124_Chinesische Massage probieren
140_Entspannungskurs belegen
144_Erholungspausen im Alltag
159_Bewusst langsam gehen
162_Auf die Atmung achten
180_Barfuß laufen
188_Make-up-Termin vereinbaren
201_Fahrradtour unternehmen
206_In die Therme gehen
226_Über Gesundheitskurse informieren
234_Nichtrauchertag
245_Licht in die Wohnung lassen
259_Ausschlaftag gönnen
263_Jemanden massieren
273_Sich richtig austoben
279_Kalte Dusche
290_Probetraining ausmachen
297_Bio-Ernährung
307_Kosmetiktermin ausmachen
324_Yoga-Übung lernen
328_Sport am Mittag
340_Kleine Pausen zwischendurch

**Gleich ausprobieren:**
**348_Eine Runde am Morgen**

359_Zur Vorsorge gehen
363_Wellness-Angebote checken

## Lust & Liebe

032_Bettseiten tauschen
041_Geschenke des Ex verscherbeln
076_Die erste große Liebe
106_Der ganz besondere Jahrestag
131_Liebe gestehen
174_Sexuelle Träume ausleben
190_Chance für die neue Liebe
210_Besuch im Sexshop

**Gleich ausprobieren:**
**223_»Ich liebe dich« sagen**

242_Drink ausgeben lassen
293_Flirten lernen
300_Männersuche im Internet
311_Echter Rollentausch
329_Zeit zu zweit
345_Neue Sexstellung probieren
354_Rendezvous mit dem Partner

## Me & Myself


001_Einen Tag dokumentieren
026_An der Ausstrahlung arbeiten
029_Autobiografie beginnen
033_Der Ich-bereue-nichts-Tag
037_Ratschläge annehmen
044_Konsequenz zeigen
053_Eins nach dem anderen

**Gleich ausprobieren:**
**062_Selbst für gute Laune sorgen**

065_Sich selbst etwas zutrauen
069_Aus dem Bauch heraus entscheiden
074_Die eigenen Ängste besiegen
082_Nachteule gegen Lerche
084_Nein sagen lernen
087_Ein Tag ohne Kinder
089_Falsche Freunde aussortieren
101_Großzügig sein
113_Sich aufbrezeln und ausgehen
117_Prinzessin für einen Tag
122_Mal so richtig Dampf ablassen
129_Einmal Zicke sein
132_Wider den Pessimismus
134_Überfällige Entschuldigung
138_Sich zur Wehr setzen
151_Tag der kleinen Rache
154_Sich selbst gut finden
164_Ärger rauslassen
170_Herausforderung annehmen
172_Eigenen Traum erfüllen
178_Auf die Intuition verlassen
182_Die Wahrheit sagen
192_Rituale einführen
195_Single für einen Abend
199_Den ersten Schritt tun
207_Sich finanziell absichern
216_Realistisch bleiben
220_Wieder Kind sein
224_Erst denken, dann sprechen
229_Entscheidungen treffen
233_Im Bett bleiben
239_Zur Tat schreiten
248_Neuen Look finden

**Gleich ausprobieren:**
**252_Lebensbaum aufzeichnen**

257_Soundtrack des Lebens
265_Verzeihen üben
270_Offenheit zeigen
276_Brief an Vorbild schreiben
283_Sprung ins Wasser wagen
284_Selbstverteidigungskurs buchen
299_Loslassen lernen
303_Über sich selbst lachen
313_Ziele setzen
319_Ein Tag ohne Geld
327_Immer schön geduldig bleiben
333_Nachricht aus der Zukunft
337_Sich Gehör verschaffen
343_Das Glück zählen
352_An sich selbst schreiben
360_Weiterbildung planen


## Miteinander & Füreinander


002_Ein Kuchen als Überraschung
011_Fähigkeiten ehrenamtlich einsetzen
020_Mehr auf Mitmenschen achten
040_Technik erklären
052_Blut spenden gehen
060_Einen Tag lang höflich sein

**Gleich ausprobieren:**
**064_Mutter-Teresa-Tag**

073_Sich bei anderen bedanken
078_Den Tag ins Lot bringen
086_Älteren Menschen helfen
094_Die gute Fee spielen
099_Blumenstrauß selbst pflücken
111_Jede Stimme zählt
121_Geschenke ohne Grund
128_Kontakt stiften
136_Mehr Zeit fürs Haustier
149_Mit Spenden helfen
155_Erste-Hilfe-Kurs besuchen
161_Schal stricken
177_Zur Mentorin werden
183_Büchereien bewahren
189_Märchen erzählen
196_Weihnachtsgeschenk finden
205_Not eines Menschen lindern
217_Eine Blume verschenken
231_Bewusst loben
244_Organspendeausweis ausfüllen

**Gleich ausprobieren:**
**253_Blumen für einen Verstorbenen**

264_Mehr Rücksicht nehmen
286_Bewusst einkaufen
305_Energie und Wasser sparen
312_Geschenke aus der Region
317_Straßenzeitung kaufen
325_Komplimente machen
335_Engagement für andere
344_Postkarten basteln
362_Einkaufen bei Tante Emma


## Neues & Unbekanntes


005_Haarpracht farblich aufpeppen
012_Neuer Handyklingelton
017_Nichts-wegwerfen-Tag
022_Wohnung umgestalten

**Gleich ausprobieren:**
**024_Tag mit Schweigegelübde**

028_Routine duchbrechen
034_Speisen mit neuer Optik
036_Der fernsehfreie Tag
039_Schnupper-Reitstunde
045_Exotisches Essen
046_Allein ins Restaurant
049_Frühstück variieren
056_Wegschmeißen üben
067_Ungeplanter Kurztrip
075_Fan-Veranstaltung besuchen
079_Als Aktmodell posieren
085_Mal richtig ausmisten
090_Allein ins Kino gehen
093_Bis zur Endstation fahren
127_Neue Frisur testen
139_Kino früher verlassen
142_Hörgewohnheiten ändern
147_Greifvogel streicheln
156_Im Abendkleid flanieren gehen
160_Chat ausprobieren
166_Rezepte variieren
173_Tageszeitung wechseln
179_Zum Einkaufen gehen
184_Erlebnis der besonderen Art
193_In Stilberatung investieren
200_Augenfarbe ändern
204_Mit Handgepäck verreisen
209_Fremdes Viertel besuchen
211_Essen von A bis Z
236_Ein Tag ohne Handy
241_Neue Absatzhöhe ausprobieren
246_Vorbild nachahmen
256_Einen Fremden beobachten
258_Sexy Dessous tragen
267_Neuen Arbeitsweg gehen
268_Bewusst anders kleiden
274_Reise ins Unbekannte
278_Kleiderschrank ausmisten
285_Festfrisur machen lassen
289_Neues Terrain erkunden
294_Den Typ unterstreichen
302_Essen ungewöhnlich komponieren
306_Ungeliebte Fotos entsorgen
322_Zeitschriften ausprobieren

**Gleich ausprobieren:**
**331_Reise mit Regionalticket**

334_Vorhaben angehen
342_Besuch im Spezialitätenladen
350_Der verrückte Tag
355_Gutscheine einlösen
358_Wohnung umräumen


## Spaß & Kultur


006_Eine Veranstaltung aussuchen
008_Aus dem Fenster schauen
013_Sonnenaufgang anschauen
015_Individuelle Poster
018_Mit Lieblingslied aufwachen
021_Einen Baum pflanzen
025_Tierpfleger im Zoo
030_Über Kunstwerk fachsimpeln
038_Den »Tag des Buches« feiern

**Gleich ausprobieren:**
**043_Moderne Technik weglassen**

050_Einem Tagesmotto folgen
054_Kinofilm nach Titel auswählen
058_Ein Hobby suchen
061_Einen Berg besteigen
066_Baumwipfelpfad ausprobieren
068_Lesekreis zu zweit
071_Lotto spielen
077_Paris in die Wohnung holen
080_Einen Nationalpark besuchen
091_An einem Flashmob teilnehmen
096_Gemütlichen Leseabend einlegen
102_Einen Blumenstrauß trocknen
104_Eine Erzählung erfinden
107_Eigene Zufriedenheit malen
110_Sightseeing in der Heimatstadt
115_Im Zelt übernachten
118_Lieblingsbuch zum Hören kaufen
120_Drachen steigen lassen
125_Schaukeln gehen
130_Mittelalterliche Auszeit
135_In der Wohngegend ausgehen
141_Eigenen Film zeigen
145_Fremdsprachigen Film sehen
148_Ferienparadies daheim
153_Dem Lustprinzip folgen
157_Weinkenner werden
163_Essen selbst sammeln
165_Fernsehen bildet
169_Unter freiem Himmel schlafen
176_Den Naturgewalten trotzen

181_Kaufhauswelt erkunden
187_Teures günstig erstehen
191_Aufs Eis wagen
194_Ein Tag am Meer
203_Am Gewinnspiel teilnehmen
208_Traumhaus planen
212_Karaoke singen

**Gleich ausprobieren:**
**215_Ruhe angeln**

218_Im Mondschein baden
222_See im Morgengrauen
228_Ein Casino besuchen
232_Tagebuch schreiben
235_Schnupper-Abo fürs Theater
240_Comics lesen
243_Einkaufen nur zum Spaß
247_Kriminalfall lösen
250_Glücksmomente einfangen
254_Futter für die Ohren
255_Gottesdienst besuchen
262_Ausgiebig Zeitung lesen
266_Zum Kind werden
271_Serien-DVDs besorgen
272_Jahreszeiten bewusst erleben
277_Wochenzeitungen vergleichen
280_Buchläden entdecken
287_Hotelübernachtung vor Ort
292_Umgebungsdetails fotografieren
295_Computerspiele entdecken
304_Gedicht verfassen
309_Spontan in den Regionalzug
310_Theaterspielen mit Freunden
315_Ein Buch aussetzen
318_Blumen pflanzen
320_T-Shirt entwerfen
323_Umgebung kennenlernen
330_Perspektive wechseln
339_Als Komparse bewerben
346_Museen kennenlernen
349_Gute-Laune-Musik mischen
356_Als letzter Bar-Gast gehen
357_Fußballfan werden
361_Einen Brief schreiben
365_Das persönliche Happy End

## Wissen & Können

010_Die Stadt als Naturkundemuseum
016_Bei Wikipedia mitmachen
035_Ein Fahrtraining buchen
051_Tag der offenen Tür besuchen
055_Rätsel lösen
063_Ein Blog einrichten
070_Trendsport ausprobieren

**Gleich ausprobieren:**
**081_Die eigene Stimme entdecken**

088_Das Wetter vorhersagen
092_Klassiker im Theater ansehen
100_Namensgedächtnis trainieren
114_Sternbilder einprägen
123_Traditionelles Gericht kochen
133_Einen Kochkurs buchen
146_Spaziergang im Wald
152_Zeitplanung verbessern
158_Spannende Gerichte kochen
168_Einen Zaubertrick lernen
175_Kopfrechnen trainieren
185_Gedächtnis auf Trab bringen
198_Reiseführer kaufen
202_Erotisch tanzen
213_Informiert ins Konzert
221_Schauspielkurs buchen

225_Reparaturen selbst erledigen
227_Einen Witz lernen
237_Bildungsurlaub mit Spaß
251_Straßennamen verstehen
260_Belesen werden
269_Eigene Talente fördern
275_Autoreifen wechseln
282_Fremdsprachige Zeitung lesen
288_Krawatte gekonnt binden
291_Ein Gedicht auswendig lernen
298_Fremdsprache kennenlernen
314_Sprachkenntnisse auffrischen
321_Namensbedeutung erforschen

**Gleich ausprobieren:**
**326_Instrument spielen lernen**

336_Über fremdes Land informieren
341_Übers Reiseziel recherchieren
347_Gotteshäuser besuchen
351_Computerkurs buchen

# Vorwort

WER WILL NICHT RAUS aus dem Alltagstrott – flexibler und offener werden, Neues kennenlernen, den Horizont erweitern, kreative Energie entwickeln, mehr Lebensfreude spüren? Doch meist bleibt es bei dem Wunsch. Und in uns wächst das stille Unbehagen darüber, doch immer in derselben Routine zu verharren. Neben Kindern, Beruf und dem üblichen Alltagsstress fehlt oft der Anstoß, andere Wege einzuschlagen und etwas Neues auszuprobieren.

Mit »Tu's doch!« wollen wir Ihnen genau diesen Anstoß geben und Sie inspirieren, ein wenig Abwechslung in Ihr Leben zu bringen. Unser Buch begleitet Sie durch ein ganzes Jahr und gibt für jeden Tag anregende und leicht umsetzbare Tipps: Wie wäre es zum Beispiel mit einem »Zen-Lunch«, einem Rätseltag oder einem Rendezvous mit Ihrem langjährigen Partner? Sie können auch einen Erotic-Dance wagen, oder Sie fangen an, Ihre Memoiren zu schreiben.

Lesen Sie einfach in das Buch hinein und wählen Sie für jeden Tag eine Aufgabe aus, auf die Sie Lust haben! Wenn sie Ihnen gefällt, können Sie sie natürlich auch gleich noch einmal machen, oder Sie schauen im Inhaltsverzeichnis nach, ob Sie in der gleichen Tippkategorie etwas Ähnliches finden. Die Entscheidung liegt ganz bei Ihnen – Hauptsache Sie tun's.

Am Ende des Jahres werden Sie erstaunt zurückblicken. Denn unser Buch lockt Sie auf eine Entdeckungsreise zu sich selbst: Sie werden viel lernen, manche innere Hemmschwelle überwinden, neue Kontakte knüpfen, Ihren Mitmenschen helfen ... und nebenbei richtig viel Spaß haben.

Und genau das wünschen wir Ihnen bei Ihrer Abenteuerreise durch das nächste Jahr.

Ihre
Esther Szolnoki und Nina Pohlmann

# 001

## Die Tage rasen nur so an Ihnen vorbei? Dokumentieren Sie heute alles, was Sie tun.

AM ENDE EINES TAGES können wir manchmal nicht mehr genau sagen, womit wir eigentlich all die Stunden verbracht haben. Regelmäßig wundern wir uns, wie schnell die Woche schon wieder an uns vorbeigeflogen ist. Wir sind oft so damit beschäftigt, unserem inneren Zeitplan oder Vorgaben von außen hinterherzurennen, dass wir vieles gleichzeitig und nichts mehr richtig machen. Zum Schluss wissen wir gar nicht mehr, was wir überhaupt alles geschafft haben. Schade, denn so verlieren die einzelnen Aktivitäten an Wert. Sollten wir uns nicht öfter darüber freuen, wenn uns etwas besonders gut gelungen ist? Und auch einmal reflektieren, warum uns etwas nicht gefällt oder schwerer von der Hand geht? Fangen Sie am besten gleich heute damit an: Schreiben Sie alles auf, was Sie tun.

| Tätigkeit | Von ... bis | Anmerkungen |
|---|---|---|
| | | |
| | | |
| | | |
| | | |
| | | |
| | | |
| | | |
| | | |
| | | |

○ erledigt

# 002

## Überraschen Sie heute jemanden mit einem selbst gebackenen Kuchen.

IN AMERIKA wird als Dankeschön oder als Versöhnungsgeste, nachdem jemand in ein Fettnäpfchen getreten ist, ein Korb mit Muffins verschenkt. Wen gibt es in Ihrem beruflichen oder privaten Umfeld, dem Sie mit kleinen Muffins oder einem Kuchen eine Freude machen könnten? Vielleicht die Teamsekretärin, die immer klaglos Ihre krakeligen Notizen abtippt? Natürlich müssen Sie keine Sachertorte fabrizieren – selbst Backmuffel können aus wenigen Zutaten leckere Kuchen zaubern.

○ erledigt

# 003

## Statt fettigem Kantinenessen: Tun Sie heute mit einem »Zen-Lunch« etwas für Ihre innere Ruhe.

IN DEN MEISTEN BÜROS geht es zu wie auf einem Bahnhof. Es gibt kaum ruhige Augenblicke, in denen wir neue Kraft tanken – nicht einmal in der Mittagszeit, in der wir doch eine Pause einlegen könnten. Gehen Sie heute nicht in die Kantine, sondern essen Sie nur einen leichten Snack. Laufen Sie dann zu einem Ort in der Nähe Ihres Büros, an dem Sie 20 Minuten meditieren oder einfach nur Ihre Gedanken schweifen lassen können. Selbst in den unruhigsten Vierteln gibt es einen Park oder zur Not ein menschenleeres Geschäft mit einer leeren Umkleidekabine. So kommen Ihre Gedanken bald zur Ruhe.

○ erledigt

004

# Entdecken Sie heute Ihre Wurzeln.

FAMILIENFORSCHUNG hat in den letzten Jahren immer mehr Fans gefunden. Kein Wunder: Es ist ein Hobby, in das jeder leicht einsteigt und das sich mal intensiver betreiben lässt, mal lange ruhen kann. Mit speziellen Computerprogrammen können Sie die Informationen über entdeckte Ahnen ohne Probleme sortieren. Es gibt zwei Arten der Darstellung: zum einen den Stammbaum, der von einem Urahnen ausgeht und dessen Nachkommen zeigt, zum anderen die Ahnentafel (oder Ahnenliste). Sie beginnt mit dem sogenannten Probanden, also beispielsweise mit Ihnen, und enthält alle bekannten Vorfahren.

Drucken Sie sich eine solche Liste aus (zum Beispiel im Internet unter www.genealogienetz.de/vorlagen) und versuchen Sie, so viele Felder wie möglich auszufüllen. Zumindest bis zu den Urgroßeltern lässt sich das meistens ganz gut ohne Recherche schaffen. Um heute noch ein Stückchen weiterzukommen, befragen Sie Ihre Eltern – oder eine Großtante, die noch mehr Vorfahren kennen könnte. Vielleicht stöbern Sie auch eine alte Familienbibel, ein Familienbuch oder die sogenannten Ahnenpässe aus dem Dritten Reich auf? Damit haben Sie jede Menge Daten zur Hand. Wenn Sie tiefer in die Familienforschung einsteigen wollen, ist der Bereich »GenWiki« auf www.genealogienetz.de ein guter Startpunkt.

Wer weiß, was Sie alles herausfinden. Denn oft gibt es in Familiengeschichten Spannendes zu entdecken. Vielleicht ist einer Ihrer Vorfahren sogar ein Raubritter? Und wussten Sie, dass man früher 64 adelige Vorfahren haben musste, um in einen Ritterorden aufgenommen zu werden?

○ erledigt

## 005

# Mausbraun oder straßenköterblond: Helfen Sie der Natur mit Farbe nach.

KÖNNTEN BLONDE STRÄHNCHEN Ihr Haar zum Glänzen bringen? Oder passt ein leuchtendes Kupferrot doch viel besser zu Ihnen als das wenig aufregende Mausbraun? Vielleicht sehen Sie sich auch als Prinzessin mit goldenen Löckchen oder als Cyber-Babe mit blauen Highlights – Sie haben die freie Wahl, denn inzwischen gibt es kaum eine Haarfarbe, die nicht zu finden wäre. Also: Beweisen Sie Mut, heute ist erlaubt, was Ihnen gefällt. In wenigen Wochen ist selbst der schlimmste Fehlgriff wieder herausgewaschen oder -gewachsen ...

○ erledigt

## 006

# Schon lange nichts mehr unternommen? Suchen Sie sich eine Veranstaltung heraus, die Sie sicher besuchen werden.

DIE GUTEN VORSÄTZE sind da: »Wir wollten doch schon lange mal wieder ins Theater.« Oder: »Da gibt es doch immer diesen Tanzabend, lass uns mal hingehen.« Aber im Alltag stehen kulturelle Aktivitäten oder auch nur ein schöner Abend nicht gerade an erster Stelle. Besorgen Sie sich deshalb heute einen Veranstaltungskalender oder blättern Sie die Tageszeitung durch und wählen Sie etwas aus, das Ihnen gefällt. Und dann machen Sie Nägel mit Köpfen: Verabreden Sie sich fest und reservieren Sie am besten gleich die Karten. Sie werden das schöne Gefühl genießen, in Ihren Terminplaner mal nicht »xy erledigen«, sondern »Jazzabend mit Petra« hineinzuschreiben.

○ erledigt

# 007

## Wer wohnt neben oder über Ihnen? Lernen Sie Ihre Nachbarn besser kennen.

MEHR ALS EIN »GUTEN TAG« ist in der Regel nicht drin? Dann machen Sie heute einen Schritt auf Ihre Nachbarn zu: Was sind das für Menschen? Vielleicht können Sie sie irgendwie unterstützen. Wie wäre es nur mal so mit einem kleinen Geschenk, etwa einem Blumenstrauß? Sie werden sehen, es lohnt sich: Egal, ob Ihnen am Abend die Eier ausgehen oder Sie dringend einen Katzensitter brauchen. Oder nur, weil Ihr Tag viel besser beginnt, wenn Sie jemand mit einem Lächeln begrüßt. Also dann, auf gute Nachbarschaft!

○ erledigt

# 008

## Nehmen Sie sich eine halbe Stunde Zeit, um aus dem Fenster zu schauen.

VERSUCHEN SIE sich zu erinnern: Wie sieht es bei Ihnen vor dem Haus aus? Mogeln Sie dabei nicht, schnell nachzuschauen ist nicht erlaubt! Haben Sie nur ein ungenaues Bild vor Augen, weil Sie immer ganz schnell rein- und raushasten? Dann machen Sie es heute einmal wie viele alte Leute, setzen Sie sich ans Fenster und sehen Sie eine halbe Stunde hinaus: Wer kommt aus dem Haus? Wie sieht die Straße aus? Entdecken Sie Vögel oder besondere Pflanzen? Nehmen Sie Ihre Umgebung, in der Sie doch so viel Zeit verbringen, ganz bewusst wahr. Sie werden sich wieder besser aufgehoben und heimischer fühlen.

○ erledigt

# 009
# Mutter, Vater, Kind – besuchen Sie heute überraschend Ihre Familie.

SOBALD WIR aus dem Haus sind, lässt automatisch der Kontakt zu den Eltern oder Großeltern nach. Sicherlich telefonieren wir noch oft und stehen uns weiterhin nahe. Dennoch lebt jeder sein eigenes Leben. Gerade wenn Sie der letzte Sprössling sind, der ausgezogen ist, wird es Ihren Eltern schwergefallen sein loszulassen. Und viele Großeltern fürchten sich insgeheim davor, nicht mehr gebraucht zu werden oder unerwünscht zu sein. Solchen Ängsten können Sie leicht begegnen. Anstatt heute Ihren obligatorischen Anruf zu tätigen, fahren Sie doch bei Ihrer Familie vorbei. Nehmen Sie einen Kuchen oder eine Flasche Wein mit – und natürlich Zeit. Bestimmt tut es auch Ihnen gut, mal wieder zu Hause vorbeizuschauen.

○ erledigt

# 010
# Was grünt so grün? Machen Sie heute die Stadt zum Naturkundemuseum.

AUTOS, GESCHÄFTE und viele Menschen – für ihre Grünflächen sind Städte nicht gerade bekannt. Dennoch wächst und gedeiht hier einiges. Schauen Sie genau hin: Welche Blumen erkennen Sie außer den Gänseblümchen? Erinnern Sie sich, wann Sie zuletzt Bucheckern oder Kastanien gesammelt haben? Und wachsen dort nicht die Knackbeeren, die Sie als Kind immer so gern zertreten haben? Lassen Sie sich überraschen, was Sie alles neu entdecken oder wiederfinden.

○ erledigt

011

# Überlegen Sie, ob und wie Sie Ihre beruflichen Fertigkeiten für ein Ehrenamt einsetzen können.

JOB IST JOB: Deshalb ist es uns meistens gar nicht bewusst, dass unsere Fähigkeiten nicht nur im Berufsalltag sinnvoll einsetzbar sind. Doch Sie können mit Ihren Fertigkeiten und Ihrem Wissen andere Leute unterstützen, die Hilfe brauchen. Nehmen Sie Ihre Aufgaben unter die Lupe: Wer würde von Ihrem Engagement profitieren oder könnte es sich nicht leisten, Sie für Ihre Arbeit zu bezahlen?

| Meine Tätigkeiten und Aufgaben | Meine Fähigkeiten und Kompetenzen | Wen kann ich damit unterstützen? |
|---|---|---|
| | | |
| | | |
| | | |

Natürlich haben Sie mit Ihrem Alltag und Ihrem Job schon genug zu tun, dennoch finden Sie bestimmt einmal im Monat oder im Vierteljahr Zeit. Ein Ehrenamt zu übernehmen ist nicht immer einfach, aber es wird Ihnen persönlich guttun, wenn Sie merken, dass Ihre Fertigkeiten nicht nur zum Geldverdienen nützlich sind. Sie können anderen Menschen damit helfen: Als Sekretärin müssen Sie beispielsweise täglich Ihr Organisationstalent unter Beweis stellen. Dann planen Sie doch den Weihnachtsbasar Ihrer Gemeinde! Die Mitarbeit von Ärzten und Krankenschwestern wird bei der Obdachlosenhilfe sicherlich dankbar angenommen, und als Kosmetikerin können Sie im Altenheim kostenlose Maniküre anbieten. Fragen Sie direkt bei Ihrer Gemeinde oder einer gemeinnützigen Organisation nach. Informieren Sie sich auch über sogenannte Tauschringe in Ihrer Nähe. Hier »tauschen« Menschen ihre Fähigkeiten gegeneinander, sodass alle dabei gewinnen.

○ erledigt

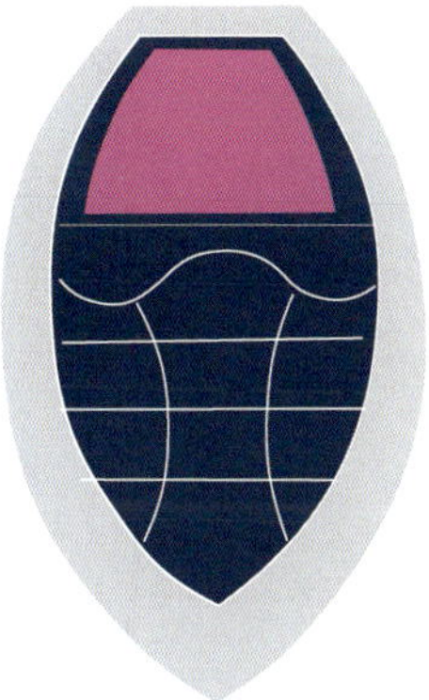

## 012

## Ein Handy klingelt, zehn Leute reagieren. Schluss damit: Besorgen Sie sich Ihren individuellen Klingelton.

DAFÜR MÜSSEN SIE den Anbietern von Klingeltönen kein Vermögen nachwerfen. Ein einzelner Ton ist manchmal gratis oder günstig zu bekommen. Und mit einem neueren Handy können Sie sogar selbst kreativ werden. Nehmen Sie das Lachen Ihres Kindes auf, die sexy Stimme Ihres Mannes oder vielleicht einen berühmter Satz aus Ihrem Lieblingsfilm, zum Beispiel »Ist etwa Weibsvolk anwesend?« aus »Das Leben des Brian«. Fertig ist Ihr neuer Klingelton, und die lästige Frage »Ist das mein Handy, das da gerade klingelt?« brauchen Sie sich nicht mehr zu stellen.

○ erledigt

## 013

## Schauen Sie sich einen Sonnenaufgang an.

SONNENAUFGANG, ACH! Die meisten winken müde ab: schon tausendmal gesehen – im Kino, im Fernsehen, auf Fotos, in jeder preiswerten Werbefotografie. Tun Sie sich selbst einen Gefallen und schauen Sie sich dieses Naturspektakel wenigstens einmal live an! Auch wenn Sie dafür erschreckend früh aufstehen müssen. Jeder Sonnenaufgang ist an jedem Ort der Welt einzigartig und einfach ein atemberaubendes Schauspiel. Erleben Sie, wie das rosige Leuchten zuerst die Wolken am Horizont erstrahlen lässt, sich dann langsam über die Hügel und Ebenen oder Häuserschluchten vortastet, wie ein seltsames Zwielicht die Welt erfüllt …

○ erledigt

## 014

## Der Drei-Musketiere-Tag – einer für alle, alle für einen!

TROMMELN SIE Ihre zwei besten Freundinnen zusammen und nehmen Sie sich das Motto von Athos, Porthos und Aramis zu Herzen. Sie werden sehen: Wenn drei anpacken, gehen selbst die unangenehmsten Aufgaben leicht von der Hand. Zumindest sehr viel leichter, als wenn Sie sich alleine durchschlagen müssten! Bei welchen Horrorprojekten könnten Sie einander beistehen? Vielleicht beim Ausmisten der Garage, einem Kindergeburtstag oder der Steuererklärung? Oder bei der Konfrontation mit dem Ex? Mindestens eine der anstehenden Herausforderungen wird heute gemeistert, für die anderen legen Sie Termine fest.

○ erledigt

## 015

## Verschönern Sie Ihre Wohnung und Ihr Büro mit eigenen Fotos.

IMMER NUR anderer Leute Bilder aufzuhängen ist auf Dauer langweilig. Sicher sind Ihnen schon selbst schöne Fotos gelungen. Suchen Sie heute Ihr Lieblingsbild heraus und lassen Sie es in Postergröße abziehen. Im Angebot sind meist 30 x 40 Zentimeter bis 100 x 150 Zentimeter. Ein solcher Abzug kostet nicht die Welt. Damit das Poster professioneller aussieht und keine Wellen wirft, können Sie es selbst auf Karton kleben oder mit einem Rahmen aufhängen. Oder Sie suchen im Internet nach Anbietern, die Ihnen Ihr Digitalfoto gleich auf Künstlerleinwand aufdrucken und in einen Holzrahmen spannen.

○ erledigt

# 016

# Alle reden davon – haben Sie es schon getan? Mischen auch Sie endlich bei Wikipedia mit.

SIE KENNEN SICHER Wikipedia, die bekannteste Internet-Enzyklopädie. Falls nicht: Widmen Sie die nächsten Stunden www.wikipedia.de! Dort finden Sie Einträge zu fast allen erdenklichen Themen. Der Name »Wikipedia« setzt sich übrigens zusammen aus »wikiwiki«, dem hawaiianischen Wort für »schnell«, und »encyclopedia« (englisch für »Enzyklopädie«). »Wiki« nennt man eine Website, deren Seiten jedermann einfach und ohne technische Vorkenntnisse unmittelbar bearbeiten kann. Die Artikel der Wikipedia verfassen nicht feste, bezahlte Redakteure, sondern sozusagen ehrenamtliche Autoren. Korrektur gelesen werden sie, bisher zumindest, nur von den Lesern. Und genau das werden Sie heute tun! Wann bietet sich schon einmal die Chance, an einer großen und anerkannten Enzyklopädie mitzuwirken?

Bei Ihrer ersten Schmökertour haben Sie sicher schon Beiträge gefunden, deren Themen Sie besonders ansprechen. Werfen Sie jetzt einen Blick ins Innerste der Enzyklopädie. Auf den Seiten finden Sie die Reiter »Diskussion« und »Version/Autoren«. Lesen Sie sich diese Passagen bei den drei Einträgen durch, die Sie am meisten interessieren. So bekommen Sie einen Einblick, wie Wikipedia funktioniert. Mit dem Link »Über Wikipedia« gelangen Sie zu den Infos, die Sie benötigen, um sich als Autor zu registrieren. Dort erfahren Sie auch, wie Sie Beiträge verfassen und einfügen können. Fangen Sie klein an – wenn Ihnen in einem Artikel zu Ihrem Lieblingsthema ein Rechtschreibfehler auffällt, berichtigen Sie ihn. Sobald Sie mit der Methodik vertraut sind, können Sie zum Beispiel unklare Absätze eindeutiger formulieren oder inhaltliche Fehler korrigieren.

Haben Sie eine Lücke in der Wikipedia entdeckt? Links in roter Schrift innerhalb der Artikel zeigen an, dass es noch keine weiteren Erläuterungen zu einem Thema gibt. Bestimmt kennen Sie sich in einem Bereich richtig gut aus, zu dem aber noch niemand etwas geschrieben hat. Trauen Sie sich – Sie wissen mindestens so viel, dass Sie anderen, die nach Informationen suchen, einen Ausgangspunkt bieten können. Planen und verfassen Sie Ihren ersten eigenen Artikel und stellen Sie ihn online. Nur keine Angst: Wenn Sie etwas falsch gemacht haben, wird es bestimmt »wikiwiki« jemand korrigieren.

○ erledigt

## 017

# Werden Sie zum Resteverwerter und überlassen Sie so wenig wie möglich Ihrem Abfalleimer.

DAS OBST ist nicht frisch, aber auch noch nicht schlecht? Sie haben einen Serienbrief geschrieben und ausgedruckt, in dem sich ein Tippfehler befindet? Kein Problem, der Mülleimer wartet schon. Nein, so läuft das heute nicht, denn Sie läuten Ihren Nicht-Wegwerf-Tag ein: Überlegen Sie genau, was wirklich weg muss und was Sie noch verwenden können. Wie wäre es mit einem Obstsaft? Und brauchen Sie nicht noch Notiz- oder Schmierzettel?

○ erledigt

## 018

# Wachen Sie jeden Morgen mit einem Lächeln auf – lassen Sie sich Ihr Lieblingslied vorspielen.

MANCHE LIEDER verbessern unsere Stimmung augenblicklich. Andere Songs hingegen wecken traurige Erinnerungen oder sind schlicht nervig. Überlassen Sie es nicht mehr dem Zufall, womit Sie morgens aufstehen. Besorgen Sie sich einen Wecker mit MP3-Player oder eine kleine Anlage mit Weckfunktion – und lassen Sie sich nur noch von Ihren absoluten Lieblingsliedern wecken. Damit es nicht fad wird, stellen Sie sich gleich eine Liste mit mehreren Songs zusammen.

○ erledigt

# 019

# Für alle Bewegungsmuffel: Bringen Sie heute etwas Schwung in Ihren Tag.

»DAS AUTO STEHT direkt vor dem Haus. Mit dem Lift bin ich doch viel schneller. Und warum sollte ich zu Fuß gehen, wenn die Straßenbahn genau vor der Tür hält?« – Hören Sie hier Ihren inneren Schweinehund? Überwinden Sie ihn, trotz aller Wunder der Technik. Etwas Bewegung bewirkt mehr, als Sie vielleicht denken. Nicht jeder hat Lust und Zeit, regelmäßig Sport zu treiben. Das ist verständlich. Dabei muss es nicht immer gleich das Fitnessstudio oder die morgendliche Joggingrunde sein. Schon wenn Sie sich ein bisschen bewegen, tun Sie Ihrem ganzen Körper etwas Gutes: Herz, Atmung, Kreislauf und Stoffwechsel profitieren davon, Muskeln und Gehirn werden stärker durchblutet. Und siehe da, Sie können sich besser konzentrieren und sind viel entspannter. Noch ein Pluspunkt: Ihre Waage freut sich auch.

Versuchen Sie daher, sich im Alltag ein wenig mehr zu bewegen: Nehmen Sie die Treppen und nicht den Fahrstuhl, wenn Sie zu Ihrer Kollegin in den dritten Stock müssen. Vergessen Sie das Auto oder die öffentlichen Verkehrsmittel und holen Sie Ihr Fahrrad aus dem Keller. Oder gehen Sie eine Strecke zu Fuß. Und mal ehrlich: Die paar Stufen runter zur U-Bahn schaffen Sie sicher ohne Rolltreppe, oder? Haben Sie selbst noch Ideen, wie Sie für mehr Schwung sorgen können, dann tragen Sie sie einfach in die folgenden Zeilen ein, und los geht's.

Wo könnte ich mich noch mehr bewegen?

________________________________________

________________________________________

________________________________________

Weitere Anregungen finden Sie im Internet unter www.die-praevention.de.

○ erledigt

# 020

## Achten Sie heute besonders auf Ihre Mitmenschen.

SEHR OFT SITZEN wir ganz gemütlich da – ein Buch vor der Nase oder in Gedanken versunken –, wenn wir mit Bus oder Bahn unterwegs sind. Dass vielleicht ein älterer Herr auf Krücken hereinkommt, eine schwangere Frau einen Sitzplatz sucht oder sich jemand mit einem Rollstuhl beim Einsteigen abmüht, das kriegen wir in unserer kleinen Privatwelt gar nicht mit. Halten Sie heute die Augen offen! Bieten Sie Ihren Platz denen an, die ihn benötigen, und fordern Sie auch andere auf, Rücksicht zu nehmen. Helfen Sie Menschen mit Kinderwagen oder Rollstühlen oder heben Sie jemandem einen schweren Koffer in den Zug. Sie werden sehen, wie schnell sich die Pfadfindertugend »jeden Tag eine gute Tat« umsetzen lässt.

○ erledigt

# 021

## Erledigen Sie heute eine der drei großen Aufgaben im Leben: Pflanzen Sie einen Baum.

KENNEN SIE die Liste mit den drei Dingen, die ein Mensch in seinem Leben getan haben sollte? Ein Haus bauen, ein Kind in die Welt setzen – und einen Baum pflanzen. Lassen Sie sich nicht den wunderschönen Anblick entgehen, wenn »Ihr« Bäumchen im Frühling ausschlägt. Achten Sie darauf, dass Sie den passenden Standort auswählen, damit der Baum sich gut entwickeln kann. Sie haben keinen Garten oder Balkon? Fragen Sie bei Ihren Freunden oder Großeltern nach, ob sie ein Plätzchen für Ihren Baum frei haben, oder übernehmen Sie eine Baumpatenschaft.

○ erledigt

# 022
# Sind Sie es leid, immer die gleichen vier Wände zu sehen? Dann gestalten Sie Ihre Wohnung um.

SIE LEBEN schon längere Zeit in Ihrer Wohnung? Und haben das dringende Bedürfnis, darin irgendetwas zu verändern? Läuten Sie heute Ihren Kreativtag ein! Sie brauchen nicht gleich eine Generalüberholung zu starten, um Ihrer Wohnung einen neuen Look zu verpassen. Schon indem Sie hier und da ein paar Details abwandeln, wirkt alles ganz neu:

- Wie wäre es zum Beispiel mit neuen Bildern an der Wand? Im Internet finden Sie verschiedene Anbieter, bei denen Sie kostengünstig Poster, Fotos oder Grafiken bestellen können. Vielleicht haben Sie aber auch Lust, ein Motiv, das Ihnen gefällt, selbst nachzuzeichnen?
- Oder Sie testen eine neue Wandfarbe aus. Hellgelb und andere mediterrane Töne wirken beispielsweise viel wärmer als das langweilige Weiß und harmonieren trotzdem gut mit den unterschiedlichsten Farben. Selbst wenn Sie nur eine Wand streichen, macht das Zimmer einen ganz anderen Eindruck.
- Tauschen Sie die Lampenschirme aus. Oder die Kissen. Oder die Vasen. Es gibt viele Läden, in denen Sie Ideen für Ihre Dekoration entdecken, die nicht viel kosten müssen. Durchstöbern Sie doch auch einmal einen Flohmarkt. Hier spüren Sie bestimmt ein Schnäppchen auf, das Ihrer Wohnung neuen Glanz verleiht.

So lässt sich mit kleinen Änderungen eine große Wirkung erzielen – sicher haben Sie noch mehr Ideen:

---

---

○ erledigt

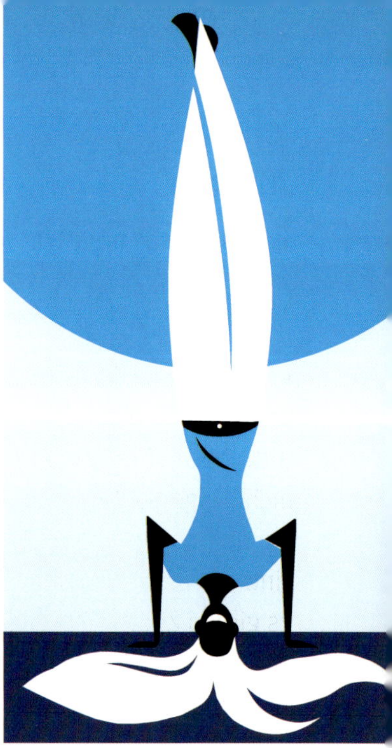

# 023

## Perspektivwechsel gefällig? Versuchen Sie es doch mal mit Kopfstand!

**WICHTIG:** Der Kopfstand sollte immer mit einer (kundigen) Begleitperson geübt werden und nur, wenn Sie rundum fit sind! Das Gewicht des Körpers darf nur von den Armen und nicht vom Nacken getragen werden! Bevor Sie sich beim Kopfstand verletzen (und das geht schnell), machen Sie lieber eine Easy-Variante, nämlich Umkehrübungen aus dem Yoga, zum Beispiel den »Hund«: Gehen Sie auf alle Viere, mit dem Po hoch in der Luft, und lassen Sie den Kopf hängen. Wie sieht die Welt auf den Kopf gestellt aus?

Klassischer Kopfstand: Knien Sie sich hin. Falten Sie die Hände so, dass sie eine Schale bilden, und legen Sie die Unterarme auf dem Boden ab. Legen Sie den Kopf in die Schale Ihrer Hände und drücken Sie die Unterarme fest gegen die Unterlage. Strecken Sie nun die Beine, trippeln Sie auf Ihre Hände zu und heben Sie die Beine ohne Schwung nur mit der Kraft Ihrer Bauch- und Rückenmuskeln nach oben, bis Sie sie gebeugt vor Ihrem Bauch halten können. Wenn Sie das sicher mit geradem Rücken und mobilem Kopf beherrschen, können Sie die Beine (unterstützt von Ihrem Helfer) Richtung Decke strecken. Falls Sie das Gleichgewicht verlieren, drücken Sie die Arme fest gegen den Boden und senken dann die Beine nacheinander ab.

○ erledigt

# 024

## Sagen Sie heute nur das Nötigste.

**LEGEN SIE** für einen Tag ein Schweigegelübde ab: kein Tratsch, kein Klatsch, kein Vor-sich-hin-Plappern. Mit dem unsichtbaren Heftpflaster auf den Lippen werden Sie ganz schnell feststellen, wie viel Sinnloses wir am Tag so sagen, nur um überhaupt zu reden. Versuchen Sie, heute wirklich nur wichtige Information von sich zu geben.

○ erledigt

# 025

## Ein halber Tag als Tierpfleger im Pinguin- oder Giraffengehege – wäre das nicht was für Sie?

»TIERPFLEGER AUF ZEIT« – einige Zoos bieten diese Möglichkeit an, die Arbeit dort näher kennenzulernen und sogar mit gefährlichen Tieren auf Tuchfühlung zu gehen. Natürlich kostet das mehr als der normale Eintritt. Dafür steht Ihnen ein Tierpfleger zur Seite, der Sie anleitet und aufpasst, dass das Tier Ihrer Wahl Sie nicht ungewollt in die Mangel nimmt. Gucken Sie sich heute auf den Websites der großen Zoos um oder rufen Sie dort an und vereinbaren Sie einen Tierpflegertag! Eventuell müssen Sie ein Stück fahren, denn viele Zoos sind schon auf Monate ausgebucht. Aber von der Erfahrung werden Sie sicher noch jahrelang zehren.

Es gibt in Zoos auch häufig Veranstaltungen, von denen man nur auf Nachfrage erfährt. Ein Blick hinter die Kulissen ist immer spannend, etwa auf einer Familien-Nachtsafari oder bei Zooführungen. Meist können Sie sich »Ihre« Lieblingstiere als Schwerpunkt der Führung aussuchen (bei Nachtangeboten ist Voraussetzung, dass die Tiere nachtaktiv sind). Dann dürfen Sie bei der Futterzubereitung für die Fledermäuse zusehen oder einen Abstecher in die Krankenstation der Schlangen machen.

Wählen Sie einen Zoo, in dem die Tiere möglichst artgerecht gehalten werden und der sich dem Artenschutz verpflichtet fühlt. Winzige Gehege, die bei den meisten Tieren schwere Verhaltensstörungen hervorrufen, sollten wirklich der Vergangenheit angehören. Leider kann in Deutschland jeder ein paar Tiere halten und das Ganze »Zoo« nennen. Deshalb begegnen Ihnen unter Umständen Einrichtungen, in denen Tiere unter völlig unmöglichen Bedingungen leben. Manche Betreiber schrecken nicht einmal davor zurück, Tiere aus freier Wildbahn als Attraktion für ihren »Zoo« zu erwerben. Zoos, die auf Artenschutz Wert legen, investieren viel Geld und Mühe in Nachzuchten und kaufen nur Tiere, die in anderen Zoos bereits in Gefangenschaft geboren wurden.

○ erledigt

026

# Die eigene Ausstrahlung lässt sich nicht verändern? Und ob! Fragen Sie nach, wie Sie auf andere wirken.

SIND SIE MIT SICH selbst zufrieden? Oder läst sich Ihr Auftreten noch optimieren? Es lohnt sich, darüber nachzudenken, denn ein guter Auftritt hilft oft weiter – nicht nur im Beruf. Erforschen Sie deshalb heute, was in Ihnen steckt und was Sie ausstrahlen. Entwerfen Sie dafür einen kleinen Fragebogen, den Sie an Ihre Freunde und Bekannten, vielleicht auch an eine nette Kollegin weitergeben mit der Bitte um ehrliche Antworten.

Ihr Fragebogen könnte so aussehen:

Welche Eigenschaften findest Du typisch für mich? ______________________

Empfindest Du diese Eigenschaften als positiv oder negativ? ______________

Was hältst Du für meine Stärken? ___________________________________

Was hältst Du für meine Schwächen? _________________________________

Findest Du, dass mein Auftreten zu mir passt? ___________________________

Gibt es irgendetwas, das ich verbessern könnte? _________________________

Hast Du einen guten Ratschlag für mich? ______________________________

Gibt es irgendetwas, das Du mir schon lange sagen wolltest? _______________

Denken Sie gut über die Antworten nach: Stimmt Ihre Außenwirkung mit Ihrem Selbstbild überein? Gibt es Unterschiede? Und stört Sie das? Vielleicht kristallisieren sich Eigenschaften heraus, an denen Sie schon immer arbeiten wollten. Schauen Sie sich die Anregungen Ihrer Bekannten an. Ist etwas dabei, das Sie sich zu Herzen nehmen könnten? Oder sind Sie zufrieden, da Ihre Umwelt Sie ganz anders sieht als erwartet? Was auch immer herauskommt: Sie können nur gewinnen!

○ erledigt

## 027

# Tun Sie heute etwas für Ihre Gesundheit, und wenn es nur zehn Minuten dauert.

WIR ALLE HABEN VIEL ZU ERLEDIGEN. Dennoch nehmen wir uns für manche Sachen gerne Zeit: fürs Fernsehen oder für den Anruf bei einer Freundin. Solche und ähnliche Aktivitäten einzuplanen ist richtig. Doch mindestens genauso wichtig sind wir selbst und unsere Gesundheit. Leider bleibt dafür kaum eine Minute übrig. Dabei ließe sich schon mit kleinen Schritten so viel erreichen.
Sie haben Rückenschmerzen? Zehn Minuten Rückenübungen am Tag helfen schon, damit Sie sich besser fühlen. Sie sind ständig verspannt? Lernen Sie Progressive Muskelentspannung. Oder wie wäre es mit Beckenbodenübungen zur Kräftigung? Vieles lässt sich leicht in den Alltag integrieren, denn üben können Sie auch vor dem Fernseher oder beim Telefonieren.

○ erledigt

## 028

# Ihr Tag ist verplant? Durchbrechen Sie Ihre Routine und machen Sie eine Stunde lang etwas anderes.

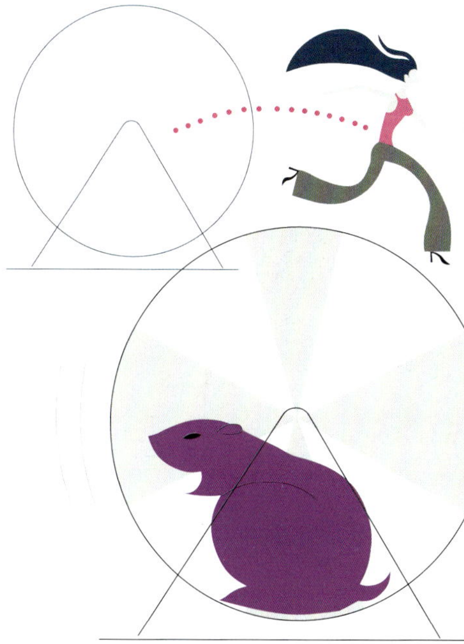

SCHLAFEN, ESSEN, arbeiten und wieder schlafen – so geht es tagaus, tagein. Routine ist ja gut und schön, sie erleichtert auch unseren Alltag. Damit die Wochen aber nicht grau und eintönig an Ihnen vorüberziehen, bringen Sie heute ein wenig Abwechslung in Ihr Leben: Sie haben Gleitzeit? Dann gehen Sie doch eine Stunde später ins Büro und spazieren vorher durch den nahen Park. Oder Sie besuchen die Nachmittagsvorstellung im Kino. Klinken Sie sich eine Zeit lang aus und tun Sie, wonach Ihnen der Sinn steht.

○ erledigt

# 029

## So interessant wie die vielen Promis sind Sie schon lange. Beginnen Sie heute mit Ihrer Autobiografie.

VIELE (NICHT NUR BERÜHMTE) MENSCHEN schreiben ihre Autobiografie. Doch haben diese Personen wirklich mehr erlebt als Sie? Sicher nicht – auch Sie haben viel zu berichten. Welche Ereignisse haben Sie geprägt? Wie sah Ihr Leben aus – der Alltag wie die besonderen Momente? Beschäftigen Sie sich nicht zu lange mit der Chronologie – viel spannender für Ihre Kinder und Enkel sind Schilderungen von Orten und Menschen. Und natürlich werden Ihre Nachfahren gerne viele kleine Anekdoten darüber lesen, was Ihnen im Lauf des Lebens so widerfahren ist.

○ erledigt

# 030

## Gehen Sie heute ins Museum und fachsimpeln Sie über ein Kunstwerk, auch wenn Sie keine Ahnung haben.

GEHÖREN SIE auch zu den Menschen, die zwar ab und zu ganz gern ins Museum gehen, doch eigentlich über Kunst nicht viel wissen? Macht nichts! Sie würden sich wundern, wie vielen anderen es genauso geht. Und wie wenige es merken. Das glauben Sie nicht? Probieren Sie es aus. Besuchen Sie eine Ausstellung und wählen Sie dort ein Kunstwerk aus. Äußern Sie dann im Brustton der Überzeugung Ihre These: »Am Pinselstrich merkt man deutlich, dass der Künstler Linkshänder ist.« Sie können alles behaupten, solange Sie souverän genug auftreten. Nur Mut!

○ erledigt

031

# Zu wenig Zeit zum Netzwerken? Treten Sie einem Lunchclub bei oder gründen Sie Ihren eigenen!

ES LÄSST SICH nicht eindeutig belegen, ob die Idee von Lunchclubs entstanden ist, weil das Kantinenessen so schlecht war oder weil es den Beteiligten um Networking ging. Heute treffen sich die Mitglieder von Lunch- oder Breakfastclubs gezielt zum Netzwerken beim Mittagessen oder Frühstück. Sie verabreden sich entweder in einem Restaurant oder reihum bei einem der Mitglieder zu Hause.

Lunch- und Breakfastclubs gibt es in den verschiedensten Ausprägungen: brancheninterne Clubs, Clubs für Freiberufler und Selbstständige, für selbstständig arbeitende Frauen in einer bestimmten Stadt oder Region, Clubs, die sich einmal monatlich treffen oder alle zwei Wochen … Es bleibt ganz Ihren Vorlieben überlassen, welcher Art von Club Sie beitreten wollen. Bei einigen müssen Sie kein festes Mitglied werden, sondern können von Termin zu Termin entscheiden, ob Sie jeweils Zeit und Lust haben.

Mit einer Internet-Suchmaschine sollten Sie unter den Stichwörtern »Lunchclub« oder »Breakfastclub« schnell etwas Passendes in Ihrer Nähe finden. Ein Ausgangspunkt für Ihre Suche kann auch der amerikanische Anbieter »Meetup« sein (http://breakfastclub.meetup.com/cities/de/). Denken Sie daran, die Suche auf Ihre Stadt, zumindest aber auf Deutschland zu beschränken, sonst bekommen Sie zahllose Vorschläge. Große Lunchclub-Organisationen bieten auch an, dass sich ihre Mitglieder in einer fremden Stadt, die sie nur besuchen, mit interessanten Menschen treffen können.

Unser Rat, wenn Sie Ihren eigenen Lunchclub gründen möchten: Achten Sie darauf, dass die Treffen in einem schönen Rahmen stattfinden. Genauso wie Sie wollen bestimmt auch die anderen Teilnehmer der Runde in einer angenehmen Atmosphäre bei einem guten Essen netzwerken und dabei ganz entspannt neue Leute kennenlernen. Es ist nicht jedermanns Sache, wenn es bei den Meetings immer nur darum geht, welcher Profit am Ende herausspringt.

○ erledigt

# 032

## Rollenwechsel mal anders: Tauschen Sie heute Nacht mit Ihrem Partner die Bettseite.

ER SCHLÄFT immer links, Sie rechts? Und das nicht nur zu Hause, sondern auch im Hotel oder sogar, wenn Sie auf dem Zeltplatz in den Schlafsäcken liegen? Dann wird es Zeit, die Seiten zu wechseln. Heute kommt er mal an die Wand und Sie an den Rand oder andersherum. Schläft es sich genauso wie sonst? Oder fühlt es sich ganz anders an, in seinem rechten Arm einzuschlafen? Es ist vielleicht nur ein Anstoß, aber oft sind es gerade die kleinen Veränderungen, mit denen Sie die Routine durchbrechen können. Passen Sie aber auf, dass Sie nicht auf der ungewohnten Seite aus dem Bett fallen!

○ erledigt

# 033

## Nieder mit dem schlechten Gewissen! Heute wird nichts bereut.

»SCHON WIEDER ein Stückchen Schokolade zu viel.« »Wenn ich doch vorhin im Gespräch nur nicht so direkt gewesen wäre.« – Es gibt kaum einen Tag, an dem sich unser schlechtes Gewissen nicht meldet. Hätte, sollte, müsste, wäre sind unsere ständigen Begleiter. Schluss damit, wenigstens für 24 Stunden! Denn heute ist Ihr »Ich-bereue-nichts-Tag«: Sie essen, sagen und tun, was Sie wollen. Auf die Kalorien können Sie auch morgen wieder achten. Und machen Sie sich nicht über alles Gedanken. Selbstzweifel sind sicher ab und zu angebracht, aber nicht in dem Ausmaß, in dem sehr viele Frauen sie fast schon zelebrieren. Nehmen Sie sich mal ein Beispiel an den Männern: Die plagen sich längst nicht so sehr mit Gewissensbissen herum und kommen auch gut durchs Leben!

○ erledigt

034

## Essen Sie heute etwas, das wirklich ganz anders ausschaut als gewohnt.

DAS AUGE ISST MIT. Was Sie bemerken, wenn Sie zum Beispiel einen Kuchen gebacken haben, der zwar gut schmeckt, aber leider nicht so toll aussieht. Stellen Sie heute Ihre Augen und Ihren Gaumen absichtlich auf die Probe: Wie wäre es mit viereckigen Kartoffeln oder schwarzen Nudeln? Komponieren Sie ein Gericht, das optisch überhaupt nicht zusammenpasst. Und achten Sie beim Essen darauf, ob sich Ihr Geschmackssinn täuschen lässt.

○ erledigt

035

## Wie schnell wird's mal brenzlig beim Autofahren! Buchen Sie heute ein Fahrtraining.

AQUAPLANING, aus der Kurve getragen werden, eine Vollbremsung bei hohem Tempo, weil ein Kind vors Auto läuft – in solchen Situationen reagieren diejenigen Autofahrer souveräner, die schon einmal ein Fahrtraining besucht haben. Nehmen auch Sie an einem solchen Kurs teil. Hier lernen Sie unter kontrollierten Bedingungen, bei Gefahr richtig zu handeln. Mit fachkundiger Hilfe können Sie testen, wie Ihr Auto sich bei Brems- oder Schleudermanövern verhält und wie Sie es unter Kontrolle behalten. Fahrtrainings bieten zum Beispiel der ADAC und Verkehrsübungsplätze in Ihrer Nähe an.

○ erledigt

# 036

## Ein Leben ohne Fernseher – unvorstellbar? Heute wird es Wirklichkeit.

EWIG LOCKT … der Fernseher. Aber heute widerstehen Sie der Versuchung, Ihre Fernbedienung zu zücken, und nutzen die Zeit einmal anders: Lesen Sie ein gutes Buch, frönen Sie Ihrem Hobby, treiben Sie Sport, holen Sie ein Spiel heraus oder treffen Sie sich mit Freunden. Es gibt vieles, was Sie tun können, statt in die Mattscheibe zu starren – Ihnen fällt bestimmt ganz schnell etwas ein. Und falls Sie es gar nicht aushalten und wirklich nicht anders können, dann nehmen Sie die heutige Folge Ihrer Lieblingsserie eben auf.

○ erledigt

# 037

## Guter Rat ist teuer? Nicht immer: Hören Sie heute auf die Ratschläge Ihrer Mitmenschen.

SIE SIND Ihr bester Berater? Ganz sicher? Sie haben ja Recht: Oft weiß man selbst am besten, was man zu tun und zu lassen hat. Sich dann tatsächlich danach zu richten ist natürlich eine ganz andere Sache. Doch manchmal ist die emotionale Verstrickung so groß, dass der Blick sich trübt. Und es gibt auch Situationen, in denen sich andere einfach viel besser auskennen und mehr Erfahrung haben. Dann hilft guter Rat weiter. Bevor Sie heute also gut gemeinte Anregungen in den Wind schlagen, denken Sie erst einmal in Ruhe darüber nach und nehmen Sie sich die eine oder andere zu Herzen.

○ erledigt

# 038

## Feiern Sie heute Ihren persönlichen »Tag des Buches«.

VIELLEICHT HAT JUST heute einer Ihrer Lieblingsautoren oder -helden Geburtstag? Wenn nicht, tun Sie einfach so und planen Sie für diese Person eine würdige Geburtstagsfeier. Rosamunde Pilcher, Erich Kästner oder Patricia Cornwell – wessen Bücher lesen Sie am liebsten? Oder welchem Helden möchten Sie huldigen: der Pippi Langstrumpf aus Ihren Kindertagen? Inspektor Rebus oder vielleicht Carrie Bradshaw? Verbringen Sie den Tag mit dem Helden oder der Heldin Ihrer Wahl. Und feiern Sie Ihren persönlichen »Tag des Buches« so, wie es am besten zu Ihnen passt:

### GERUHSAM UND STILL,

- indem Sie genüsslich durch alle Bücher Ihres auserwählten Autors schmökern – entweder in der Stadtbibliothek oder bei sich zu Hause.
- indem Sie etwas für diesen Autor tun und seine Bücher positiv bei Online-Buchhändlern bewerten.
- indem Sie die Einträge über den Autor bei Wikipedia erweitern (oder überhaupt erst anlegen).
- indem Sie einen Gruß im Gästebuch auf der Autoren-Homepage hinterlassen.

### MIT EINEM FEST

Laden Sie Freunde ein. Wählen Sie das Thema des Festes je nach Autor, Lieblingsbuch oder Stimmung, die damit verbunden ist. Sowohl Fans als auch Gegner Ihres Lieblingsautors lesen vor – aus Ihren Büchern, in denen Sie Ihre Lieblingsstellen markiert haben. Suchen Sie keine Texte aus, die zu lang oder aus dem Zusammenhang gerissen sind, denn sonst schlafen die Gäste, die den Autor noch nicht kennen, eventuell ein. Wenn das Drumherum stimmt, locken Sie mit einem Buchfest sogar Nichtleser hinter dem Ofen hervor. Freunde des schottischen Inspektors Rebus könnten die Vorlesenacht zum Beispiel mit einem zünftigen Essen (wie wär's mit Haggis?) und gutem Whisky einläuten. Oder Sie verwandeln das Haus zusammen mit Ihren Kindern an Harry Potters Geburtstag in ein kleines Hogwarts. Für nahezu jeden Geschmack lässt sich mit ein wenig Fantasie das Passende finden.

○ erledigt

## 039

## Machen Sie den Cowboys Konkurrenz – auch wenn Sie gar nicht reiten können.

DAS GLÜCK DIESER ERDE liegt bekanntlich auf dem Rücken der Pferde! Wenn Sie noch nie auf einem Pferd geritten sind, wird's allmählich Zeit! Suchen Sie über das Internet einen Reiterhof oder eine Reitschule in der Nähe, die Schnupperstunden für Anfänger anbietet, und buchen Sie heute einen Termin.
Sie sind Pferdenarr und seit Jugendzeiten nicht aus dem Sattel zu kriegen? Dann sorgen Sie für Abwechslung: Sie müssen ja nicht gleich bei einem Rodeo mitmachen, aber statt Großpferden oder Ponys können Sie auch Esel, Lamas oder Dromedare reiten. Es gibt immer mehr Bauernhöfe, die das ermöglichen.

○ erledigt

## 040

## Bringen Sie heute einem anderen Menschen die Wunder der modernen Technik nahe.

IHR OPA hat ein Handy geschenkt bekommen, damit er erreichbar ist? Ihre Freundin will sich einen Computer zulegen? An sich sinnvoll, doch leider gibt es Probleme: Wenn Sie Ihren Großvater treffen, müssen Sie ihm sämtliche SMS vorlesen, weil die Menüführung zu schwierig ist. Und Ihre Freundin kann zwar mit zehn Fingern schreiben, fühlt sich aber von den vielen Möglichkeiten eines PCs ein wenig überfordert. Üben Sie sich in Geduld und erklären Sie das Prinzip immer wieder. Freuen Sie sich, wenn die anderen Fortschritte machen. Und mal ehrlich: Eigentlich reicht es doch, wenn man mit dem Handy telefonieren kann!

○ erledigt

## 041

# Trennen Sie sich heute endgültig von Ihrem Ex – und verscherbeln Sie seine Geschenke.

DIE HINTERLASSENSCHAFTEN einer vergangenen Liebe wecken oft Erinnerungen, die Sie wütend oder traurig machen. Gönnen Sie dem Verflossenen aber keinesfalls die Genugtuung, dass Sie ihm tränenüberströmt den Karton mit seinen Geschenken in die Hand drücken. Um es mit Zsa Zsa Gabor zu sagen: »Ich habe keinen Mann so gehasst, dass ich ihm seine Diamanten zurückgegeben hätte.«
Egal ob Plunder oder Preziosen, wenn Sie die Geschenke nicht behalten wollen, gilt: Versilbern Sie sie bei eBay. Wir gratulieren Ihnen, dass Sie sich von Ballast befreien – und damit Platz für (jemand) Neues schaffen. Und Ihren Geldbeutel freut's auch.

○ erledigt

## 042

# Da kann man die Vitamine förmlich sehen – genießen Sie heute marktfrisches Obst.

NEHMEN SIE einen Korb oder Ihre Einkaufstasche und ziehen Sie los auf den Wochenmarkt. Machen Sie an jedem Obststand eine »Nasenprobe« und schwelgen Sie in den Düften und dem Farbenspiel der vielen Früchte.
Kaufen Sie ein, was die Jahreszeit zu bieten hat – saftige Orangen, bittersüße Mandarinen, knackige Äpfel, butterweiche Mangos oder Birnen, zart duftende Melonen ... So leicht kann Gesundes zum reinen Genuss werden!

○ erledigt

043

## Zurück zur Handarbeit: Verzichten Sie heute auf Technik, die nach 1850 entstanden ist.

ALLES IST SELBSTVERSTÄNDLICH: Morgens benutzen Sie Kaffeemaschine und Toaster, fahren mit der U-Bahn oder dem Auto zur Arbeit. Und dann gibt es noch die Rolltreppe, den Türöffner, den Fernseher – ja, auch den MP3-Player und die Mikrowelle. Computer, Telefon, Fahrstuhl ... all das verwenden wir, ohne uns darüber Gedanken zu machen. Doch heute ist alles anders: Versuchen Sie einen Tag lang, ohne diese Technik auszukommen. Sie werden überrascht sein, wie schwer es Ihnen fällt und in wie vielen Lebensbereichen Sie ganz automatisch Tag für Tag darauf zurückgreifen. Vielleicht finden Sie diese 24 Stunden furchtbar anstrengend – oder Sie entdecken, dass es manchmal auch anders geht als gewohnt und dass weniger oft mehr ist.

| Technik, auf die ich verzichtet habe | Stattdessen habe ich gemacht | Werde ich versuchen, öfter zu machen, weil ... |
|---|---|---|
| | | |
| | | |
| | | |

Kleiner Tipp: Ab Mitte des 19. Jahrhunderts begann die technische Nutzung des elektrischen Stroms. Ungefähr ab 1880 gab es Strom in ausreichender Menge, um die Beleuchtung in den Straßen und auch in den ersten Privathaushalten sicherzustellen. Der erste Toaster, wie wir ihn kennen, wurde jedoch erst im Jahr 1908 patentiert. Also, selbst wenn es ein bisschen gemogelt ist: Sie können Strom verwenden und, damit Sie nicht verhungern, Ihren Herd.

○ erledigt

# 044

## Seien Sie heute mal einen Tag lang konsequent.

WIE SCHNELL GEHEN einem die Worte über die Lippen: »Du solltest bei der Kindererziehung auf Konsequenz achten!« oder: »Ich dachte, du bist auf Diät?«. Aber sind wir eigentlich mit uns selbst konsequent? Sicher kennen Sie doch auch Sätze wie: »Wenn XY noch einmal dies oder das tut, dann werde ich aber …« Oder: »Ich lass' mir nicht mehr so viel Arbeit aufhalsen. Sollen die doch sehen, wie sie klarkommen, wenn ich Dienst nach Vorschrift mache.« Meist folgt dann – leider gar nichts. Halten Sie sich heute den ganzen Tag lang an das Motto: »Wer A sagt, muss auch B sagen.« In aller Konsequenz.

○ erledigt

# 045

## Entdecken Sie die Faszination des Ekligen – essen Sie heute mal etwas ganz Exotisches.

WIE WÄRE ES zum Beispiel mit gedünsteten Schwalbennestern? Oder mit Schlangenfleisch? Vielleicht beginnen Sie doch lieber in einem Sushi-Laden Ihres Vertrauens: Hier gibt es »Uni« (Seeigeleier) sowie rohe, winzige Muscheln – ein Gedicht: Sie zerfließen butterweich auf der Zunge und schmecken besser als gekocht.
Sie sind mutiger? Dann bestellen Sie sich heute Lutscher aus essbaren Skorpionen und Würmern, in Schokolade gehüllte Riesenameisen oder knusprige Heuschrecken mit Green-Thai- oder Barbecue-Aroma … Im Internet finden Sie das Gesuchte schnell – und noch viel mehr. Lassen Sie sich von dem vielfältigen Angebot überraschen.

○ erledigt

# 046

## Für Mutige: Besuchen Sie heute allein ein Restaurant Ihrer Wahl.

SIE WOLLEN schon lange das nette, kleine Restaurant an der Ecke ausprobieren, doch Ihr Partner ist einfach nicht dazu zu bewegen? Sie sind Single und haben es satt, immer herumzufragen, ob jemand Sie begleitet? Dann seien Sie mutig und gehen Sie allein essen. Keine Angst: Niemand wird Sie schief ansehen – und wenn, dann suchen Sie sich einfach ein anderes Lokal. Bitten Sie um einen netten Tisch, lassen Sie sich bei der Essensauswahl beraten und verwöhnen Sie sich selbst mit einem guten Wein. Für die Pausen zwischendurch nehmen Sie am besten ein Buch mit. Am Ende werden Sie wissen: Man muss nicht immer in Gesellschaft sein, um einen schönen Abend zu erleben.

○ erledigt

# 047

## Ergreifen Sie heute die Gelegenheit: Sagen Sie Ihren Eltern, dass Sie sie lieben.

»KIND, wenn wir mal nicht mehr sind, dann wirst du erst zu schätzen wissen, was …« Bei solchen Satzanfängen verdrehen die meisten von uns die Augen. Unsere Eltern – nicht mehr da? Unvorstellbar. Doch wie schnell können uns Schicksalsschläge ereilen! Um sich später keine Vorwürfe machen zu müssen, nutzen Sie die Chancen in der Gegenwart: Greifen Sie jetzt gleich zum Telefonhörer – oder besser noch: Fahren Sie bei Ihren Eltern vorbei und sagen Sie Ihnen, wie viel sie Ihnen bedeuten.

○ erledigt

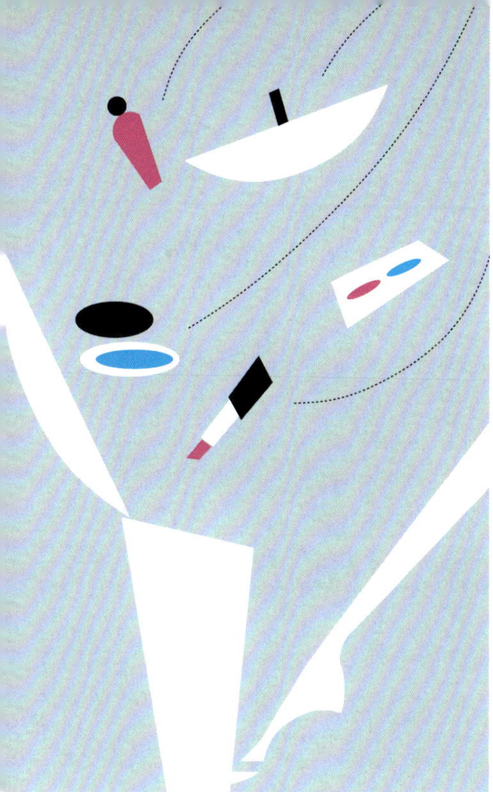

# 048

## Tun Sie Ihrem Körper etwas Gutes – und geben Sie ihm Pflege und Power mit natürlichen Produkten.

SIE VERSPRECHEN eine samtige oder straffe Haut, gepflegte Hände oder verführerische Lippen. Auf den Verpackungen prangen Bezeichnungen wie »pure«, »natural« oder »mit reinem Mandelöl«. Beim Blick ins Kleingedruckte stellt sich dann aber leider oft heraus, dass die Hauptinhaltsstoffe alles andere als natürlich oder »pure« sind. Sowohl in den meisten günstigen als auch in sehr vielen teuren Pflegeprodukten und Kosmetika wird als preiswerter Grundstoff Mineral- oder Silikonöl verwendet. Hinzu kommt eine ganze Reihe an Zusatzstoffen, die als allergieauslösend oder sogar als hautreizend gelten. Nähere Informationen und genaue Bezeichnungen dieser Stoffe finden Sie zum Beispiel in Berichten des Magazins »Öko-Test«. Nur so viel: Mineralöle werden von der Haut nicht aufgenommen, sondern legen sich wie ein Film darüber. Ihre Haut sieht zwar weich und glatt aus, tatsächlich kann sie aber nicht atmen. Sie müssen dann immer wieder nachcremen, da die Haut sonst austrocknet und spröde wird. So ist es nicht erstaunlich, dass die Umstellung auf eine natürliche Creme einige Wochen Geduld erfordert – die Haut muss sich erst einmal von den Strapazen der Vergangenheit erholen. Geben Sie ihr Zeit, um ihre natürlichen Stoffwechselprozesse wieder anzukurbeln, und unterstützen Sie sie dabei mit natürlicher Pflege.

Gehen Sie dafür erst einmal auf Entdeckungsreise. In jedem Drogeriemarkt finden sich inzwischen bezahlbare Produkte auf natürlicher Basis. Etwas teurere Artikel sind bei uns in Bio-Supermärkten oder Apotheken erhältlich. Dort bekommen Sie auch alle Zutaten, um Ihre eigenen Kosmetika herzustellen. Mit den entsprechenden Duftölen können Sie sogar Ihren persönlichen Lieblingsduft hinzufügen. Lassen Sie sich aber beraten, damit Sie nichts verwenden, was Sie nicht vertragen.

Ihre Aufgabe für heute? Durchforsten Sie Ihren Kosmetikschrank und sehen Sie nach, welche Produkte Sie natürlich schön machen. Misten Sie gründlich aus und machen Sie dann einen Einkaufsbummel. Die meisten Anbieter von Naturkosmetik verteilen kostenlos kleine Probepackungen und Probiersets, mit denen Sie sich gleich heute schon verwöhnen können.

○ erledigt

## 049

# Süß oder salzig? Variieren Sie doch mal Ihr Frühstück.

SIND SIE EHER der Müsli-Typ? Lieben Sie Nuss-Nougat-Creme und Marmelade zum Frühstück? Oder kann es Ihnen nicht herzhaft genug sein? Starten Sie heute ganz anders als gewohnt in den Tag: Vielleicht mit einem warmen Frühstück – zum Beispiel bayerisch mit einer Weißwurst oder amerikanisch mit Pfannkuchen und Spiegeleiern. Oder Sie essen Croissants statt immer nur Toast. Lassen Sie sich etwas einfallen oder gehen Sie zum Brunchen. In einem Lokal werden Ihnen noch ganz andere Gaumenfreuden serviert – und wer weiß, vielleicht brechen Sie danach für längere Zeit mit Ihrer Gewohnheit.

○ erledigt

## 050

# Suchen Sie sich ein Motto für den heutigen Tag aus und leben Sie danach.

LASSEN SIE sich heute von einem selbst gewählten Motto inspirieren und widmen Sie ihm Ihre Zeit: Möglicherweise haben Sie ein Lieblingszitat, das Sie diesem Tag voranstellen möchten, wie »Durch jedes freundliche Wort wird unsere Welt ein bisschen menschlicher« von Ernst Ferstl. Oder Sie tauchen in eine ganz andere Welt ein, zum Beispiel in die indische: indem Sie landestypisch kochen und sich mit der indischen Kultur oder dem Hinduismus beschäftigen. Vielleicht kaufen Sie sich auch ein Buch von einem Schriftsteller aus Indien oder eine CD mit Bhangra-Klängen. Informieren Sie sich über Ihr Thema des Tages – etwa im Internet – und versuchen Sie dann, einzelne Aspekte in Ihren Tagesablauf zu integrieren.

○ erledigt

## 051

# Nehmen Sie heute an einer Führung teil oder nutzen Sie einen Tag der offenen Tür, um Ihr Wissen zu erweitern.

SIE INTERESSIEREN SICH für Astronomie? Ihr kleiner Sohn möchte gern wissen, wie ein Auto hergestellt wird? Kein Problem: Viele Institutionen, Firmen und kulturelle Einrichtungen bieten regelmäßig einen Tag der offenen Tür an. Hier können Sie Herstellungsverfahren, Abläufe oder die neuesten wissenschaftlichen Forschungsergebnisse kennenlernen, überall mal hineinschnuppern und interessanten Vorträgen lauschen. Schauen Sie in die Veranstaltungsseiten Ihrer Zeitung oder informieren Sie sich auf den Homepages der Organisationen, die Sie spannend finden. Man lernt schließlich nie aus.

○ erledigt

## 052

# Retten Sie Leben und spenden Sie Blut.

VIELE MENSCHEN haben Angst vor Nadeln, und sicher ist es kein besonders schönes Gefühl, einen halben Liter Blut abgezapft zu bekommen. Doch Ihre Blutspende ist lebenswichtig für andere Menschen, die einen Unfall hatten, krank sind oder gerade operiert werden. Darum: Informieren Sie sich heute unter www.drk-blutspende.de, wo man in Ihrer Nähe Blut spenden kann, und vereinbaren Sie einen Termin. Sie können damit auf einfache Weise helfen, und wer weiß – eines Tages sind vielleicht Sie auf Spenderblut angewiesen.

○ erledigt

# 053

## Machen Sie heute immer nur eine Sache und nicht mehrere gleichzeitig.

ACH, DAS VIELGERÜHMTE MULTITASKING: Besonders Frauen können ja gleichzeitig telefonieren, an einem Projekt arbeiten und noch druckreife E-Mails schreiben ... Glauben wir zumindest immer. Abends raucht uns dann der Kopf, wir haben im Büro häufig nicht alles erledigt, was wir uns vorgenommen hatten – und erröten manchmal über die schlampige Qualität der Arbeit, die wir fertiggestellt oder verschickt haben! Konzentrieren Sie sich heute zur Abwechslung wirklich nur auf eine einzige Sache. Das wird sich zunächst ungewohnt anfühlen, und Sie werden bestimmt ganz kribbelig. Am Abend werden Sie aber erstaunt bemerken, dass Sie mehr geschafft haben als sonst.

○ erledigt

# 054

## Sehen Sie sich einen Kinofilm an, nur weil Ihnen der Titel gut gefällt.

NEHMEN SIE SICH das Kinoprogramm Ihrer Tageszeitung vor oder schauen Sie im Internet nach. Dabei lesen Sie keine Inhaltsangaben, keine Darstellernamen und vergessen alles, was Ihre Freunde Ihnen erzählt haben: Welcher Film hat einen interessanten Titel? Kaufen Sie sich eine Karte und gucken Sie sich den Streifen an. Weil es sich im Kino kaum vermeiden lässt, an einem Plakat vorbeizukommen, auf dem zumindest die Hauptdarsteller abgebildet sind, können Sie ja auch zu einer Sneak-Preview gehen – da bleibt wirklich ganz bis zum Schluss geheim, was am jeweiligen Abend gezeigt wird.

○ erledigt

## 055
# Bringen Sie Ihre grauen Zellen auf Trab, indem Sie Rätsel lösen.

DIE WELT IST VOLLER RÄTSEL. Nehmen Sie sich heute die vor, die von schlauen Menschen erdacht wurden, und trainieren Sie damit Ihr Gehirn. Wer viel rätselt, bringt die grauen Zellen in Schwung und lernt, Zusammenhänge schneller zu erfassen. Probieren Sie die verschiedenen Rätselformen aus – von Sudoku über das gute alte Kreuzworträtsel bis hin zu schwierigen Denkaufgaben, den Logik-Brainteasern. Inzwischen können Sie Rätselsammlungen in unterschiedlichster Form bekommen: Bücher, Sudoku-Blöcke, Zeitschriften, Angebote im Internet, in elektronischer Form, Kartensets … Als schwerstes Rätsel in Deutschland gilt übrigens das jährliche »Rätselrennen« des »SZ-Magazins«.

○ erledigt

## 056
# Schmeißen Sie heute etwas Schreckliches weg, von dem Sie sich bisher nicht trennen konnten.

DIE KRISTALLVASEN, die Ihnen Ihre Tante zum Geburtstag schenkt, ergeben schon eine beachtliche Sammlung – aber Sie benutzen sie nie? Eigentlich können Sie Ihre alte Standuhr nicht mehr sehen. Doch war sie nicht die erste Anschaffung von Ihrem ersten Gehalt? Schluss mit zu viel Rücksicht und Erinnerungen! Schließlich leben Sie in Ihrer Wohnung – und nicht in einem Museum. Entsorgen Sie heute etwas, das Sie einfach nur hässlich finden, aber vor lauter Skrupel bisher nicht wegwerfen konnten. Und vielleicht geben Sie Ihrer Tante demnächst den kleinen Wink, dass keine Vase der Welt ihren leckeren Kuchen aufwiegen kann.

○ erledigt

## 057

# Für Kaffee-Junkies oder Schokolade-Abhängige: Verzichten Sie heute auf alle ungesunden Lebensmittel.

WENN WIR NUR alle Asketen wären und uns ausschließlich davon ernähren würden, was als gesund für unseren Körper gilt ... Die meisten von uns haben doch mindestens ein »Goodie«, das sie bei Stress, Durchhängern oder auch nur einfach so zu sich nehmen. Auch wenn wir wissen, dass es nicht gut für uns ist. Heute ist jedoch Ihr Gesunde-Ernährung-Tag: Verzichten Sie auf Schokolade, Gummibärchen und mehr als zwei Tassen Kaffee oder schwarzen Tee. Gönnen Sie sich stattdessen frisches Obst zum Naschen und greifen Sie zu Durstlöschern ohne Kalorien. Na, und klappt's? Ist der Entzug sehr schlimm oder werden Sie in Zukunft öfter entsagen?

○ erledigt

## 058

# Sie wissen nichts mit Ihrer freien Zeit anzufangen? Suchen Sie sich ein Hobby.

HOBBY, WAS IST DAS? Für so etwas bleibt nun wirklich keine Zeit! Als Kind war das anders: Sie tanzten im Ballett oder haben leidenschaftlich gern Flugzeuge gebaut. Jetzt können Sie nicht einmal sagen, wofür Sie sich besonders interessieren. Doch es gibt ein Leben neben Job und Familie: Nehmen Sie sich die Zeit, mal wieder etwas zu tun, das ganz alleine Ihnen Spaß macht. Fragen Sie Ihre Bekannten, wie sie ihre Freizeit gestalten, oder lassen Sie sich von den Angeboten der Volkshochschule inspirieren. Nicht nur Sie selbst werden davon profitieren, wenn Sie sich eine Beschäftigung suchen, in der Sie voll und ganz aufgehen und den notwendigen Ausgleich zur Arbeit finden.

○ erledigt

## 059

## Die Mutprobe für heute: Gehen Sie in eine Bar und sprechen Sie jemanden an – und damit ist nicht der Barkeeper gemeint!

SUCHEN SIE SICH die Person aus, die Sie im ganzen Raum am attraktivsten oder am schrägsten gestylt finden, und reden Sie sie an. Neue Kontakte lassen sich nur knüpfen, wenn einer den ersten Schritt wagt – und der fällt vielen Menschen schwer! Es muss sich keine stundenlange Unterhaltung entspinnen. Indem Sie einfach nur Hallo sagen, nach einer Cocktail-Empfehlung fragen oder nach dem Namen des Songs, der gerade läuft, bringen Sie vielleicht schon ein Gespräch in Gang. Und wenn nicht: kein Weltuntergang. Sie haben sich getraut!

○ erledigt

## 060

## Höflichkeit kostet nichts: Seien Sie einen ganzen Tag lang freundlich zu Ihren Mitmenschen.

HEUTE GILT für Sie der Spruch: »Höflichkeit ist ein Zier.« Grüßen Sie Ihre Nachbarn, halten Sie der Kollegin die Tür auf und warten Sie, bis die Leute aus der U-Bahn ausgestiegen sind, bevor Sie einsteigen. Lassen Sie sich auch nicht von einem unfreundlichen Kunden aus der Ruhe bringen, sondern bleiben Sie entgegenkommend und gelassen. Merken Sie etwas? Ihr Gegenüber freut sich und erwidert Ihre Freundlichkeit. Und schon geht alles ein bisschen leichter.

○ erledigt

## 061

# Sie wollen hoch hinaus? Besteigen Sie heute einen Berg.

WANDERN, UND DANN auch noch auf einen Berg – das ist so gar nicht Ihre Sache? Keine Ausreden: Sie müssen ja nicht gleich die Zugspitze erklimmen. Lassen Sie sich von einem Bergfreund beraten oder wählen Sie einen »Einsteigerberg« aus einem Wanderführer aus. Natürlich ist das anstrengend, doch lassen Sie sich von einem Wandermuffel versichern: Oben am Gipfelkreuz zu stehen lohnt die Mühe.
Bei Ihnen in der Umgebung gibt es keine Berge? Na, dann müssen Sie ein bisschen kreativ werden: Wie wäre es mit einer Düne, dem Kirch- oder dem Fernsehturm zum Gipfelstürmen?

○ erledigt

## 062

# Ist Ihre Laune auf dem Tiefstand? Dann bringen Sie Passanten dazu, Ihnen ein Lächeln zu schenken.

HEUTE LÄUFT EINFACH ALLES schief, und Sie haben dringend positive Aufmerksamkeit nötig? Spazieren Sie mit ein paar bunten, gasgefüllten Ballons durch die Stadt oder tragen Sie ein T-Shirt mit einem gut lesbaren, witzigen Spruch. Sie werden sehen: Ein Lächeln von fremden Menschen ist Balsam für Ihr geschundenes Ego.

○ erledigt

# 063

## Werden Sie zum Blogger – aber richtig!

BLOGS (eigentlich »Weblogs«) sind Online-Tagebücher, die vor einiger Zeit das Erbe der persönlichen Homepage angetreten haben. Die Leser erreichen ein Blog nicht nur über Suchmaschinen, sondern vor allem über Verbindungen mit anderen Blogs, die über Links (»Blog Rolls«) und Kommentare mit dem eigenen Tagebuch vernetzt sind.

Wenn Sie »Blog« als Stichwort in eine Suchmaschine eingeben, finden Sie viele Sites, über die Sie Ihr Online-Tagebuch starten können. Communitys wie MySpace oder Yahoo 360° bieten sich an, wenn Sie ein klassisches Tagebuch veröffentlichen wollen, bei dem Musik, Partys oder Ihre Person im Mittelpunkt stehen.

Und hier kommt unser Programm für das erfolgreiche Blog, mit dem Sie am besten noch heute beginnen:

1. SUCHEN SIE sich ein Thema aus! Ihr persönliches Tagebuch mag eines sein, aber die interessanten Stellen daraus wollen Sie sicher nicht aller Welt zeigen. Finden Sie ein Gebiet, mit dem Sie sich – immer mal wieder – beschäftigen können. Oder ein Thema, über das Sie gut Bescheid wissen, vielleicht die Restaurants oder Clubs in Ihrer Stadt oder Bücher, die Sie lesen. Alles, was Sie mit anderen gemeinsam haben könnten, eignet sich. Wer sich über Abseitiges austauschen will, schaut am besten unter www.consumating.com nach.

2. LESEN SIE! Recherchieren Sie auf Websites und, ganz wichtig, in anderen Blogs zu Ihrem Thema. Scheuen Sie sich nicht, die Beiträge dort zu kommentieren – auch Lob und Zustimmung sind gerne gesehen.

3. SCHREIBEN SIE immer wieder! Sie brauchen nicht an jedem Tag einen Beitrag ins Netz zu stellen, aber eine gewisse Regelmäßigkeit ist schon wichtig. Die meisten Blogs scheitern daran, dass auf eine kurze Periode frenetischer Aktivität zu lange Durststrecken folgen.

4. DENKEN SIE daran: Ein Blog ist öffentlich. Alles, was Sie im Internet schreiben, kann jeder lesen – auch Ihr Chef, Ihre Großtante oder Ihr neuer Freund.

5. GENIESSEN SIE Ihr Blog. Wenn Sie nach ein paar Monaten zurückschauen, werden Sie sich toll fühlen! Vielleicht hat Ihr Blog dann schon eine richtige »Persönlichkeit«, einen eigenen Stil und ein paar Fans, die immer wieder hineinschauen und Ihnen Aufmunterndes schreiben.

○ erledigt

# 064

## Begegnen Sie Ihren Mitmenschen heute mit Nächstenliebe – ganz wie Mutter Teresa.

MUTTER TERESA ist selbst Jahre nach ihrem Tod noch eine Inspirationsfigur, weil sie selbstlos anderen Menschen geholfen hat. Nehmen Sie sich heute ein Beispiel an ihr und werden Sie zur »Missionarin der Nächstenliebe«. Sie brauchen dafür weder Ihre gesamte Barschaft der Welthungerhilfe zu spenden noch in einen Orden einzutreten. Vielmehr geht es um die innere Einstellung – darum, die Bedürfnisse Ihrer Mitmenschen zu berücksichtigen und auf sie einzugehen. Versuchen Sie einen Tag lang, nicht ungeduldig, kleinlich oder herablassend zu sein. Egal, um wen es geht – auch gegenüber Personen, die Sie vielleicht nicht so mögen. Haben Sie ein offenes Ohr für die Probleme anderer oder bieten Sie einen kleinen Gefallen an. Und überlegen Sie, wer in Ihrem Umfeld sonst immer etwas zu kurz kommt. Oft braucht es nur einen kleinen Anstoß, um die Welt ein bisschen besser zu machen.

| | Wen betrifft es? | Was könnte ich tun? | |
|---|---|---|---|
| | | | |
| | | | |
| | | | |
| | | | |
| | | | |

○ erledigt

# 065

## Nur Mut! Trauen Sie sich heute einmal etwas zu.

DIE EINE WILL SCHON seit Jugendzeiten einen Fallschirmsprung wagen. Die andere wäre froh, wenn sie sich endlich trauen würde, den netten Typen im Fitnessstudio anzusprechen. Was haben Sie sich schon lange vorgenommen, ohne bisher den Mut dafür zu finden? Keine Ausreden mehr: Sie möchten es doch. Und heute Abend werden Sie stolz auf sich sein, wenn Sie Ihr Vorhaben hinter sich gebracht haben. Na, wenn das mal kein Grund ist, Ihre Idee in die Realität umzusetzen!

○ erledigt

# 066

## Von Wipfel zu Wipfel – gönnen Sie sich das Elfen-Gefühl!

EIN TREND aus den riesigen Wäldern Kanadas ist auch in Deutschland angekommen: An immer mehr Orten können Sie auf schmalen Seilbrücken von Baumwipfel zu Baumwipfel gehen. Überwinden Sie die Angst vor der großen Höhe und gönnen Sie sich dieses einmalige Gefühl – Sie werden dabei gut gesichert, Ihnen kann nichts passieren. Der Baumwipfelpfad im Pfälzerwald bietet noch mehr: Hier gibt es nächtliche Exkursionen komplett mit Essen am Lagerfeuer. Groß und Klein können den Baumwipfelpfad bequem über eine Rampe verlassen – oder rasant über eine 40 Meter lange Rutsche! Adressen finden Sie im Internet über die Begriffe »Baumwipfelpfad«, »Hochseilgärten« und »Baumkronenpfad«.

○ erledigt

067

# Geben Sie dem Zufall eine Chance und brechen Sie zu einem ungeplanten Kurztrip auf.

IHR AUSFLUG erstreckt sich über ein Wochenende beziehungsweise zwei Tage. Die Zutaten für das spannende Vorhaben: Ihr Partner oder eine gute Freundin sowie eine für alle Eventualitäten gepackte Übernachtungstasche. Was Sie auf jeden Fall dabeihaben sollten: Snacks und Getränke sowie zwei Schlafsäcke für den Notfall – und einen Satz guter Karten der Region. Denken Sie beim Packen auch daran, dass Sie nicht in einem Luxushotel einkehren werden – Seife, Handtücher, Schlappen, Pappbecher und Wasser gehören ins Gepäck.
Und schon beginnt die Tour: Geben Sie nun Fortuna die Zügel in die Hand! Fahren Sie mit dem Auto drauflos, bis Sie in eine Gegend kommen, die Sie nicht kennen. Dann geht's runter von der Autobahn auf die Landstraßen. Machen Sie überall da Halt, wo es Ihnen verlockend erscheint – vielleicht haben Sie romantische Marktplätze, Kirchen, Burgen, kleine Museen und Ausstellungen erspäht. Geben Sie eine Spende für den örtlichen Schutzheiligen, erkunden Sie verlassene Friedhöfe. Am frühen Abend, spätestens wenn es dunkel wird, kehren Sie in einem kleinen Örtchen in einem hoffentlich malerischen Landgasthof ein. Machen Sie nach dem Essen noch einen kleinen Spaziergang durch den Ort. Wie leben die Menschen hier? Was gibt es zu entdecken? Tun Sie etwas, das Sie sonst nicht tun: Gehen Sie bowlen, früh schlafen oder versacken Sie in der Hotelbar vor dem Kamin – je nach Angebot, das Sie vorfinden.
Übrigens: Ganz praktisch kann ein »Telefon-Joker« sein, den Sie in dem unwahrscheinlichen Fall einsetzen, dass alle Gasthöfe, bei denen Sie anfragen, ausgebucht sind und es immer später wird. Machen Sie schon vor der Abfahrt mit einem Bekannten oder Verwandten aus, dass Sie notfalls abends anrufen, damit er für Sie ein Hotel sucht und Ihnen die Nummer und Adresse durchgibt. Selbst in den winzigsten Orten findet der Internet-Hotelreservierungsservice HRS (www.hrs.com) für Sie eine Unterkunft, die im Umkreis von 20 Kilometern liegt. Bei kurzfristigen Buchungen müssen Sie die Telefonnummern der gefundenen Hotels allerdings per Auskunft recherchieren und persönlich dort anfragen.

○ erledigt

## 068

# Lesen soll bekanntlich bilden. Tauschen Sie sich mit einer Freundin über ein Buch aus, das Sie sich beide zur gleichen Zeit vornehmen.

KRIMI, LIEBESROMAN oder Sachbuch – eigentlich sind Sie eine Leseratte. Doch leider haben Sie oft nicht genug Zeit zum Lesen und auch niemanden, mit dem Sie sich über Ihre Lektüre austauschen können. Dann tun Sie sich heute mit einer lesefreudigen Freundin zusammen: Suchen Sie sich gemeinsam ein Buch aus und legen Sie einen Termin fest, bis wann Sie es beide lesen wollen. Schließlich sprechen Sie einen Abend lang – vielleicht bei einem Glas Wein – darüber, wie Ihnen das Werk gefallen hat. Waren Sie mit der Handlung und den Figuren zufrieden? Möchten Sie noch mehr von dem Autor lesen? Oder liegt Ihnen das Genre ganz und gar nicht? Wer anschließend darüber reden kann, der liest doppelt gern!

○ erledigt

## 069

# Für Gewohnheitsliebende: Seien Sie doch mal spontan.

GEHÖRT SPONTANEITÄT nicht unbedingt zu Ihren Stärken? Wägen Sie zuerst einmal sämtliche Eventualitäten genauestens ab? Dann üben Sie sich heute darin, auch einmal ohne langes Nachdenken zu entscheiden: Eine Kollegin fragt, ob Sie Lust hätten, abends ins Kino zu gehen – sagen Sie zu. Wenn Sie schon lange mal wieder bei Ihrer besten Freundin vorbeischauen wollten, tun Sie das auch ohne Anmeldung. Eigentlich essen Sie mittags immer einen gesunden Salat, aber heute lacht Sie die Currywurst an? Kein Problem, kein Überlegen, kein Zögern – treffen Sie Ihre Entscheidung schnell und aus dem Bauch heraus.

○ erledigt

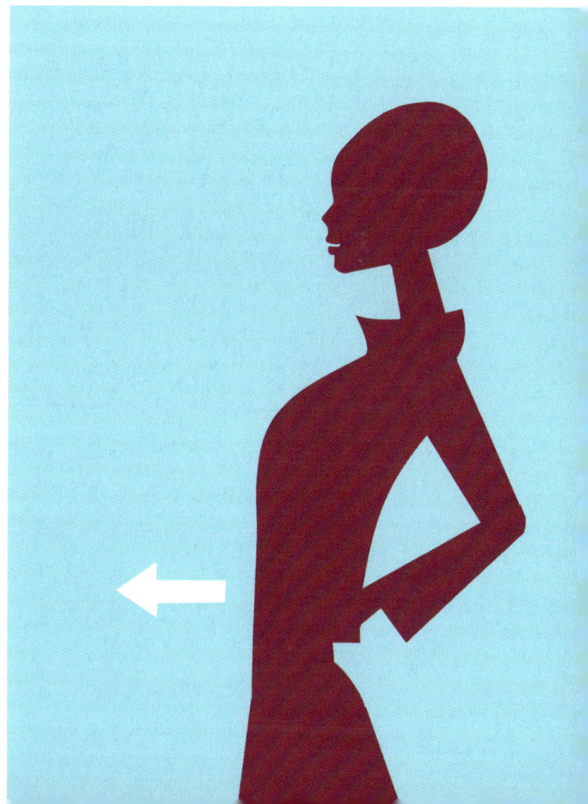

# 070

## Immer nur Aerobics oder Pilates langweilt – probieren Sie eine trendige Sportart aus.

WAS »TRENDIG« zu bedeuten hat, ist natürlich Ansichtssache! Wenn jemand zum Beispiel gut surfen kann, hat das immer noch etwas Außergewöhnliches an sich (Anfängerkurse gibt es aber überall, zum Beispiel in Schwimmbädern oder auf Seen). Oder wie wäre es mit Klettern? Hallen dafür eröffnen an vielen Orten. Halten Sie auch im Urlaub die Augen offen – Snowkiten und Airboarden etwa sind eher etwas für die Wintersaison. Welche ausgefallenen Sportarten, die Sie vielleicht einmal austesten möchten, fallen Ihnen sonst noch ein?

○ erledigt

# 071

## Der Traum vom großen Glück: Spielen Sie heute Lotto.

WENN DAS WÖRTCHEN wenn nicht wär', dann wär'n Sie heute Millionär? Nun, wer wird sich denn von einem Wort abhalten lassen? Streichen Sie »wenn« aus Ihrem Wortschatz und helfen Sie Ihrem Glück ein bisschen auf die Sprünge: Füllen Sie einen Lottoschein aus. Gehen Sie ins nächste Zeitungsgeschäft oder loggen Sie sich unter www.lotto.de ein. Die Regeln erfahren Sie direkt vor Ort. Wer nur einen »kleinen« Lottoschein auswählt, ist schon mit rund zwei Euro dabei. Fiebern Sie mit, ob Ihre persönlichen Glückszahlen gezogen werden – und stellen Sie sich schon jetzt vor, was Sie mit dem vielen Geld machen werden. Das verschönert den Tag und eröffnet neue Horizonte.

○ erledigt

## 072

# Machen Sie es wie die Amerikanerinnen – zelebrieren Sie ein jährliches Ritual mit Ihrer Tochter oder Nichte.

DER MUTTER-TOCHTER- oder Tante-Nichte-Tag beginnt in den USA meist mit einem ausgedehnten Einkaufsbummel. Anschließend geht man in ein ausgesprochen edles Café, in dem sich die zwei Frauen wie Damen des britischen Hochadels fühlen. Ein beliebtes Ziel ist zum Beispiel das New Yorker Plaza Hotel – hier gibt es ganz feinen Tee, zu dem englische Köstlichkeiten schnabuliert werden. Das schöne Ritual lässt sich natürlich auch in allen anderen Städten auf der Welt begehen. Sicher findet sich auch in Ihrer Nähe ein »bestes Hotel am Platze«, wo Sie zu zweit eine gepflegte Tee- oder Kaffeestunde zelebrieren können. Vielleicht müssen Sie auf die sündigen Scones verzichten, die man in England zum »Cream Tea« mit Sahne und Marmelade reicht. Doch sicherlich bietet auch das Café Ihrer Wahl kleine Leckereien und ein gewisses Ambiente, sodass aus einem gewöhnlichen Tee- oder Kaffeetrinken etwas Besonderes wird.

○ erledigt

## 073

# Alles selbstverständlich? Von wegen – heute bedanken Sie sich.

IHR MANN MACHT regelmäßig sonntags das Frühstück. Ihre Kollegin bringt Ihnen immer die Ausdrucke mit, die Sie am Drucker vergessen. Und ein anderer Autofahrer hat Sie netterweise vorgelassen. Es sind vor allem die kleinen Gesten im Alltag, die wir oft für selbstverständlich halten, ohne uns Gedanken darüber zu machen. Zeigen Sie Ihren Mitmenschen heute, dass Sie ihre guten Taten sehr wohl bemerken und schätzen: Ein einfaches »Danke« und ein Lächeln wirken oft Wunder.

○ erledigt

# 074

# Graust es Ihnen vor Spinnen oder davor, vom fünften Stock aus nach unten zu sehen? Besiegen Sie endlich Ihre Angst!

ÄNGSTE BEHINDERN UNS. Ob sie klein sind oder groß, am besten ist es, ihnen offensiv entgegenzutreten, um sie wieder loszuwerden. Machen Sie heute den ersten Schritt! Buchen Sie ein Präsentationsseminar, wenn Sie Angst davor haben, vor Menschen zu sprechen. Fahren Sie auf den nächsten Fernsehturm und wagen Sie den Blick nach unten, selbst wenn Ihnen schon im fünften Stock mulmig wird. Wer ernsthaft unter Phobien leidet, sollte sich aber professionelle Unterstützung suchen! Oft hilft eine Verhaltenstherapie.

Je größer Ihre Angst ist und je mehr Zeit sie hatte, sich in Ihrem Leben breitzumachen, desto länger wird es dauern, bis Sie sie in den Griff bekommen. Wichtig ist, dass Sie Ihrer Angst ins Gesicht sehen und sagen: »Dich krieg' ich klein!« Dabei helfen Ihnen die folgenden Fragen:

Wann ist die Angst zum ersten Mal aufgetreten? Ist sie im Lauf der Zeit schlimmer geworden? ______

Gibt es rationale Gründe für die Angst? ______

Ist die Angst schon mal kleiner geworden? ______

Wie hat sich das angefühlt? ______

Was könnte ich tun, um meine Angst zu überwinden? ______

○ erledigt

# 075

## Wollten Sie nicht schon immer eine Veranstaltung für Fans im passenden Outfit besuchen?

HEUTE KOMMEN SIE nicht drum herum! Ziehen Sie los und besorgen Sie sich ein Elfen-Outfit, einen Harry-Potter-Zauberumhang samt Brille oder Spock-Ohren – je nachdem, in welche »Welt« Sie gerne eintauchen möchten. Wer keinen Laden mit solchen Devotionalien um die Ecke hat, kann sie prima im Internet kaufen – ebenso die Tickets für den nächsten Fan-Event, eine »Convention«. Allein zwei Klingonen auf ein Taxi warten zu sehen ist das Eintrittsgeld wert ... Die besten Fan-Cons mit der größten Auswahl an »Welten« gibt es in den USA (zum Beispiel »Dragon Con« in Atlanta). In Deutschland finden Sie ebenfalls interessante Events, besonders im Fantasy- und Science-Fiction-Bereich.

○ erledigt

# 076

## Sie haben »ihn« nie vergessen? Dann wird es heute Zeit, dass Sie sich bei Ihrer ersten großen Liebe melden.

SIE TRUGEN NOCH eine Zahnspange und Zöpfe, er war schlaksig, und seine Stimme kippte bei jedem dritten Wort – trotzdem haben Sie sich damals unsterblich in ihn verliebt. Und er sich vielleicht auch in Sie? Doch wie das mit der ersten großen Liebe so ist – sie verläuft meist im Sand oder man trennt sich mit großem Herzschmerz, da sich beide weiterentwickeln. Was aus ihm geworden ist? Wie er jetzt wohl aussieht? Benutzen Sie Internetsuchmaschinen und Schülerdatenbanken, um herauszufinden, wo er jetzt steckt.

○ erledigt

# 077

## Frankreich, Frankreich: Heute verbringen Sie einen Tag in Paris.

**WEN ZIEHT ES** nicht in die Stadt an der Seine? Wer noch nie in Paris war, möchte es unbedingt einmal erleben. Und wer die Metropole schon besucht hat, will immer wieder dorthin. Mit ein wenig Glück ergattern Sie einen Billigflug und können ganz entspannt durch die Pariser Straßen bummeln, den Louvre oder Versailles besuchen, lecker französisch essen gehen, den Tag gemütlich mit einem Café au Lait beginnen und mit einem Glas Wein ausklingen lassen ...
Doch Reisen ist bekanntlich nicht gerade das billigste Vergnügen. Sie werden daher so bald nicht in die Stadt Ihrer Träume fahren, auch wenn Sie gerne wollen? Macht nichts: Wenn Sie nicht nach Paris kommen, dann kommt Paris eben zu Ihnen. Heute wird aus Ihrer Wohnung eine internationale Metropole. Es ist ganz einfach, für die richtige Stimmung und das entsprechende Ambiente zu sorgen:

- Froschschenkel sind nicht Ihr Geschmack? Die französische Küche hat aber viel mehr zu bieten. Besorgen Sie sich für den ganzen Tag Spezialitäten aus Frankreich: zum Beispiel Croissants, Baguettes, französischen Wein und Käse. Oder kochen Sie selbst. Wie wäre es mit Ratatouille oder einer Bouillabaisse? Oder verwöhnen Sie sich mit etwas Süßem – bei Crème brûlée oder Mousse au Chocolat schmilzt jeder dahin. Lassen Sie sich von Ihren Kochbüchern inspirieren.
- Können Sie Französisch? Dann fällt heute kein deutsches Wort.
- Ihre Stereoanlage füttern Sie mit französischer Musik, beispielsweise Chansons von Edith Piaf oder, moderner, von Carla Bruni.
- Machen Sie sich schick – von den Accessoires bis zu den Dessous. Paris wird nicht ohne Grund »Stadt der Liebe« genannt.
- Mit der richtigen Dekoration holen Sie Paris in Ihre Wohnung: Vielleicht haben Sie noch Fotos oder Mitbringsel von Ihrem letzten Ausflug? Dann hängen oder stellen Sie sie auf. Sie können sich auch in der Stadtbibliothek Seiten aus Bildbänden herauskopieren oder – noch einfacher – Bilder aus dem Internet ausdrucken. Denn was wäre Paris ohne den Eiffelturm?

○ erledigt

# 078

## Heute mit dem falschen Bein aufgestanden? Bringen Sie den Tag wieder ins Lot.

MANCHE TAGE sind schon im Eimer, bevor wir überhaupt zur Haustür hinausgegangen sind. Warum eine schwarze Gewitterwolke über unserem Kopf schwebt, wissen wir oft selbst nicht. Wir grummeln vor uns hin und zeigen unsere schlechte Stimmung ganz offen. Versuchen Sie heute, sich selbst zu überlisten, und holen Sie sich eine Infusion guter Laune: Schenkt Ihnen jemand ein nettes Lächeln, dann lächeln Sie doch einfach zurück, statt zu denken: »Was will der denn?« Oder zeigen Sie ein wenig Eigeninitiative: Lächeln Sie auf dem Weg zur Arbeit alle Menschen an, die Ihnen begegnen, und freuen Sie sich über das, was zurückkommt. So beginnt der Tag doch viel angenehmer!

◯ erledigt

# 079

## Posieren Sie als Aktmodell.

MELDEN SIE SICH heute in der Kunstakademie, bei einer Zeichenschule oder einem Zeichenkurs in Ihrer Stadt als Aktmodell. Der Schub für Ihr Selbstbewusstsein wird enorm sein: Auch wenn Sie selbst Zweifel plagen, für die Malschüler ist jeder Körper schön! Anbieter solcher Kurse bekommen Sie durch eine Internetrecherche heraus. Wenn Ihnen die Vorstellung gar nicht behagt, von Malschülern des anderen Geschlechts angeschaut zu werden, können Sie ja erst einmal für einen reinen Frauen-Malkurs posieren.

◯ erledigt

# 080

## Deutschland hat viel Schönes zu bieten: Besuchen Sie einen Nationalpark.

VIELE DEUTSCHE träumen vom Yosemite-Nationalpark in den USA und wissen gar nicht, welche Naturschönheiten sich auch bei uns finden lassen. Dabei gibt es 13 Nationalparks, vom Wattenmeer-Schutzgebiet im Norden bis zur Eifel im Südwesten. Jeder von ihnen bewahrt ein ganz eigenes Stück Naturerbe, das sich hier ungestört entwickeln darf. Die deutschen Parks warten darauf, von Ihnen entdeckt zu werden. Planen Sie heute schon Ihren nächsten Ausflug ins Grüne: Eine gute Übersicht über die Nationalparks in Ihrer Nähe bietet die Website www.wattenmeer-nationalpark.de/karte/deut.htm. Im Angebot sind oft Vorträge und geführte Wanderungen, Sprechstunden mit den Park-Rangern und vieles mehr.

○ erledigt

# 081

## Singen Sie laut und voller Inbrunst – nicht nur am Morgen unter der Dusche!

WUSSTEN SIE schon, dass Singen das Immun- und Herz-Kreislauf-System stärkt, bei der Infektabwehr hilft und gut gegen Verstimmungen wirkt? Dabei ist es egal, ob Sie bei »Deutschland sucht den Superstar« alle von den Socken hauen, unter der Dusche trällern oder im Kirchenchor. Eine Grundmusikalität haben wir alle; lassen Sie sich nicht einreden, Sie könnten nicht singen! Übrigens: Wenn Sie Ihre Singstimme entdecken wollen, können Sie inkognito in einem Kurs trainieren, ohne Scheu laut und in Gegenwart anderer Menschen zu singen.

○ erledigt

# 082

## Der Krieg der Geschlechter ist nichts gegen den zwischen Früh- und Spätaufstehern. Wechseln Sie heute die Seiten!

WIR ALLE HABEN produktive und unproduktive Phasen am Tag. Sie zu beachten ist das beste Mittel gegen Stress und das Geheimnis vieler erfolgreicher Menschen. Aber wenn Nachteulen und Lerchen aufeinandertreffen, ist der Zank meist vorprogrammiert. Die einen erscheinen den anderen als Langweiler und verrückt, weil sie zu unmenschlichen Zeiten aufstehen können und morgens gut gelaunt sind. Die Lerchen hingegen finden die Nachteulen disziplinlos, arbeitsscheu und haben es schnell satt, einen Morgenmuffel vor sich zu haben.

Wir können einfach nicht aus unserer Haut, denken Sie? Ein großer Teil unseres Verhaltens ist aber nur erlernt und entspricht nicht unserem tatsächlichen Rhythmus. Leben Sie von heute an eine Woche lang im anderen »Lager«. Ein guter Start ist das Wochenende – besonders für die Lerchen.

- LERCHEN: Bleiben Sie im Bett, auch wenn Ihre innere Uhr Sie um 6 Uhr weckt. Wachen Sie ganz langsam auf. Kuscheln Sie sich mit Ihrem Partner noch mal in die Kissen, lesen Sie im Bett … Das Frühstück kann improvisiert werden, und duschen können Sie auch später, wenn Ihr Kind bei der Tagesmutter ist. Kommen Sie erst um 10 Uhr ins Büro und bleiben Sie dafür bis in den Abend hinein (vorausgesetzt, Sie arbeiten in Gleitzeit!). Sie werden überrascht sein, wenn Sie um 19 Uhr noch einmal einen Energieschub verspüren oder plötzlich Aufgaben spielend erledigen, die Sie sonst tagelang vor sich herschieben. Ihre Ideen und Gedanken hatten nun den ganzen Tag Zeit, in Ihrem Hinterkopf zu reifen. Gehen Sie abends aus oder veranstalten Sie einen Spieleabend – halten Sie sich auf Trab und wach. Sie dürfen erst um 0 Uhr in die Kissen sinken.
- NACHTEULEN: Stehen Sie auf, sobald der Wecker klingelt – ohne die Snooze-Taste zu betätigen, ohne sich noch einmal umzudrehen! Und zwar spätestens um 6.30 Uhr. Duschen Sie mit einem belebenden Duschgel. Reißen Sie die Fenster im Schlafzimmer auf, damit das Bett nicht ruft. Und führen Sie sich Koffein, Teein oder etwas anderes zu, das Sie belebt. Vielleicht hilft auch eine Runde Morgengymnastik? Früh am Arbeitsplatz, früh zu Hause – keine Nachtschichten mehr, dafür liegen Sie um 22 Uhr im Bett.

Ziehen Sie danach ehrlich Bilanz: Haben Sie mehr geschafft im Büro? Haben Sie Ihre Freizeit weniger genossen? War es schlimm, morgens früh aufzustehen oder abends später ins Bett zu gehen?

○ erledigt

# 083

## Heute ärgern Sie sich nicht über rote Ampeln oder Stau – jede Wartezeit ist ein kleines Geschenk.

AUCH WENN WIR es gar nicht eilig haben, irgendwohin zu kommen, tigern wir unruhig auf und ab, wenn sich die U-Bahn verspätet, oder werden schnell ungeduldig, wenn wir im Stau stecken. Die Hektik im Job und im Privatleben lässt uns jede Zwangspause als Zumutung empfinden. Heute machen Sie es anders: Statt sich über den Leerlauf die Haare zu raufen, nutzen Sie die Zeit. Machen Sie eine Mini-Meditation, trainieren Sie Ihren Beckenboden oder sagen Sie im Auto ein Gedicht auf, um Ihre grauen Zellen in Schwung zu bringen.

○ erledigt

# 084

## Sagen Sie Nein.

»KANNST DU den Text für mich Korrektur lesen?« »Kannst du heute auf Sarah aufpassen? Ich muss zum Friseur.« – Fast automatisch nicken wir und antworten immer wieder: »Klar, kein Problem.« Auch wenn sich auf dem Schreibtisch die Arbeit türmt und Klein-Sarah und die eigenen Pläne überhaupt nicht zusammenpassen. Sagen Sie heute »Nein«. Lächeln Sie dabei freundlich, aber stehen Sie dazu. Für Verhandlungen gilt übrigens: Nach dem ersten »Nein« fangen sie erst richtig an. Nur Frauen glauben, dass wegen dieser vier Buchstaben die Welt untergeht.

○ erledigt

085

# Entrümpeln für Einsteiger: Misten Sie mal richtig aus.

DAS GERÜMPEL türmt sich in allen Ecken: Da stauben die vielen Mitbringsel aus dem Urlaub ein und dort auf dem Sideboard der Nippes aus den letzten Jahren. Aber vor allem in den berühmt-berüchtigten Stauräumen – Garage, Dachboden, Abstellkammer – sammelt sich so einiges an. »Ach, das kann ich doch bestimmt noch mal gebrauchen!«, »Irgendwann lasse ich das reparieren« oder »Das war so teuer, das kann man doch nicht einfach wegschmeißen« – solche und andere Ausreden kennen Sie sicher, und schon landen alte Elektrogeräte, das aussortierte Porzellan von der Großmutter und die Hockeyausrüstung aus Jugendzeiten im Keller. Nach dem Motto »Aus den Augen, aus dem Sinn« wird das Gerümpel aus dem Bewusstsein verdrängt. Doch es verschwindet leider nicht, nein, es vermehrt sich wie von Geisterhand – und das ist das Problem. Irgendwann sind alle Räume voll oder der nächste Umzug steht an – und dann kommt das kalte Grausen. Beugen Sie deshalb vor und entrümpeln Sie jetzt!

- Setzen Sie sich nicht zu hohe Ziele. Sie werden es sicher nicht schaffen, an einem Tag Keller, Kammer und Garage zu entrümpeln, je nach Gerümpeldichte vielleicht nicht mal einen ganzen Raum. Planen Sie daher realistisch, sonst sind Sie nur frustriert und geben auf. »Heute kümmere ich mich drei Stunden lang um den Kellerschrank, übernächstes Wochenende sind die Kisten dran«, so könnte Ihre Einteilung lauten. Sie wissen selbst am besten, wie viel Sie sich zutrauen können.
- Dann wird sortiert, und zwar ehrlich und ohne sich dabei etwas vorzumachen. Wenn Sie einen Gegenstand in den letzten drei Jahren nicht gebraucht oder repariert haben, dann werden Sie es demnächst auch nicht tun. Was ist alt oder kaputt? Auf den Müll damit! Was benötigen Sie selbst zwar nicht mehr, aber es ließe sich noch gut auf dem Flohmarkt oder bei eBay verkaufen? Und welche Gegenstände benutzen Sie zwar nicht regelmäßig, wollen und müssen sie aber aufheben? Wenn Sie fertig sind, wird sich Ihr Gerümpeldickicht ziemlich gelichtet haben. Räumen Sie den Rest, den Sie behalten möchten, ordentlich und mit System ein, damit Sie auch alles jederzeit wiederfinden.

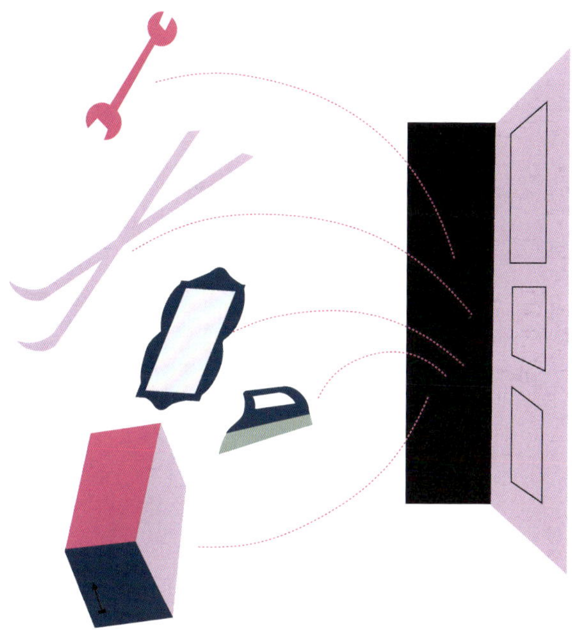

○ erledigt

# 086

## Ihre gute Tat für heute: Bieten Sie einer älteren Person in Ihrer Umgebung Ihre Hilfe an.

OB SIE die schweren Einkaufstaschen schleppen, beim Ab- und Aufhängen der Gardinen helfen oder eine volle Gießkanne auf den Balkon hieven und die Blumen bewässern – es gibt viele Dinge, die Sie jemandem, der schon ein wenig gebrechlich ist, abnehmen können. Machen Sie keine große Geschichte daraus und fragen Sie vorher nicht lange nach, denn oft fühlen Menschen sich bemitleidet, wenn sie auf fremde Hilfe angewiesen sind und darum bitten müssen.

◯ erledigt

# 087

## Sie brauchen mehr Zeit für sich? Geben Sie heute mal Ihre Kinder ab.

JA, SIE LIEBEN die Kleinen wirklich innig. Aber deswegen müssen Sie sie ja nicht 24 Stunden am Tag, sieben Tage die Woche und 52 Wochen im Jahr selbst betreuen. Und falls Sie eine Tagesmutter beschäftigen, werden Sie Ihre Kinder dort vermutlich nicht »zum Spaß« abgeben, sondern in der Zeit arbeiten oder den Haushalt erledigen. Parken Sie heute die Kinder bei der Tagesmutter, der Oma, Ihrer Schwester oder einer guten Freundin. Und nutzen Sie die gewonnene Zeit allein zu Ihrem Vergnügen oder für Ihr Wohlbefinden: für einen netten Kaffeeklatsch mit Ihrer Freundin oder eine Erholungspause im duftenden Schaumbad. Kein Haushaltskram, kein Shoppen nach Kinderklamotten – versprochen?

◯ erledigt

088

# Können Sie am Himmel ablesen, wie das Wetter wird? Vertiefen Sie sich in das uralte Wissen der Wetterkunde.

REGEN ODER SONNENSCHEIN – es ist schon faszinierend, an Wolken und anderen Wetterboten sehen zu können, wie das Wetter wird, und ohne die Vorhersage im Fernsehen oder Handy auszukommen. Und außerdem haben Sie mit Ihren Prognosen immer etwas zu tun, wenn Sie zum Beispiel im Stau stehen ...
Da gibt es einmal die »echten« Wetterzeichen, etwa Wolken (www.de.wikipedia.org/wiki/wolke). Denn sie reagieren schnell auf eine Veränderung der Luft und zeigen das Auf- und Vorüberziehen einer Kalt- oder Warmfront an. Bekannter, aber viel weniger verlässlich sind die alten Bauernregeln – nicht ohne Grund heißt es in der Verballhornung: »Wenn der Hahn kräht auf dem Mist, ändert sich's Wetter oder es bleibt, wie's ist«. Das liegt vor allem daran, dass die Regeln für ganz bestimmte Orte und »Lostage« entwickelt wurden – zu einer Zeit, als es noch keinen einheitlichen Kalender gab. Als nach und nach der heute gültige gregorianische Kalender eingeführt wurde, verschoben sich die Tage; somit waren die Prognosen falsch. Bei vielen Regeln ist gar nicht bekannt, aus welcher Region sie stammen. Die Wettervorhersage macht trotzdem Spaß, sei es für Monate und Jahreszeiten (»Kommt der Frost im Jänner nicht, zeigt im März er sein Gesicht«) oder auch tagesaktuell: Schauen Sie sich im Internet auf Seiten wie www.de.wikipedia.org/wiki/Bauernregel oder www.bauernregeln.net um und sagen Sie heute das Wetter vorher.

| Wetterphänomene, die heute zu beobachten sind | ... und ihre Bedeutung |
|---|---|
| Morgens viel Dunst und alles sah trüb aus. | Der neue Tag wird klar und heiter.<br>(»Auf einen trüben Morgen folgt ein heiterer Tag.«) |
| Nachts: Mond sah rot aus, Sterne hell. | Es zieht ein Gewitter auf.<br>(»Bei rotem Mond und hellen Sterne ist ein Gewitter gar nicht ferne.«) |
| Ein prachtvoller, glutroter Sonnenaufgang. | Der Tag wird regnerisch.<br>(»Abendrot ist der Gutwetterbot, Morgenrot mit Regen droht.«) |

○ erledigt

# 089
# Sind Energievampire unterwegs? Sortieren Sie heute falsche Freunde aus.

KENNEN SIE DAS: Ihr Kollege meldet sich bei Ihnen nur, wenn er etwas will. Für Ihre Freundin haben Sie immer ein offenes Ohr, aber wenn es Ihnen schlecht geht, wimmelt sie Sie regelmäßig ab. Mit Ihrem Bekannten haben Sie sich eigentlich schon längst auseinandergelebt. Doch um der alten Zeiten willen schreiben Sie immer noch zum Geburtstag und zu Weihnachten, obwohl Sie es jedes Mal als Last empfinden.
Es gibt Freundschaften, die halten, ohne dass man jeden Tag telefonieren muss. Vielleicht sieht man sich auch nur zweimal im Jahr, und trotzdem herrscht großes Vertrauen – gar kein Zweifel: Auf den anderen ist Verlass. Dann gibt es Freunde, denen hat man eigentlich nichts mehr zu sagen und hält die Freundschaft nur aus schlechtem Gewissen aufrecht. Und es gibt Menschen – wirkliche Freunde sind es nicht –, zu denen man eine sehr einseitige Beziehung pflegt. Auch wenn es wehtut und Sie es nicht wahrhaben wollen, diese Menschen sind nicht gut für Sie. Sie rauben Ihnen Energie und Zeit, und Sie werden dafür nie etwas zurückbekommen. Damit Sie uns nicht falsch verstehen: Es ist immer wichtig, für seine Familie und Freunde da zu sein. Und es werden auch immer wieder Zeiten oder Situationen vorkommen, in denen der eine den anderen mehr braucht. Dann ist es richtig und auch notwendig, dass Sie helfen. Doch wenn immer nur der eine unterstützt, zuhört oder sich kümmert, stimmt etwas nicht. Überlegen Sie sich daher heute mal in Ruhe, wer für Sie ein wirklicher Freund ist und wer nicht: Wer nimmt immer nur, aber gibt nie zurück? Wer tut Ihnen nicht gut, weil er Sie herunterzieht? Wer nutzt Sie ganz offensichtlich aus – Ihre Verbindungen, Ihre finanzielle Situation, Ihre Gutmütigkeit? Versuchen Sie den Umgang mit diesen Menschen einzuschränken.
Sie müssen nicht gleich eine riesige Szene machen, nach dem Motto: »Was ich dir schon immer mal sagen wollte …« Lassen Sie die sogenannte Freundschaft einfach leise ausklingen. Melden Sie sich von sich aus nicht mehr, und wenn der andere anruft, halten Sie das Telefonat kurz und knapp – ohne dabei unhöflich zu sein. Verzichten Sie auf persönliche Treffen. Es mag am Anfang schwer sein, doch letztendlich werden Sie profitieren.

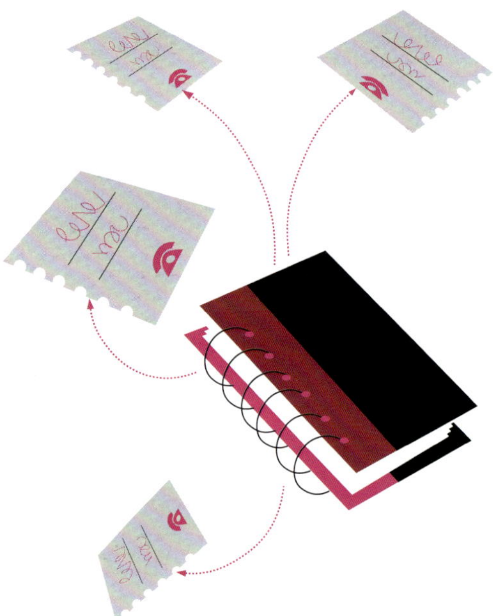

○ erledigt

## 090

# Über Ihren Filmgeschmack lässt sich streiten? Dann gehen Sie heute allein ins Kino.

LEIDER TEILT Ihre Umgebung Ihre Leidenschaft für Herz-Schmerz-Filme nicht. Ihre Freundin gruselt sich bei Horrormovies immer zu Tode. Oder ist es Ihnen zu peinlich herumzufragen, ob jemand mit Ihnen einen Zeichentrickfilm ansehen will? Na, dann schauen Sie ihn eben alleine an. Wenn Sie nicht knutschen wollen, brauchen Sie im Kino keine Begleitung. Alles Wichtige ist doch da: Sie, die Leinwand und vielleicht noch eine Tüte Popcorn.

○ erledigt

## 091

# Machen Sie einen Flashmob mit oder veranstalten Sie selbst einen mit Ihren Freunden und ein paar Handys.

EIN FLASHMOB ist ein scheinbar spontanes Zusammentreffen einer Menschenmenge, die eine Aktion ausführt und sich dann wieder zerstreut. Es handelt sich um eine Jux-Veranstaltung oder auch Aktionskunst – und inzwischen bedienen sich selbst politische Aktivisten und Werbeagenturen dieser Methode. Die Verabredung erfolgt via SMS oder Internet für einen bestimmten Ort und eine bestimmte Uhrzeit. So mischen sich die Teilnehmer zum Beispiel an einem vereinbarten Tag unter die Passanten rund um einen zentral gelegenen Brunnen ihrer Stadt. Dann, vielleicht um 16 Uhr, knien alle Beteiligten vor dem Brunnen nieder, klatschen in die Hände, murmeln Unverständliches – und verschwinden wieder spurlos in der Menschenmenge. Lust bekommen? Dann informieren Sie sich im Internet über aktuelle Flashmob-Termine.

○ erledigt

# 092
## Haben Sie Bildungslücken? Schauen Sie sich einen Klassiker im Theater an.

»FAUST«, »Die Räuber« oder »Die Dreigroschenoper« – kommen Ihnen diese Titel vage bekannt vor? Die Bücher haben Sie doch mal in der Schule gelesen. Damit die Klassiker nicht nur im Regal verstauben, suchen Sie sich heute einen aus, der momentan im Theater gespielt wird. Haben Sie noch das Reclam-Heftchen daheim? Vielleicht sogar die Erläuterungen dazu? Schmökern Sie darin und versuchen Sie sich zu erinnern, worum es ging. Und dann ab ins Theater. Wie hat der Regisseur das Stück interpretiert? Hat das Werk noch Bezug zur heutigen Zeit? Vermutlich werden Sie erkennen, was auf die meisten Klassiker zutrifft: Manche Wahrheiten gelten immer.

○ erledigt

# 093
## Achtung Endstation: Heute steigen Sie mal nicht vorzeitig aus.

SIE FAHREN IN DER REGEL nur mit einer Bus- oder Bahnlinie und steigen immer an den gleichen Stationen aus? Obwohl Sie schon lange in derselben Gegend wohnen, haben Sie manche Haltestellen noch nie zu Gesicht bekommen? Heute erkunden Sie mal einen Teil Ihrer Stadt, den Sie sonst wohl nie kennenlernen würden: Fahren Sie mit Bus, U-Bahn oder Tram bis zur Endstation. Unterwegs schauen Sie sich die Umgebung an oder betrachten die Bahnhöfe. Vielleicht entdecken Sie dabei wahre Schätze der Architektur. Also: Bitte sitzen bleiben!

○ erledigt

094

# Kleine Gesten, große Wirkung: Spielen Sie die gute Fee.

**HÖREN SIE HEUTE** genau hin, wenn Sie mit einer Nachbarin, einer Freundin oder Ihrer Großmutter sprechen. Erwähnt eine von ihnen irgendetwas, das sie sich wünscht oder das erledigt werden muss, obwohl sie keine Zeit oder Energie dafür hat? Dann werden Sie zur guten Fee und erfüllen Sie einen Wunsch – ungefragt und ohne viel Aufhebens: Rasen mähen, einen Korb Wäsche wegbügeln, die Kinder eine Stunde lang babysitten oder Pudel Elsbeth um den Block führen. Es muss keine große Sache sein, auch Unterstützung bei ganz alltäglichen Dingen hilft weiter. Und wer weiß, vielleicht haben Sie auch bald mal einen Wunsch frei.

| | Wer wünscht sich ... | ... was? | |
|---|---|---|---|
| | | | |
| | | | |
| | | | |
| | | | |
| | | | |

○ erledigt

## 095
# Lassen Sie die Flammen tanzen und genießen Sie zusammen mit Freunden ein Lagerfeuer.

**EIGENTLICH SIND SIE** kein großer Outdoor-Freund? Heute zünden Sie trotzdem mit Freunden ein Lagerfeuer an. Bevor Sie loslegen, informieren Sie sich darüber, wo in Ihrer Umgebung offene Feuer erlaubt sind. Und so geht's: Suchen Sie eine befestigte Feuerstelle oder bauen Sie selbst eine, indem Sie einen Kreis aus Steinen legen. Vorsicht: In der Nähe darf sich kein brennbares Material befinden. Knüllen Sie Zeitungen zusammen und legen Sie sie in die Mitte des Kreises. Um diesen Kern herum bauen Sie eine Pyramide aus trockenen, schmalen Holzscheiten oder Ästen. Und dann kommt noch mal eine Lage aus dickeren Holzscheiten darüber. Passen Sie auf, dass das Feuer nicht zu hoch wird – je mehr Brennmaterial vorhanden ist, desto höher lodern die Flammen. Löschen können Sie im Fall der Fälle mit Wasser oder Erde. Es wird Ihnen Spaß machen, mit Freunden gemeinsam am Lagerfeuer zu sitzen, auch wenn Sie sonst ein richtiger Stadtmensch sind. Haben Sie dabei aber immer ein Auge auf das Feuer – denn selbst die kleinsten Flammen kommen rasch auf Abwege ...

○ erledigt

## 096
# Gönnen Sie sich heute einen Leseabend.

**»ES GIBT BÜCHER,** die uns in einer Stunde mehr leben lassen, als das Leben uns in 20 Jahren gewährt«, sagte Oscar Wilde. Bestimmt ist es schon lange her, dass Sie sich neben dem Alltags- und Berufsstress für einige Stunden vollkommen in eine Geschichte vertieft haben. Heute tun Sie es: Stellen Sie Ihr Handy stumm, schalten Sie Ihren Anrufbeantworter ein (und auf »leise«) und gehen Sie nicht an die Tür – dieser Abend wird verschmökert!

○ erledigt

097

# Kraft für den Beckenboden: Machen Sie die 50 Übungseinheiten, die sich Frauen immer nur vornehmen.

SPÄTESTENS nach der Geburt des ersten Kindes bereuen die meisten Frauen, dass sie die 50 Beckenbodenübungen pro Tag nicht gemacht haben, die von Ärzten empfohlen werden, um Harn- und Stuhlinkontinenz im Alter vorzubeugen. Denn der Beckenboden wird schnell überdehnt – durch die Schwangerschaft, durch schweres Heben und Tragen und dadurch, dass wir älter werden. Am besten ist regelmäßiges, bewusstes Anspannen und Entspannen des Beckenbodens, immer wieder, den ganzen Tag über – im Bus, beim Telefonieren …

Wie spannen Sie den Beckenboden richtig an? Die Hebamme Solveig Robbe empfahl uns folgende Power-Übung, mit der Sie alle Muskelschichten zugleich trainieren. Stellen Sie es sich so vor: Die Muskeln verlaufen überkreuz, Sie sollten also eine Anspannung von Pobacke zu Pobacke und vom Rücken bis zum Bauch spüren. Setzen Sie sich aufrecht auf einen Stuhl oder einen Gymnastikball, so nah an die Kante, dass Sie Ihr Becken frei bewegen können. Ziehen Sie Ihre Sitzbeinhöcker näher zueinander, ohne die Beine zu Hilfe zu nehmen. (Die Sitzbeinhöcker sind die beiden knochigen Vorsprünge, die Sie mit Ihren Händen im Sitzen an Ihrem Po ertasten können.) Halten Sie diese Spannung. Stellen Sie sich nun vor, Sie müssten auf die Toilette – halten Sie Ihren Stuhlgang zurück. Fühlen Sie schon die Anspannung am Allerwertesten? Kippen Sie Ihr Becken leicht nach vorne und versuchen Sie, die Spannung bis zum Bauchnabel nach oben zu ziehen. Angekommen? Dann stellen Sie sich vor, dass Sie Ihren Nabel nach innen »saugen« und ihn mit einem Druckknopf hinten an Ihrer Wirbelsäule befestigen. Das klingt kompliziert, wenn Sie es aber ein paar Mal geübt haben, ist es ganz einfach.

Ganz wichtig: Atmen Sie unbedingt weiter, da beim Luftanhalten Gewicht von oben auf den Beckenboden drückt. Bleiben Sie angespannt, so lange es geht. Sie können auch immer wieder »nachspannen«, indem Sie die oben beschriebenen Schritte noch einmal ausführen. Am Anfang schaffen Sie die Übung vielleicht nur für ein paar Sekunden, doch schon bald werden es mehrere Minuten sein. Ein trainierter Beckenboden ist übrigens auch super für die Haltung und die beste Prophylaxe gegen Rückenschmerzen. Na, wenn das keine Gründe sind, um gleich mit dem Training loszulegen!

○ erledigt

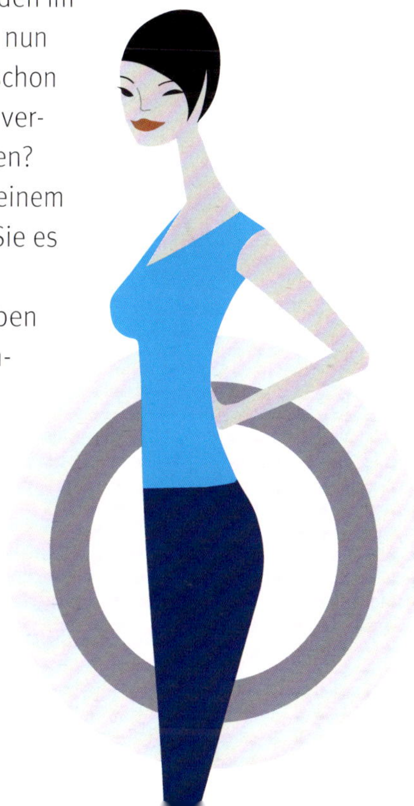

# 098

## Nur keine Vorurteile: Geben Sie heute einem Menschen eine zweite Chance.

EIGENTLICH KENNEN SIE Ihren Kollegen aus dem Controlling nicht gut, aber Buchhalter sind ja bekanntlich eher langweilig. Und von dem neuen Freund Ihrer Bekannten haben Sie sich auch schon ein Bild gemacht. So nicht: Unternehmen Sie heute etwas gegen Ihre Vorbehalte. Suchen Sie das Gespräch, hören Sie zu, finden Sie Gemeinsamkeiten. Auch wenn es heißt, dass der erste Eindruck zählt: Sie werden oft positiv überrascht, wenn Sie sich die Mühe machen, ein bisschen genauer hinzusehen. Der Buchhalter muss nicht Ihr bester Freund werden, aber vielleicht gehen Sie in Zukunft ab und zu gemeinsam zum Mittagessen?

○ erledigt

# 099

## Lassen Sie heute den Blumenladen links liegen und verschenken Sie individuelle Blütenträume.

JA, EIN STRAUSS roter Rosen ist schön anzusehen und auch nicht gerade billig. Doch Sie bekommen ihn in jedem Blumenladen. Möchten Sie heute einem lieben Menschen eine besondere Freude machen? Dann pflücken Sie selbst einen Strauß. Bestimmt gibt es wunderschöne Blumen in Ihrer Nähe, die Sie zu einem persönlichen Arrangement zusammenstellen können. Bitte plündern Sie aber nicht Nachbars Garten oder öffentliche Beete und passen Sie auf, dass nicht gerade ein Blümchen daran glauben muss, das unter Naturschutz steht (Informationen finden Sie in der Roten Liste des Bundesamts für Naturschutz, www.bfn.de).

○ erledigt

# 100

# »Ach, schön Sie zu sehen, Frau ... äh ...« – Kopf leer? Üben Sie heute, sich Namen besser einzuprägen.

KOMMEN IHNEN diese Situationen bekannt vor: »Als wir neulich den ... getroffen haben, du weißt schon, wen ich meine!« Oder: »Der Laden wurde mir empfohlen von Herrn ...« Peinlich, peinlich, wenn Ihr Gedächtnis bei Namen immer wieder aussetzt. Doch das ist kein Problem, denn Sie können es trainieren. Suchen Sie einfach mal im Internet nach den Begriffen »Gedächtnistraining« oder »Gehirn-Jogging« – es gibt viele Webseiten und Bücher, die gute Tipps und Lernmethoden bieten. Und damit Sie Ihr Gehirn gleich heute noch ein bisschen fordern können, probieren Sie es mit der folgenden Übung:
Es heißt, dass Napoleon jeden Menschen persönlich ansprechen konnte – selbst nach einem einmaligen Treffen. Das gelang ihm, weil er zu allen Namen ein Bild assoziierte. Sie kennen zum Beispiel eine Frau Axmann? Stellen Sie sich vor, wie sie als Mann verkleidet mit einer Axt im Wald Bäume fällt. Und Herr Sonnleitner verlegt gerade eine Leitung zur Sonne. Versuchen Sie es auch einmal, denn in Kombination mit einem Bild merken Sie sich Namen einfach besser – vor allem, wenn die Assoziation witzig oder seltsam ist. Nehmen Sie Ihre gesammelten Visitenkarten zur Hand und lassen Sie sich zu jedem Namen etwas einfallen. Ergänzen Sie die Liste immer dann, wenn Sie neue Leute kennenlernen.

| | Name der Person | Ihr Bild von der Person | |
|---|---|---|---|
| | | | |
| | | | |
| | | | |
| | | | |
| | | | |
| | | | |

○ erledigt

## 101

# Sie finden Geiz gar nicht geil? Dann seien Sie heute großzügig.

NATÜRLICH IST DAS GELD oft knapp. Dennoch ist die deutsche Angewohnheit, Rechnungen genauestens auseinanderzuklamüsern und jeden Cent dreimal umzudrehen, manchmal sehr kleinlich und engherzig – gerade wenn es um Freunde und Familie geht. Niemand verlangt, dass Sie Ihrem Sohn ein Auto vor die Tür stellen. Aber wenn Sie heute mit Ihrer Freundin einen Kaffee trinken, übernehmen Sie doch mal die Rechnung. Und wenn die Kollegin Sie bittet, ihr zum Mittagessen ein Sandwich mitzubringen, spendieren Sie Ihr einfach eins. Sie wird sich freuen und sich bestimmt bald auch mal bei Ihnen revanchieren. Ist das nicht viel angenehmer, als jedem Cent hinterherzujagen?

○ erledigt

## 102

# Alle Blumenfreunde trocknen heute selbst einen Blumenstrauß.

ALLERGIKERN sträuben sich zwar die Nackenhaare, wenn sie Trockenblumensträuße sehen – die gelten schließlich als emsige Staubfänger. Aber viele Menschen lieben schöne Arrangements aus getrockneten Blumen. Stellen Sie heute selbst einen Strauß zusammen und hängen Sie ihn verkehrt herum zum Trocknen auf. Zur besseren Konservierung können Sie ihn zusätzlich mit Haarspray einsprühen. So haben Sie gleich für den nächsten Geburtstag Ihrer Großtante ein ganz persönliches Geschenk.

○ erledigt

# 103
# Organisieren Sie eine Blindverkostung mit Freunden.

WAS GENAU SIE probieren wollen, bestimmen Sie. So behaupten Bierkenner gerne, die eine Sorte blind von der anderen unterscheiden zu können. Machen Sie die Probe aufs Exempel: Wie treffsicher sind Ihre Freunde, wenn kein verräterisches Etikett zu sehen ist? Auch Wein eignet sich bestens. Genauso könnten diverse Nuss-Nougat-Aufstriche oder Kaffeesorten gereicht werden: Lässt sich ein purer Brasilianer tatsächlich von einem rassigen kenianischen Kaffee unterscheiden? Oder ist das nur eine Marketingmasche der teuren Kaffeeproduzenten, um sich vom Robusta-Gemisch der Billigröster abzuheben? Können Sie Pad-Kaffee und Filterkaffee auseinanderhalten, wenn beide ohne Crema in kleine Tässchen umgefüllt werden?

Eine Blindverkostung ist nicht nur erheiternd, sondern zeigt auch, wie sehr wir uns von äußeren Eindrücken beeinflussen lassen. Wir müssen uns dabei ganz auf die eigenen Sinne ver- und einlassen. Nach und nach lernen wir, wieder wirklich »hinzuschmecken«. Eine spannende Erfahrung.

Bei der Auswahl des Blindverkostungsthemas sind Ihrer Fantasie keine Grenzen gesetzt. Sie können sich übrigens auch mehrere Gänge mit ganz verschiedenen Produkten vornehmen, damit es Ihren Geschmacksnerven nicht langweilig wird – bewährt hat sich dabei der Verlauf von herzhaft zu süß.

Die Spielregeln: Am meisten Spaß macht die Verkostung mit vielen verschiedenen Lebensmitteln und Getränken und mindestens fünf Mitspielern. Pro Runde setzt ein Teilnehmer aus. Er bereitet die Kostproben in einem anderen Raum vor, sodass die anderen nicht mehr erkennen können, welche Marke sich hinter welcher Probe verbirgt. Die Tellerchen oder Tässchen werden vom Leiter der jeweiligen Runde mit Nummern versehen, damit er am Ende das Geheimnis aufdecken kann. Jeder Teilnehmer erhält ein Stückchen oder Schlückchen aller »mitspielenden« Produkte. Nun wird gekostet und geraten: Welches ist das Importbier aus der Dose und welches Ihr Lieblingsbier? Schmecken Sie Nutella, Nusspli oder Nutoka? Haben Sie einen Tchibo-Kaffee oder eine Besonderheit aus Nigeria in der Tasse?

○ erledigt

# 104
## In jedem steckt ein Schriftsteller – Sie brauchen sich nur Ihre eigene Erzählung auszudenken.

NACH EINER GUTEN LEKTÜRE kommt Ihnen oft der Gedanke: »Warum fällt mir so etwas nicht ein? Ich würde auch gern solche Bücher schreiben!« Haben Sie es denn schon mal probiert? Sie sind bestimmt kreativer, als Sie glauben: Lesen Sie heute nur die letzten drei Seiten eines Buches oder Heftchenromans und überlegen Sie sich eine zum Schluss passende Geschichte. Malen Sie sich die Erlebnisse und Personen in den schönsten Farben aus – es sind Ihre Figuren und Ihre Ideen, Sie können mit ihnen machen, was Sie wollen. Vielleicht laden Sie auch ein paar Freundinnen ein, dann muss jede mal ran. Das macht noch mehr Spaß, und die Handlung, die allen am besten gefällt, wird am Ende ausgezeichnet.

○ erledigt

# 105
## Lernen Sie mal auf ungewohnte Weise neue Leute kennen: Schwingen Sie das Tanzbein!

DIE HEUTIGEN TANZSCHULEN haben nicht mehr viel gemein mit den steifen Veranstaltungen des letzten Jahrhunderts. Es gibt immer mehr Angebote jenseits fester Kurse sowie Tanztrainings für jedes Niveau und alle Stile – von Salsa bis Tango. Und sie bieten noch viel mehr: Denn hier lernen Sie Menschen kennen, die sich genauso gern wie Sie tanzend auf dem Parkett bewegen. Wenn Ihnen noch kein Tanzpartner zur Seite steht, knüpfen Sie leicht Kontakte über die Tanzschule. Viele Schulen haben einen Partnervermittlungsservice oder ein Schwarzes Brett, über das sich Gleichgesinnte finden lassen. Sie können auch gezielt auf die Suche gehen: in Stadtmagazinen oder im Internet, wo zum Beispiel spezielle Tanz-Clubs vertreten sind.

○ erledigt

# 106

## Begehen Sie den Hochzeits- oder Jahrestag dieses Mal auf ganz besondere Weise.

DIE ERSTEN JAHRESTAGE einer Beziehung sind noch mit klopfenden Herzen und tiefen Augen-Blicken verbunden. Doch irgendwann gibt's nur noch einen Blumenstrauß und ein Essen beim Italiener um die Ecke, wo über die Schönheitsreparaturen in der Wohnung und den Zoff mit den Schwiegereltern geredet wird. Romantik kommt da nicht auf, vor allem nicht, wenn zusätzlich alle paar Minuten ein kleiner Fratz kräht: »Mama, kannst du mal ...« oder »Papa, jetzt muss ich aber wirklich aufs Klo!«.
Machen Sie es dieses Jahr anders: Tauchen Sie zwei Tage lang komplett ab! Parken Sie Ihre Kinder bei den Großeltern oder der coolen Tante, von der sie nie genug kriegen können. Und dann ab die Post ins Wellness-Hotel. Das muss übrigens gar nicht teuer sein – über Anbieter im Internet können Sie interessante Schnäppchen finden. Empfehlenswert ist es, am Freitag loszufahren, dann kann der Alltag von Ihnen abfallen, und der Samstag beginnt schon mit Ferienlaune.
Unser Vorschlag: Widmen Sie sich am Samstagvormittag gemeinsamen Wellness-Aktivitäten (schwimmen, Sauna, ...), am Nachmittag können Sie sich ja kurz trennen, denn Wiedersehensfreude ist die schönste Freude. Vielleicht möchten einer von Ihnen in Ruhe lesen, während der andere die Gegend erkundet? Zum Kaffeetrinken treffen Sie sich wieder. Danach wäre gemeinsames Faulenzen oder ein intimes Intermezzo auf dem Hotelzimmer doch der perfekte Auftakt für das Candle-Light-Dinner im (Hotel-)Restaurant. Rufen Sie am besten eine Woche vor dem Hochzeitstag an und bitten Sie darum, dass Ihr Tisch beim Abendessen romantisch geschmückt wird. Auch eine schöne Geste: Bestellen Sie vorab oder im Verlauf des Aufenthalts für Ihren Partner eine Entspannungsmassage. Männer tun zwar oft so, als wäre Wellness Weiberkram – aber eine solche Wohltat wissen sie sehr zu schätzen!

○ erledigt

# 107

## Wann waren Sie das letzte Mal richtig zufrieden? Malen Sie ein Bild und versuchen Sie, diese Stimmung darzustellen.

KNEIFEN GILT NICHT – auch Menschen, die sich beim Malen für völlig talentfrei halten, erzielen mit Action-Painting erstaunliche Ergebnisse. Denn hier ist der Weg das Ziel.
Sie benötigen eine möglichst große Malfläche – am besten geeignet ist Makulaturpapier, das besonders saugfähig ist und meist von Anstreichern benutzt wird –, mindestens im DIN-A1-Format. Zur Not tut es auch eine weiße Wegwerftischdecke aus Papier. Kleben Sie das Papier an eine Tür oder Wand. Zum Schutz vor Farbklecksen decken Sie Wand und Boden am besten mit Malerfolie ab. (Solche Planen bekommen Sie für ein, zwei Euro in jedem Baumarkt.)
Warum brauchen Sie eine so große Malfläche? Wenn der Maluntergrund sehr klein ist, können Sie auch nur kleine Bewegungen machen, wodurch Ihre Körperhaltung verschlossen und starr wird. Doch um Ihre Emotionen und all den Stress herauszulassen, malen Sie am besten mit ganzem Körpereinsatz. Bleiben Sie immer in Bewegung – der Körper geht mit, während Sie mit großen Schwüngen und Armbewegungen die Farbe auftragen. Erscheint Ihnen das Malen mit einem Pinsel zu künstlerisch, können Sie übrigens auch zu den Fingerfarben Ihrer Kinder greifen oder Wegwerfhandschuhe überziehen und die Farbe mit den Händen auf die Wand spritzen oder großzügig verwischen.
Versetzen Sie sich nun in eine Situation oder Zeit, in der Sie richtig zufrieden waren, ohne aber ins Grübeln zu verfallen. Action-Painting bedeutet: nicht lange nachdenken, nicht skizzieren, sondern drauflosmalen.
Der Tipp von Kunsttherapeutin Heike Behrens lautet: Malen Sie möglichst großflächig und auf keinen Fall gegenständlich (also weder Blumen noch Landschaften oder Porträts ...). Das heißt, Sie dürfen sich ganz in abstrakten Formen und Farbwirbeln ausdrücken. Greifen Sie zu den Farben, die Sie am schönsten finden – lassen Sie sie für sich sprechen und auch mutig ineinanderlaufen. Zensieren Sie sich dabei nicht selbst, sondern bringen Sie Ihr Innerstes nach außen und befreien Sie Ihre Gefühle.

○ erledigt

108

## Kümmern Sie sich heute einmal besonders um Ihre Füße.

WIE SEHR WIR unsere Füße missachten, merken wir meist erst, wenn der Sommer kommt und wir sie in Sandalen herzeigen wollen. Geduldig ertragen es unsere Füße, den ganzen Tag ins Dunkle gesperrt zu sein, meist in enge und hohe Schuhe. Zeigen Sie sich heute erkenntlich! Buchen Sie sofort eine Fußpflege. Die meisten Studios haben auch kurzfristig Termine frei. Und heute Abend verwöhnen Sie Ihre rundum renovierten Füße noch mit einem belebenden Bad mit anschließendem Eincremen und einer Fußmassage.

○ erledigt

109

## Wer gewinnt? Spielen Sie mal wieder Karten.

»MENSCH ÄRGERE DICH NICHT« ist out, jetzt wird richtig gezockt. Kramen Sie Ihre Karten hervor, laden Sie Freunde ein, besorgen Sie Snacks und Getränke und dann geht's los: Poker, Schafkopf oder auch – im Notfall – Schwarzer Peter. Wer die Spielregeln kennt, bringt sie den anderen bei, oder Sie schauen gemeinsam unter www.kartenspiele.net nach: Hier finden Sie Anleitungen für die unterschiedlichsten Kartenspiele. Und der Einsatz? Nein, kein Geld, heute wird es kreativer! Jeder setzt Gutscheine ein, die der Gewinner einlösen kann: Einladung auf einen Cocktail, selbst gekochtes Abendessen – Ihnen fällt da bestimmt etwas ein.

○ erledigt

# 110

## Sehen Sie Ihre Stadt mit anderen Augen: beim Sightseeing.

IN WELCHE STÄDTE EUROPAS sind Sie schon gereist? Waren dort in Museen, haben historische Orte besichtigt? Wahrscheinlich wissen Sie mehr über Berlin oder Rom als über Ihre Heimatstadt. Hier kommen Sie zwar problemlos zum nächsten Klamottenladen, aber haben Sie sich schon mal über die Stadtgeschichte informiert oder die Sehenswürdigkeiten angeschaut? Warten Sie nicht auf den nächsten Besuch, der Sie in Verlegenheit bringt – werden Sie selbst zum Touristen: Heute machen Sie bei einer Stadtführung mit und lernen Ihre Stadt ganz anders kennen. Sicher gibt es viel zu entdecken!

○ erledigt

# 111

## Wofür stehen Sie? Beziehen Sie Stellung und geben Sie Ihre Stimme ab.

NICHT NUR BEI DER WAHL zählt jede Stimme. Im Tierladen an der Ecke liegt eine Unterschriftenliste gegen Tierversuche aus. Im Internet können Sie über Pro und Contra der Globalisierung abstimmen, und auf der Straße spricht Sie jemand an, um Ihre Stimme für ein neues Kulturzentrum zu gewinnen. Politik, Organisationen und einzelne Personen sind auf Stimmenfang. In manchen Situationen lässt sich damit konkret etwas erreichen, zum Beispiel bei einem Volksbegehren, in anderen sollen die Unterschriften nur vor Augen führen, dass eine große Mehrheit für oder gegen etwas ist. Worunter möchten Sie Ihren Namen setzen? Wofür persönlich einstehen? Denken Sie in Ruhe nach und stimmen Sie ab. Vorsicht allerdings bei Aufforderungen per E-Mail – die sind meist gefälscht.

○ erledigt

# 112

## Sie sind einmalig? Suchen Sie jemanden, der genauso heißt wie Sie, und nehmen Sie Kontakt auf.

BEIM BLICK ins Telefonbuch ist das Erstaunen oft groß, wie viele Menschen in einer Großstadt den gleichen Namen tragen wie man selbst. Vielleicht ist auch jemand mit dem gleichen Vornamen dabei. Rufen Sie doch mal an und fragen Sie Ihre Namensvetterin nach ihrem Leben. Über Internetrecherchen finden Sie sogar weltweit Menschen mit dem gleichen Namen. Die meisten freuen sich über eine E-Mail. Und erstaunlich oft ist ein Fund für die Familienforschung dabei – wenn Sie nicht gerade Müller oder Meier heißen.

○ erledigt

# 113

## Haben Sie fast vergessen, wie es ist, aufgebrezelt auszugehen? Machen Sie sich hübsch und feiern Sie!

VIELLEICHT TREFFEN SIE nur Ihre Freundin oder gehen mit Ihrem Mann auf ein Glas Wein zum Italiener, aber stellen Sie sich vor, es wäre das erste, das entscheidende Date. Trotz Stress im Job oder Kindertrubel werden Sie dann noch die Kraft finden, sich ein, zwei Stunden lang aufzubrezeln. Ein entspannendes Bad, glitzernder Körperpuder, perfektes Abend-Make-up, die Haare aufgesteckt oder aufgedreht – verwenden Sie so viel Liebe zum Detail, wie Sie es früher getan haben. Genießen Sie das Gefühl, sich selbst zu verwöhnen – und natürlich die bewundernden Blicke der anderen.

○ erledigt

# 114

## Ich seh' den Sternenhimmel ... Prägen Sie sich drei Sternbilder ein.

SIE SITZEN mit Ihrem Liebsten romantisch unter dem weiten Sternenhimmel: »Schatz, ist das nicht der ... äh?« Damit Ihnen solche Verlegenheiten erspart bleiben, lernen Sie heute drei Sternbilder (zum Beispiel mithilfe von www.wikipedia.de). So können Sie zu jeder Jahreszeit mit Ihrem Wissen glänzen. Der Große Bär gilt nicht – denn den kennt nun wirklich so gut wie jeder. Lassen Sie doch richtig imposante Gestalten aufmarschieren: Wie wäre es mit Herkules (im Frühling und Frühsommer), dem Schlangenträger (im Sommer) oder dem Walfisch (im Herbst)?

○ erledigt

# 115

## Raus aus der Bude: Heute übernachten Sie in einem Zelt.

SIE HABEN DAS LETZTE MAL mit Anfang 20 in Italien gezeltet? Wahrscheinlich ziehen Sie es inzwischen doch eher vor, gemütlich im Hotel versorgt zu werden. Jetzt aber heißt es: Raus aus der Wohnung, rein in die Natur. Holen Sie Ihr Zelt und den Schlafsack aus dem Keller und suchen Sie sich per Reiseführer oder Internet einen schönen Zeltplatz in der Umgebung. Sitzen Sie mal wieder unter freiem Himmel und bereiten Sie das Essen mit einem Gaskocher zu – ohne sich sicher zu sein, was da so um Sie herumkrabbelt. Erleben Sie heute Nacht einen Hauch von Abenteuer und Freiheit.

○ erledigt

116

# Pflegen Sie Ihre spirituelle Seite und tun Sie zugleich etwas für Ihre Haltung – und für Ihre Geduld ...

FÜR ZAZEN, Sitzen zum Zweck der Sammlung und Meditation, brauchen Sie bequeme Kleidung, ein festes, kleines Kissen, eine Decke und einen Kurzzeitwecker, der nicht hörbar tickt. Als Kissen eignet sich am besten das Original, ein Zafu oder auch Roshi. Es schont die Knie im Lotussitz und hilft, den Rücken aufzurichten. Und es verhindert, dass Sie beim Sitzen einen Krampf im Allerwertesten bekommen.

Dämpfen Sie das Licht. Legen Sie die Decke zum Schutz Ihrer Knie auf den Boden und positionieren Sie das Zafu so darauf, dass Ihr Blick durch nichts abgelenkt werden kann, aber dennoch einen optischen Haltepunkt findet. Schauen Sie also nicht aus dem Fenster oder auf den blinkenden Anrufbeantworter, aber vielleicht auf eine Wand mit einem schönen Bild oder ein Sideboard mit Vasen.

Setzen Sie sich auf das Kissen und winkeln Sie die Knie seitlich ab. Legen Sie nun erst den einen, dann den anderen Fuß auf den jeweils gegenüberliegenden Oberschenkel (Lotussitz). Vielleicht schaffen Sie es nur mit einem Bein (halber Lotussitz). Versuchen Sie, in dieser Position wenigstens ein paar Minuten lang zu verharren – denn so haben Sie eine bessere Haltung, als wenn Sie die Beine lediglich überkreuzen. Sie können beim Zazen auch auf einer Bank oder einem Stuhl sitzen, wenn Sie sich nicht anlehnen – aber Ihre Haltung ist dann weniger zentriert. Die Augen sind offen oder halb geschlossen, der Blick ist allein auf den Konzentrationspunkt oder nach innen gerichtet.

Bleiben Sie circa 20 Minuten in dieser Position. Lassen Sie dabei Gedanken wie »Mein Rücken tut weh, wenn ich so lange aufrecht sitze ...« zu, aber beachten Sie sie nicht weiter. Für jeden verläuft die Meditation anders, es gibt kein Richtig oder Falsch. Bei vielen stellt sich nach kurzer Zeit ein wahres Feuerwerk an Gedanken ein. Halten Sie die Unruhe aus – schon kurze Zeit später werden Sie zur Ruhe kommen.

○ erledigt

## 117

# Kennen Sie diese Frauen, die andere Menschen leicht um den Finger wickeln? Heute gehören Sie dazu.

ALLES ALLEINE schaffen, nur ja nicht fragen – lobenswert, aber auf Dauer sehr anstrengend. Entdecken Sie, dass es auch anders geht: Verhalten Sie sich heute Ihren Mitmenschen gegenüber nicht wie üblich, sondern bringen Sie sie dazu, für Sie den Reifen zu wechseln, Ihren Computer einzurichten, die schweren Einkaufstaschen in den dritten Stock zu tragen, Ihnen etwas von ganz oben aus dem Supermarktregal zu reichen ... Wie das geht? Strahlen Sie Hilflosigkeit aus, kombiniert mit einer großen Portion Charme. Bei Männern kann es auch nicht schaden, ein wenig zu flirten. Entscheidend ist der Mut, andere Menschen wie selbstverständlich um einen Gefallen zu bitten. Und das können Sie lernen.

○ erledigt

## 118

# Man lernt mehr mit den Ohren als mit den Augen, sagt ein altes Sprichwort. Kaufen Sie sich heute Ihr Lieblingsbuch als Hörbuch!

ES GIBT BÜCHER, ohne die können wir nicht sein. Wir lesen sie alle paar Jahre wieder und verlieren uns für Stunden in der Geschichte und der Sprachmelodie. Steigern Sie diesen Genuss und kaufen Sie sich Ihr Lieblingsbuch als Hörbuch! Es macht besonders viel Spaß, gerade eins seiner Lieblingsbücher von einem ausgebildeten Sprecher oder dem Autor selbst vorgelesen zu bekommen. Oder geben Sie einem Buch, das Ihnen zu anstrengend war, eine zweite Chance. Vielleicht entwickelt dieses Buch beim Hören eine ganz andere Anziehungskraft als beim Lesen. Lassen Sie sich jeden Abend beim Einschlafen verzaubern.

○ erledigt

# 119

# Laden Sie einige Ihrer Freunde zum gemeinsamen Plätzchenback-Abend ein.

ALS SIE KLEIN WAREN, haben Sie bestimmt auch immer mit Ihrer Mutter oder Oma Plätzchen gebacken. Sie konnten es gar nicht erwarten, mit lustigen Formen den Teig auszustechen, oder waren emsig damit beschäftigt, die richtige Kipferlform hinzubekommen. Warum erwecken Sie die Erinnerungen nicht zu neuem Leben und veranstalten mit ein paar Freunden einen gemeinsamen Back-Abend? Alle helfen mit, und nachher wird gerecht aufgeteilt oder – noch besser – gleich alles aufgegessen. Es macht Spaß, zusammen ein Rezept auszusuchen, den Teig zu kneten und dann gespannt darauf zu warten, ob die Kreation etwas geworden ist – und das nicht nur zur Weihnachtszeit. Wie wäre es zum Beispiel mit den allseits beliebten Vanillekipferln?

SIE BRAUCHEN

150 g Butter | 2 Eigelbe | 250 g Mehl | 100 g gemahlene Mandeln | 75 g Zucker
1/2 Päckchen Vanillezucker | 4 EL Puderzucker | 2 EL gemahlene Bourbon-Vanille

UND SO GEHT'S

- Schlagen Sie die Butter mit einem Rührgerät schaumig und rühren Sie die Eigelbe unter. Dann mischen Sie das Mehl mit Mandeln, Zucker sowie Vanillezucker und arbeiten alles schnell unter die Butter, bis ein glatter Teig entstanden ist.
- Halbieren Sie den Teig und formen Sie daraus zwei gleich große Rollen, die Sie mit Klarsichtfolie umwickeln und für zwei Stunden in den Kühlschrank legen.
- Heizen Sie den Backofen auf 175 Grad vor (Umluft 160 Grad) und legen Sie Backpapier auf das Backblech. Nehmen Sie die erste Teigportion aus dem Kühlschrank. Rollen Sie walnussgroße Teigkugeln, formen Sie daraus Hörnchen und legen Sie sie auf das Blech.
- Backen Sie die Vanillekipferln im Ofen auf der mittleren Schiene 12 bis 15 Minuten, bis sie eine hellgelbe Farbe haben. Heben Sie die Kipferln mit dem Backpapier vom Blech, damit sie nicht kaputtgehen, und lassen Sie sie etwas auskühlen.
- Schließlich bestäuben Sie sie noch warm mit einem Gemisch aus Puderzucker und Vanillepulver.

Na dann, fröhliches Backen und Schlemmen!

○ erledigt

# 120

## Lassen Sie sich frischen Wind um die Nase wehen und dabei einen Drachen steigen.

KÖNNEN SIE sich noch an die Drachen Ihrer Kindheit erinnern? Holen Sie Ihr altes Modell aus dem Keller oder kaufen Sie ein neues. Hauptsache, Ihr Drachen darf heute fliegen. Sie wissen nicht mehr, wie's geht? Zu zweit ganz einfach: Sie halten die Leine am Griff fest, stehen mit dem Rücken zum Wind und zwar so, dass die Leine zwischen Ihnen und Ihrem Helfer leicht gespannt ist. Ihr Begleiter hält den Drachen senkrecht und lässt ihn auf Ihr Kommando hin los. Wenn Sie jetzt an der Leine ziehen, sollte der Drachen in die Luft steigen. Aufgepasst: Suchen Sie sich eine große Wiese, auf der das Drachensteigen erlaubt ist, und halten Sie sich von Strommasten und -leitungen fern!

○ erledigt

# 121

## Beschenken Sie heute eine Person, die Ihnen nahe steht, ohne bestimmten Grund.

BEI VERSCHIEDENEN ANLÄSSEN gehören Geschenke einfach dazu: Ob Geburtstag oder Weihnachten – ein Präsent muss her, auch wenn uns gar nichts einfallen will. Und dann wieder gibt es Tage, da bummeln Sie gerade durch die Geschäfte und sehen ein Buch, das Ihrer Freundin sicher gefallen würde. Oder Sie finden auf dem Flohmarkt die Schallplatte, die Ihr Bruder schon so lange sucht. Warum bis Weihnachten warten? Sie brauchen keinen Grund: Machen Sie heute einem lieben Menschen eine Freude und schenken Sie ihm etwas, einfach nur weil es ihn gibt.

○ erledigt

## 122

# Gibt es eine Person, der Sie schon lange mal die Meinung sagen wollten? Lassen Sie heute Dampf ab.

SIE ÄRGERN SICH ständig über einen Ihrer Kollegen, der zwar eine große Klappe hat, aber immer die Arbeit auf andere abschiebt? Oder treibt Sie Ihre zukünftige Schwägerin mit ihrer rechthaberischen Art in den Wahnsinn? Dann ist für Sie heute der Tag der deutlichen Worte: Werden Sie nicht unhöflich, aber sagen Sie ganz klar, was Sie wieso stört – und klären Sie vor allem, wie sich die Situation ändern lässt. Es ist niemandem geholfen, wenn Sie Ihren Ärger immer nur in sich hineinfressen: Sie sind frustriert, und Ihr Gegenüber weiß gar nicht, dass es ein Problem gibt.

○ erledigt

## 123

# Lernen Sie, ein traditionelles Gericht zuzubereiten.

KLAR, ES IST RICHTIG beeindruckend, wenn Sie Currys zaubern können, die einen Thailänder vor Neid erblassen lassen. Aber jetzt steht die traditionelle Küche im Vordergrund – und zwar die Gerichte, die sehr viel Liebe und Sorgfalt bei der Zubereitung erfordern. Wie wäre es, wenn Sie heute Abend mit Stolz sagen könnten: »Ich habe eine Sachertorte gebacken« oder »Mein Serviettenknödel hatte eine perfekte Konsistenz«? An welchem Rezept, vielleicht aus dem Repertoire Ihrer Großmutter, wollen Sie sich versuchen? Über das Internet finden Sie schnell andere Koch-/Backbegeisterte, denen Sie von Ihren Erfolgen (und auch den Misserfolgen) berichten können.

○ erledigt

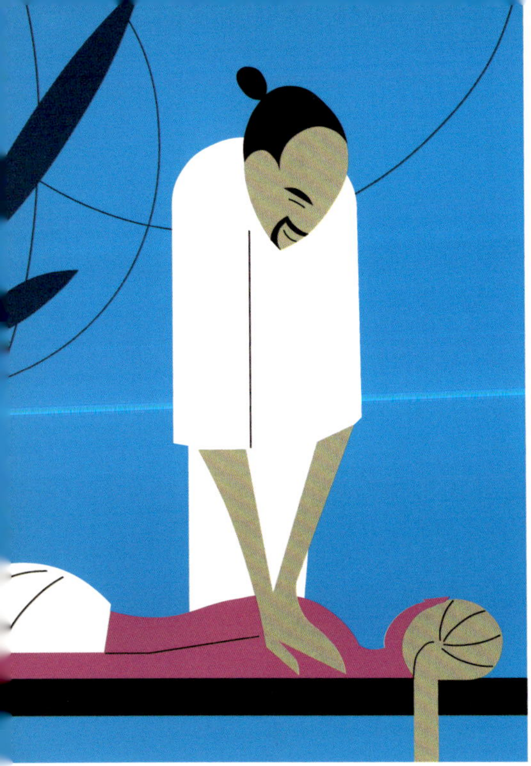

# 124

## Probieren Sie heute eine chinesische Massage aus. Sie werden sich wie neugeboren fühlen.

**DIE ÜBLICHEN MASSAGEN,** wie sie auch der Hausarzt verschreibt, sind schon eine feine Sache. Aber heute gibt es vollen Körpereinsatz: Testen Sie die »Tuina«, eine Massagetechnik aus der Traditionellen Chinesischen Medizin. Hier wird geklopft und geknetet, und auch chiropraktische Griffe kommen zum Einsatz – ganz wie der Name (»tui« = schieben, drücken, »na« = ziehen, greifen) verspricht. Die Tuina löst Blockaden und wirkt bei vielerlei Beschwerden, zum Beispiel Rückenschmerzen. Und was seit Jahrtausenden hilft, kann doch nicht schlecht sein, oder? Im Internet unter www.therapeuten.de finden Sie Adressen.

○ erledigt

# 125

## Sie wollen ein Kribbeln im Bauch spüren? Dann schaukeln Sie.

**VERRÜCKTES ANZUSTELLEN,** um aus dem täglichen Einerlei auszubrechen, tut uns richtig gut – ob wir 20 oder 68 sind. Gehen Sie auf einen Spielplatz oder fragen Sie Ihre Kinder, bei welchen Nachbarn stabile Schaukeln im Garten stehen. Der frühe Nachmittag ist die beste Zeit, um beim Schaukeln weder von Kindern noch von Erwachsenen begafft zu werden. Ziehen Sie sich sportliche Schuhe an, schwingen Sie sich auf den Sitz – und los geht's. Steigen Sie mit der Schaukel gen Himmel und genießen Sie bei der Bewegung zurück das Kribbeln im Bauch. Ist es nicht herrlich, für einen Augenblick ganz frei und wieder ein Kind zu sein?

○ erledigt

126

# Sie möchten mal wieder neue Leute kennenlernen? Dann antworten Sie auf eine Kontaktanzeige.

SO IST ES WOHL HÄUFIG: Sie arbeiten seit sieben Jahren in derselben Firma. Zwar sind Ihre Freunde sehr nett, aber die gemeinsamen Abende laufen immer gleich ab. Und mal ehrlich, mit den Frauen in der Krabbelgruppe können Sie sich zwar ewig über Vor- und Nachteile diverser Windelmarken unterhalten, aber sonst sind die Themen eher begrenzt. Schaffen Sie Abhilfe: Ergreifen Sie die Initiative und erweitern Sie Ihren Bekanntenkreis. In Zeitungen und Zeitschriften finden Sie nicht nur Inserate nach dem Motto »Er sucht Sie«, sondern auch viele Anzeigen von Menschen, die einfach nur Kontakte knüpfen möchten. Vielleicht sind sie gerade umgezogen oder wollen neue Leute kennenlernen – genau wie Sie. Auch im Internet gibt es verschiedene Webseiten, auf denen Sie sich mal umsehen können, zum Beispiel www.new-in-town.de.
Sie haben keine ansprechenden Anzeigen gefunden? Na, dann schalten Sie doch selbst eine. Wenn Sie sich dabei unwohl fühlen, verwenden Sie einfach eine Chiffre. Überlegen Sie sich, wie Sie sich selbst kurz beschreiben könnten und wen Sie suchen: jemanden, der Ihr Hobby teilt? Eine Frau, die wie Sie Job und Kind unter einen Hut bringen muss? Eine Brieffreundin? Notieren Sie alles und inserieren Sie dann in einer Zeitung Ihrer Wahl – vorzugsweise in Ihrer Gegend oder in der Beilage für Ihre Stadt.

Meine Kontaktanzeige

____________________

____________________

____________________

Versuchen Sie es einfach mal. Wenn Ihnen Ihre neuen Bekanntschaften unsympathisch sind, müssen Sie den Kontakt ja nicht vertiefen. Im Gegensatz zu Ihrem alten Freundeskreis nimmt Ihnen das hier keiner übel.

○ erledigt

## 127

# Schnipp, schnapp, Haare ab! Probieren Sie eine neue Frisur aus.

ZU IHRER HAARPRACHT haben Frauen bekanntermaßen eine innige Beziehung. Doch auch wenn lange Haare kaum aus der Mode kommen: Der Pferdeschwanz, den Sie seit 16 Jahren tragen, hätte wirklich mal eine Generalüberholung verdient. Nehmen Sie heute all Ihren Mut zusammen und lassen Sie sich eine neue Frisur verpassen. Es muss ja kein radikaler Kurzhaarschnitt sein. Auch wenn es sich am Anfang seltsam anfühlt – eine neue Frisur ändert mehr, als Sie vielleicht denken: nämlich Ihr Bild von sich selbst und Ihre Wirkung auf andere.

○ erledigt

## 128

# Bringen Sie zwei Menschen zusammen, die sich gut verstehen könnten.

IHR NEUER KOLLEGE hat die gleichen Interessen wie Ihre beste Freundin? Zögern Sie nicht und arrangieren Sie ein Treffen. Aber bitte unauffällig! Kuppler sind meist nicht gern gesehen, und es ist keinem damit geholfen, wenn die halbe Abteilung kichernd um die Ecke lugt. Ist der Kollege neu in der Stadt, nehmen Sie ihn doch einfach mit, wenn Sie abends ausgehen. Oder spielt er gern Badminton? Dann bitten Sie Ihre Freundin, ihm den Verein zu zeigen, in dem sie Mitglied ist. Wenn Sie genau hinhören, finden Sie bestimmt eine gute Taktik oder Situation.

○ erledigt

## 129

# Benehmen Sie sich einmal, wie Sie es schon immer wollten: Geben Sie heute die Zicke!

MANCHE FRAUEN sind Zicken – und stehen auch dazu. Sie tragen ihre Einstellung zum Leben auf T-Shirts zur Schau oder auf ihren Handtäschchen, auf denen schon das Wort »Zicke« warnt … Den meisten Frauen wird aber nachgesagt, dass sie auf ein harmonisches Verhältnis zu ihren Mitmenschen aus sind. Wir sind oft sogar sehr harmoniebedürftig – bis an den Rand der Selbstaufgabe. Aber innerlich gärt und brodelt es!

Nach zu viel Kopfnicken – obwohl wir eigentlich nicht zustimmen wollten, wir unsere eigenen Wünsche zurückgestellt haben, uns von Kollegen oder sogar Verkäuferinnen haben abkanzeln lassen – folgt dann die Explosion. Leider an einer völlig unpassenden Stelle, meist im Familien- oder Freundeskreis. Und prompt fallen die Worte: »Typisch Frau!«

Das passiert Ihnen heute nicht! Fressen Sie heute mal nichts in sich hinein, sondern machen Sie klar, was Sache ist. Sagen Sie nachdrücklich, was Sie wollen, stehen Sie für sich ein: Üben Sie den ganzen Tag, für sich selbst zu sorgen und Ihre Wünsche zu äußern. Um einen Lerneffekt zu erzielen, darf Ihr Verhalten ruhig einen Tick überzogen ausfallen!

Am besten besorgen Sie sich ein passendes Outfit von einer Freundin, um als selbstbewusste Zicke eine Innenstadt Ihrer Wahl unsicher zu machen. Was Sie benötigen, um problemlos in diese Rolle schlüpfen zu können, müssen Sie ausprobieren. Vielleicht hochhackige Schuhe oder Stiefel, die Sie ein paar Zentimeter größer machen? Ein teurer Mantel? Eine Designerhandtasche? Leihen Sie sich zusammen, was Sie brauchen.

Kennen Sie die berühmte Szene aus »Harry und Sally« mit Meg Ryan: »… und das Dressing auf einem Extrateller«? Charmant, aber knallhart setzt die Amerikanerin im Film ihre Wünsche durch. Nehmen Sie sich das zum Vorbild. Verlangen Sie heute Extratouren, Extratellerchen, Extraservice – und zwar im Brustton der Überzeugung. Sie werden sehen: Es ist unglaublich, was Sie mit ein bisschen Charme und selbstbewusstem Auftreten erreichen können.

○ erledigt

# 130

## Holde Maid, darf ich es wagen, Euch ein Bad im Zuber anzutragen? – Gönnen Sie sich eine Auszeit im Mittelalter.

TAUCHEN SIE heute, vielleicht gar im wahrsten Sinne des Wortes, in die mittelalterliche Welt ein. Märkte, Ritterturniere, Burgfeste – an immer mehr Orten ist das Mittelalter in Deutschland anzutreffen. Termine und Adressen finden Sie etwa auf www.heerlager.de. Seit den 1980er-Jahren ziehen die mittelalterlichen Märkte eine stetig steigende Zahl von Zuschauern an. Hinzu kommen immer mehr Akteure, denn die Zahl der Menschen, die in ihrer Freizeit die eine oder andere Form des Live-Rollenspielens im mittelalterlichen Rahmen betreiben, wächst. Sie engagieren sich beim mittelalterlichen Tanz, bei Rollenspielen innerhalb einer vorgegebenen Geschichte oder auch in Mittelaltervereinen mit wöchentlichen oder monatlichen Treffen.

Besorgen Sie sich heute eine passende Gewandung (gut zu finden in Internetshops). In welcher Gestalt würden Sie gerne einen Mittelaltermarkt unsicher machen? Als einfache Frau (Tavernenmaid oder Bäuerin), die mit den Handwerkern von Gleich zu Gleich schwatzen kann? Oder schlummert in Ihnen eine edle Jungfrau, die einen Ritter sucht, der sie beschützt? Überlegen Sie sich zu dieser Rolle auch eine kleine Geschichte, damit Sie mit anderen Rollenspielern ins Gespräch kommen: Wieso ist Ihr Charakter auf diesem Markt? Was hat die Frau für Vorlieben oder Abneigungen? Was ist ihr in letzter Zeit widerfahren? Sie werden sehen: Wenn Sie in Gewandung jemanden »anspielen«, werden Sie ins Spielgeschehen einbezogen. Als Akteur können Sie außerdem einen Mittelaltermarkt ganz anders genießen als die »modernen Touristen«. Buchen Sie auch einen Termin im Zuber oder im orientalischen Massagezelt, lassen Sie sich in die Kunst des Glasblasens oder des Schmiedens einweisen oder unterhalten Sie sich mit der Harfenspielerin über ihren Hausdrachen.

Sie finden Rollenspiele nicht so prickelnd? Dann können Sie natürlich auch klassische Ritterturniere besuchen, die im Frühjahr und Sommer an vielen Orten in Deutschland stattfinden. Die Wettkämpfe der Ritter, hoch zu Ross oder im Zweikampf mit dem Schwert, sind für Alt und Jung ein spannendes Spektakel.

○ erledigt

## 131

# Mon amour: Gestehen Sie Ihrem Auserwählten Ihre Liebe.

KEINER WAGT GERN den ersten Schritt: Was ist, wenn der andere einen abblitzen lässt, wenn man sich blamiert und die eigenen Gefühle verletzt werden? Sie können im Leben nun einmal nicht immer auf Nummer sicher gehen – vor allem nicht in der Liebe. Vielleicht ist Ihr Erwählter schüchtern, vielleicht weiß er nicht, wie er auf Sie zugehen soll, und, ja, vielleicht erwidert er Ihre Gefühle nicht. Das werden Sie nicht wissen, solange Sie es nicht ansprechen. Offenbaren Sie daher heute Ihre Liebe. Vielleicht vereinen sich danach Ihre Wege, vielleicht trennen sie sich hier. Wie auch immer die Situation ausgehen mag, als selbstbewusste Frau haben Sie Ihr Schicksal in die eigene Hand genommen!

○ erledigt

## 132

# Ein Unglück kommt selten allein? Seien Sie heute mal nicht so pessimistisch und nehmen Sie das Beste an.

GEHÖREN SIE zu denen, die das Schwarzsehen perfektioniert haben? Wie die Chancen auch stehen, es klappt sowieso nichts? Während andere Menschen optimistisch durchs Leben gehen, sind Sie immer auf alle Katastrophen gefasst. Doch Vorsicht: Verwechseln Sie Pessimismus nicht mit Realismus. Denn tatsächlich passiert nicht immer nur das Schlimmste. Deshalb heißt Ihr Trainingsprogramm für heute: Betrachten Sie den Tag mal positiv. »Also nein, das funktioniert garantiert nicht!« Na aber, wie war das mit dem Pessimismus?

○ erledigt

# 133

## Melden Sie sich für einen ausgefallenen Kochkurs an.

OB SIE EIN BEGNADETER Hobbykoch sind oder mal gerade so ein Essen für zwei Personen auf den Tisch zaubern können – sofern Sie Interesse am Kochen und an ausgefallenen Gerichten haben, buchen Sie heute einen Kochkurs. Das Angebot ist riesig und wächst von Monat zu Monat. Es ist für jeden Schwierigkeitsgrad und jedes Interesse etwas dabei – von Schweinshaxen bis Sushi, von Graved Lachs bis Crème brûlée.

- REGIONALKÜCHE: In jedem VHS-Programm finden sich Kochkurse zu verschiedenen Regionalküchen, die von »Einheimischen« gegeben werden. Der Clou: Diese Kurse dauern oft nur einen Tag und werden häufig als Fest inszeniert. Was darf es sein? Feurig-karibisch oder original chinesisch? Schon die Beschreibung des Kurses sollte Spaß machen und verheißen, dass Sie dort nette Leute treffen und ganz in Musik und Essensgenuss des Landes aufgehen können. Gelegentlich lernen Sie auch ein paar Sätze der jeweiligen Fremdsprache.
- SZENE-RESTAURANTS: Sie bieten meist Kurse an, in denen ihr persönlicher »Haus-Kochstil« vermittelt wird. Dabei geht es häufig um Fusion-Küche – also die Verbindung zwischen asiatischen, europäischen und amerikanischen Elementen.
- ABSEITS DER KOCHPLATTE: Besonders für weibliche Singles ein guter Tipp sind alle Kurse, die dem Herd den Rücken kehren. Ob Bierbrauen, Met- oder Weinherstellung – hier ist der Männerquotient sehr viel höher als in den Kochkursen.
- KINDERKOCHKURSE: Ihr Spatz mümmelt lustlos am Möhreneintopf herum? Buchen Sie für ihn/sie einen guten (!) Kinderkochkurs, der Lust auf schnippeln, kochen und gesunde Ernährung macht.

○ erledigt

## 134

# Erleichtern Sie Ihr schlechtes Gewissen. Entschuldigen Sie sich heute für eine Missetat, die schon länger zurückliegt.

WENN SIE NUR zum Telefonhörer greifen oder eine Straße weiter gehen müssen, um sich zu entschuldigen, bringt das schlechte Gewissen Sie früher oder später dazu, das auch zu tun. Aber wie sieht es aus, wenn der Vorfall schon 20 Jahre her ist und Sie keine Ahnung haben, wo die betroffene Person jetzt wohnt? Machen Sie sich an die Arbeit: Bemühen Sie das Internet, das Netzwerk aus alten Klassenkameraden oder Kommilitonen, fragen Sie ehemalige Nachbarn – und sagen Sie endlich die lange überfälligen Worte: »Wegen damals, als ich (...) – das tut mir wirklich leid!«

○ erledigt

## 135

# Machen Sie Ihre Wohngegend zum Ausgehviertel.

SIE SIND REGELMÄSSIG in den schicksten Lokalen Ihrer Stadt anzutreffen? Oder bevorzugen Sie immer noch Ihre alte Stammkneipe? Geben Sie doch mal den Wirten in Ihrer Gegend eine Chance und besuchen Sie heute Abend die Bar, die Ihrer Wohnung am nächsten liegt. Sie sehen sich schon im »Pilsstüberl« sitzen, einer Lokalität, die Sie eigentlich nie kennenlernen wollten? Na, für ein Glas wird es schon gehen. Und danach ziehen Sie weiter, bis Sie einen Ort gefunden haben, an dem Sie gerne Ihren Abend verbringen möchten.

○ erledigt

136

# Verbringen Sie mehr Zeit mit Ihrem Haustier.

TIERE SIND die besten Therapeuten – sie helfen bei Kummer jeder Art und sorgen schon durch ihre Anwesenheit dafür, dass Stress abgebaut wird. Doch ob ein Mensch nun Hunde-, Katzen-, Kaninchen-, Vogel- oder Frettchen-Fan ist: Nach der ersten Begeisterung über den tierischen Hausgenossen geht er leider doch wieder zur Tagesordnung über. Wir glauben, neben Beruf und Freizeitstress kaum Zeit für unsere Tiere zu haben. All die Bücher mit Tipps für die artgerechte Haltung verstauben im Regal, während wir morgens, mittags und abends nur kurz mit dem Hund um den Block sausen.

Ihre Katze kann sich nur noch vage an das letzte Mal erinnern, als Sie mit ihr gespielt haben? Ihr Kaninchen sitzt gelangweilt mümmelnd in seinem Käfig? Heute machen Sie endlich mal wieder das Zeitfenster für Ihr Haustier ganz weit auf – und schließen es hoffentlich auch in Zukunft nicht mehr!

- Für Hunde gibt es jede Menge Bücher mit Spiel- und Beschäftigungsideen. Stellen Sie fest, was für ein Typ Ihr Hund ist: Genießt er es, Bällen oder Frisbees auf einer Wiese hinterherzujagen? Manche Hunde sind kleine Streber und lieben es, neue Kommandos zu trainieren.
- Im Angebot sind auch Bücher für Katzen, die vielfältige Vorschläge für unterschiedliche Aktivitäten bieten. In Tierhandlungen und Baumärkten können Sie außerdem das entsprechende Zubehör kaufen. Auch das ist eine Typfrage: Während einige Katzen vom Rascheltunnel nicht genug bekommen können, werden andere eher bei einer Katzenangel schwach.

- Meerschweinchen, Hamstern, Ratten oder Kaninchen, aber auch Schildkröten und anderen Kleintieren bereiten Sie mit einem spannenden Erlebniskäfig oder -terrarium oder auch einem Gehege im Freien eine ganz große Freude.
- Zudem haben sich inzwischen für viele Tiere spezielle Sportarten etabliert, zum Beispiel der »Kanin-Hop«. Schauen Sie doch mal ins Internet, dort werden Sie schnell fündig.
- Die Spielzeit ist vorbei? Dann läuten Sie eine gemeinsame Kuschelrunde ein. Über ausgiebige Streicheleinheiten freut sich jedes Tier.
- Sie haben kein eigenes Haustier? Machen Sie einen Hund aus dem Tierheim glücklich, indem Sie mit ihm Gassi gehen.

○ erledigt

## 137

## Schenken Sie Ihren Eltern einen Blumenstrauß als Dankeschön dafür, dass Sie auf der Welt sind.

**ES IST EINE SEHR NETTE GESTE,** sich am eigenen Geburtstag auf diese Weise bei seinen Eltern zu bedanken. Auch wenn es sonst Differenzen mit Ihren Eltern gibt: Springen Sie heute über Ihren Schatten! Schicken oder bringen Sie ihnen einen schönen Blumenstrauß! Es gibt übrigens auch »Mutter-Kind-Sträuße«, die für diesen Anlass sehr gut geeignet sind: Ein großer und ein kleiner Strauß sind mit einer »Nabelschnur« aus geflochtenen Gräsern verbunden.

○ erledigt

## 138

## Schluss mit lustig: Lassen Sie sich heute nichts gefallen.

**SO EIN TAG:** Sie werden in der U-Bahn angerempelt. Ein Teenager drängelt sich an der Kasse vor. Und bei der Arbeit fragt man Sie als einzige Frau in der Männerrunde nicht nach Ihrer Meinung. Wahrscheinlich schlucken Sie Ihren Ärger runter, denn als Frau wird man leicht für zänkisch gehalten. Doch es hat nichts mit Zickenterror zu tun, wenn Sie sich nicht alles gefallen lassen. Bemühen Sie sich heute um einen souveränen Ton, aber sagen Sie deutlich, was Ihnen nicht passt und wie Sie es gerne hätten. Es kann immer mal wieder passieren, dass man von jemandem angerempelt wird. Kein Problem, wenn er sich dafür entschuldigt. Jeder darf mal in der Schlange vor, wenn er höflich fragt. Doch einfach so – ohne Achtsamkeit und Höflichkeit – geht es nicht. So ein Verhalten brauchen Sie auch nicht zu akzeptieren. Und sofern Sie nicht nur zum Protokollschreiben am Meeting teilnehmen, ist Ihr Kommentar genauso viel wert wie jeder andere.

○ erledigt

# 139

## Verlassen Sie heute das Kino früher, wenn Ihnen der Film nicht gefällt.

LEIDER PASSIERT ES immer wieder: Der Titel klingt spannend, doch der Film kann das Versprechen nicht einlösen. Wollen Sie sich das wirklich antun? So viel kann Ihnen die Kinokarte doch gar nicht wert sein! Gehen Sie ganz selbstbewusst früher aus dem Kino – auch während der Vorführung. Sie können niemanden beleidigen, denn Regisseur und Darsteller sind mit Sicherheit nicht anwesend. Und wenn Sie aufpassen, werden Sie auch die anderen Besucher nicht stören. Nutzen Sie Ihre kostbare Zeit lieber anders, als still vor sich hin zu leiden.

○ erledigt

# 140

## Belegen Sie einen Entspannungskurs.

DAS KREUZ tut vom langen Sitzen weh, der Nacken ist verspannt, und morgens fühlen Sie sich schon, als seien die Muskeln im gesamten Rückenbereich verknotet? Buchen Sie einen Entspannungskurs! Am besten eignet sich eine Mischung aus Trainingseinheiten, besonders für den Rücken, und Mental- und Atemübungen. Am ersten Kursabend werden Sie vermutlich fast auf Ihrer Matte einschlafen – unser Körper reagiert meist sofort auf die Entspannungstechniken. Damit es nicht bei der einmaligen Erholungspause bleibt, gönnen Sie ihm mindestens eine wöchentliche Trainingsstunde – und praktizieren Sie wenigstens eine der Übungen, die Sie lernen, täglich zu Hause.

○ erledigt

141

# Zeigen Sie aller Welt, was Sie bewegt! Starten Sie ein Video-Blog oder veröffentlichen Sie Ihre Urlaubsvideos.

WAS IN INTERNET-URZEITEN die eigene Website war und gestern noch die MySpace-Homepage, das finden Sie heute bei Internetsites wie YouTube: Menschen suchen nach Gleichgesinnten zu allen Themen, ob Hobbys oder Politik, stellen ihr Tagebuch in Videoform online oder produzieren eigene kleine Filme.
Rasanten Zuspruch erleben diese Seiten, da inzwischen keine professionelle Ausrüstung mehr nötig ist, um kurze Filme zu drehen: Viele Digitalkameras und Handys haben auch eine Videofunktion. Vielleicht besitzen Sie sogar eine WebCam, mit der Sie Video-Telefonate durchführen? Analoge Videos, die noch mit der guten, alten Kamera aufgenommen wurden, können Sie mit einer Konverterbox auf Ihren Computer übertragen.

Wenn Sie also schon immer der Star in Ihrem eigenen Video sein wollten, besuchen Sie YouTube und lassen Sie die Inhalte auf sich wirken – dann legen Sie los! Dafür brauchen Sie kein Profi zu sein!

Was wäre ein Thema für Sie und Ihren Film?

____________________

____________________

____________________

Übrigens: Ob Sie nun kleine witzige Filmchen in »Sex-and-the-City«-Manier mit Ihren Freundinnen drehen oder ein Video-Blog haben: Sie müssen dabei immer die rechtliche Seite im Auge behalten. Denn wenn Sie sich in der virtuellen Welt namentlich über Firmen oder Menschen lustig machen oder diese verunglimpfen, kann das in der realen juristische Konsequenzen haben.

○ erledigt

## 142
# Der musikalischen Monotonie keine Chance! Setzen Sie sich heute mal über Ihre Hörgewohnheiten hinweg.

LEIHEN SIE SICH von Freunden, Kollegen oder in der Stadtbücherei CDs aus. Greifen Sie beherzt zu – auch wenn Sie zunächst vermuten, dass Ihnen die gewählte Musikrichtung nicht gefällt. Vielleicht wird sich dieser Verdacht erhärten – vielleicht sind Sie aber auch positiv überrascht. Generell gilt für CDs, dass man sie mindestens dreimal konzentriert hören muss, bevor man den (eventuellen) Schock des Neuen überwunden hat und sich der Musik ganz öffnen kann.

○ erledigt

## 143
# Networking privat? Stellen Sie Ihr eigenes Expertenteam zusammen.

SIE MÜSSEN NICHT viel Geld für Unterstützung von außen ausgeben, in Ihrem Bekanntenkreis gibt es bestimmt einige verborgene Schätze: Ihr Schwiegervater ist Arzt? Die Freundin Ihres Bruders hat Jura studiert, auch wenn sie jetzt nicht als Anwältin arbeitet? Vielleicht ist Ihr bester Kumpel ein heimliches Computergenie. Überlegen Sie sich, wer was besonders gut kann und Ihnen bei Bedarf hilft oder Ihnen etwas beibringt. Und: Was haben Sie anzubieten? Sie werden überrascht sein, was Ihre Freunde, Bekannten und auch Sie alles auf dem Kasten haben. Entdecken Sie nach und nach Ihr ganz persönliches Netzwerk.

○ erledigt

144

# Zeit zum Entspannen: Schaffen Sie sich Erholungspausen im Alltag.

SIE NEHMEN SICH sicherlich auch oft vor, mal wieder etwas für Ihr Wohlbefinden und Ihre Entspannung zu tun. Doch dann steht noch ein dringendes Projekt an oder Sie müssen unbedingt bei Ihrer Schwester einspringen und die Kinder hüten ...

Einfacher geht es, wenn Sie für Ruhe und Muße feste Termine setzen und so kleine Entspannungsinseln in Ihr Leben integrieren: Verabreden Sie zum Beispiel mit einer Freundin, einmal im Monat eine andere Sauna auszuprobieren. Oder reservieren Sie jeden Freitagabend für sich selbst: Dann gehen Sie nicht aus oder wälzen Haushaltsprobleme mit Ihrem Mann. Nein, da nehmen Sie sich Zeit nur für sich, die Sie ganz nach Gutdünken, aber ohne Stress und Hektik verbringen – vielleicht mit einem duftenden Bad?

Sie werden es merken: Sobald Sie eine Art Ritual eingeführt haben, richten sich die anderen und auch Sie selbst viel eher danach. Und davon können Sie und Ihre Gesundheit ja nur profitieren.

| Wie kann ich mich entspannen? | Mit wem? | Wann? |
|---|---|---|
| | | |
| | | |
| | | |
| | | |
| | | |
| | | |
| | | |
| | | |

○ erledigt

## 145

# Sehen Sie sich heute einen Kinofilm oder eine DVD in einer Ihnen unbekannten Sprache an.

ERWEITERN SIE IHREN HORIZONT – auch sprachlich! Gehen Sie in ein Programmkino oder in eine gut sortierte Videothek und suchen Sie sich einen Film in einer Sprache aus, die Sie nicht oder nicht gut kennen. Natürlich sollte er Untertitel haben, damit Sie nicht nach einer Stunde schnarchend im Sessel hängen!
Wie wäre es mit Türkisch? Russisch? Japanisch? Dem Klassiker »Tiger and Dragon« in Mandarin? Oder einem Astrid-Lindgren-Film auf Schwedisch? Vielleicht möchten Sie auch Ihre Französischkenntnisse wieder auf Trab bringen. Einen Abend lang in eine andere Sprache einzutauchen regt die grauen Zellen an.

○ erledigt

## 146

# Machen Sie einen Kennenlern-Spaziergang durch den Wald.

BÄUME, FARNE, Beeren und Vögel – gerade Stadtmenschen kennen oft nicht einmal den Unterschied zwischen Lerche und Lärche. Deshalb steht heute Bildung der anderen Art auf dem Programm: Mit einem Naturführer ausgerüstet geht es ab in den kühlen Forst, und dann heißt es: Augen auf.
Welche Pflanzen und Tiere fallen Ihnen auf? Was wissen Sie noch aus dem Biologieunterricht? Finden Sie einen Baum oder Pilz besonders schön? Sie werden überrascht sein, wie viel es zu entdecken gibt.

○ erledigt

147

# Auge in Auge mit der wilden Natur: Streicheln Sie heute einen Greifvogel!

DIE BEIZJAGD, also die Jagd mit Greifvögeln auf Wild, gilt als eine der ältesten Jagdformen. Meist werden Falken, Adler, Sperber und Habichte für diese Jagdform abgerichtet. Beute waren und sind bis heute Kaninchen, Hasen, Rebhühner, Wildenten und auch Fasane. Fragen Sie sich durch, bis Sie einen Falkner gefunden haben, der Ihnen seine Greifvögel zeigt und Sie sie aus der Nähe erleben lässt. Das ist nicht ganz einfach zu organisieren, aber glauben Sie uns: Die Mühe lohnt sich! Es ist ein unvergleichliches Gefühl, einen Falken oder Uhu auf die Hand gesetzt zu bekommen (auf einen schützenden Handschuh natürlich) und ihn unter Anleitung vorsichtig zu streicheln – gerade so, als würde Ihnen für ein paar Minuten eine Raubkatze anvertraut!

Falkner gibt es inzwischen (wieder) an vielen Orten in Deutschland. Greifvögel können Sie zum Beispiel auf dem Adler- und Falkenhof im Wildpark Allensbach mit allen Sinnen erleben. Kontakt zu Falknern und Informationen bietet auch die Cologne Falconry an.

In unserem Gespräch mit Lothar Ciesielski von der Cologne Falconry hat er uns erzählt, dass die Falknerei leider immer noch eine Männerdomäne ist. Dabei haben Falknerinnen, die den Männern zeigten, wo es langging, eine lange Tradition: Die sagenumwobene Japanerin Kochiku betrieb das edle Waidwerk mit Vögeln bereits im Jahr 355 und gilt als erste Falknerin Japans. Auch in Europa gab es einige berühmte Frauen, die sich intensiv den Greifvögeln widmeten, zum Beispiel Prinzessin Jacoba von Bayern und Elisabeth I. von England, die eine Maria von Canterbury als »Cheffalknerin« in ihrem Hofstaat beschäftigte. Wenn Sie einem Falken oder Uhu in die Augen schauen, dürfen Sie sich außerdem fühlen wie Maria Stuart, Königin von Schottland. Sie bekam sogar während ihrer Inhaftierung in England die Erlaubnis, ihren Merlinfalken fliegen zu lassen. Und neben ihren amourösen Abenteuern fand auch Katharina die Große Zeit, mit Falken zu jagen.

○ erledigt

# 148

## Urlaub in den eigenen vier Wänden: Verwandeln Sie Ihr Wohnzimmer in ein Ferienparadies.

DIE DURSTSTRECKE bis zu den nächsten freien Tagen zieht sich lang und länger. Und Sie fragen sich ständig, wie Sie das nur überleben sollen. Kein Problem! Gönnen Sie sich jetzt schon eine Auszeit und holen Sie sich den Urlaub nach Hause: Legen Sie eine CD mit brasilianischen Klängen ein und lassen Sie die Hüften kreisen. Dazu mixen Sie sich eine Caipirinha, und zum Schluss gibt es noch ein Bad mit Meersalz. Schon befindet sich die Copacabana direkt in Ihrem trauten Heim. Besser kann es doch im Urlaub auch nicht werden!

○ erledigt

# 149

## Leisten Sie heute Beistand aus nächster Nähe und helfen Sie mit einer Spende.

KRISENGEBIETE in der Dritten Welt? Ein Flutwelle oder ein Erdbeben? Es ist wirklich lobenswert, wenn Sie die Opfer tatkräftig unterstützen. Doch vergessen Sie dabei nicht, dass Hunger und Armut nicht vor Landesgrenzen haltmachen. Auch in unserem sogenannten Wohlstandsstaat gibt es zurzeit circa zehn Millionen armutsgefährdete Menschen – und die brauchen Ihre Hilfe genauso dringend. Warten Sie daher nicht auf die nächste Katastrophe, sondern spenden Sie heute für eine Einrichtung in Ihrer Nähe. Das muss kein Geld sein. Die Caritas freut sich zum Beispiel auch über gut erhaltene Haushaltsgeräte. Oder denken Sie an eine Kleiderspende für ein Obdachlosenheim. Überlegen Sie einfach, was Sie Gutes tun können.

○ erledigt

# 150

## Laden Sie Freunde ein und kochen Sie zusammen ein dreigängiges Menü.

EINE FRÖHLICHE, GROSSE RUNDE aus Hobbyköchen zusammenzutrommeln bereitet selten Probleme. Sprechen Sie vorher gemeinsam eine Menüfolge ab. Vielleicht können die größten Leckermäuler das Dessert fertig mitbringen? Alles andere wird vor Ort zubereitet. Der Spaßfaktor erhöht sich, wenn schon beim Kochen ganz dringend die Weine für Vorspeise und Hauptgericht probiert werden müssen ...
In großen Altbauküchen können etwa fünf Leute zugleich werkeln. Wenn Sie eine kleine Küche haben, legen Sie einfach auf und unter Ihren Esstisch große Wachstuchtischdecken, dann geht das große Schnippeln eben im Wohnzimmer vonstatten. Sie haben Spaß am gemeinsamen Kochen gefunden? Dann machen Sie doch eine regelmäßige Veranstaltung daraus: Immer abwechselnd lädt einer alle anderen zu sich ein.

○ erledigt

# 151

## Heute ist der Tag, eine kleine Racheaktion in die Tat umzusetzen.

JEMAND HAT IHNEN so richtig übel mitgespielt? Vielleicht geht es Ihnen nach einer Mini-Genugtuung besser. Denn wie heißt es so schön: Rache ist süß! Zupfen Sie den Mausstecker aus dem Rechner einer Kollegin und beobachten Sie, wie sie nach dem Fehler sucht. Tauschen Sie die üblichen Kaffeepads der Kaffee-Junkies im Büro gegen entkoffeinierte aus (nie umgekehrt!). Oder streuen Sie Ihrem Ex-Mann mit Karottensamen eine Botschaft auf den Rasen – es dauert eine Weile, bis die Karotten sichtbar werden, aber dafür muss er sie einzeln per Hand ziehen. Auch im Internet finden Sie unter »revenge« und »pranks« einige Ideen. Aber Vorsicht: Die Grenze zum Illegalen ist schnell überschritten!

○ erledigt

152

# Sie haben nie Zeit? Dann überprüfen Sie Ihr Zeitmanagement.

ACH, WENN der Tag doch nur 48 Stunden hätte! Dann könnten Sie alles schaffen, was Sie sich vorgenommen haben. Aber Hand aufs Herz: Liegt es an der Fülle der Aufgaben oder auch ein wenig an Ihrer Zeiteinteilung? Während die eine gern alles auf die letzte Minute schiebt und dann mächtig rotiert, fällt es der anderen schwer, Prioritäten festzulegen – in Sachen Zeitmanagement lauern viele Fallen. Finden Sie heraus, wo es bei Ihrer Planung haken könnte.

- SETZEN SIE PRIORITÄTEN? Auch wenn Sie eigentlich lieber gleich drauflos starten nach dem Motto »Was weg ist, ist weg«, versuchen Sie es einmal mit dem bekannten Eisenhower-Prinzip. Überlegen Sie sich im Voraus, welche Ihrer Aufgaben wichtig und welche dringend sind. Priorität A hat alles, was wichtig und dringend ist. Weder wichtige noch dringende Projekte können Sie getrost vergessen, und dringende, jedoch nicht wichtige delegieren. Aufgepasst bei Aufgaben, die zwar wichtig, aber noch nicht dringend sind: Hier steht Ihnen zwar mehr Zeit zur Verfügung, doch wenn Sie diese Dinge auf die lange Bank schieben, werden sie irgendwann dringend – und dann kommen Sie wieder in Stress.
- PLANEN SIE IHRE ZEIT REALISTISCH? Klar können Sie sich vornehmen, heute das Haus zu putzen, ein Vier-Gänge-Menü zu zaubern und dann noch eine Party zu organisieren, aber Sie werden es nicht schaffen. Einzige Folge: Sie rödeln herum und sind hektisch. Machen Sie realistische Zeitpläne mit Etappenzielen, die auch wirklich erreichbar sind. Und denken Sie dabei an Pufferzeiten, denn es läuft in den meisten Fällen ja doch etwas anders als geplant.
- LASSEN SIE SICH LEICHT ABLENKEN? Am Vormittag wollen Sie liegen gebliebene Korrespondenz bearbeiten. Doch ständig kommt jemand herein oder neue E-Mails poppen auf dem Monitor auf. Bleiben Sie rigoros: Versuchen Sie eine Tätigkeit nach der anderen zu machen. Wenn Sie sich ablenken lassen, verschenken Sie Zeit, da Sie in die ursprüngliche Aufgabe wieder hineinkommen müssen.

○ erledigt

## 153

# Das Lust-Prinzip: Machen Sie heute nur Sachen, die Ihnen gefallen.

DIE PFLICHT RUFT: Eigentlich sollten Sie heute noch das Bad putzen, endlich das Auto in die Werkstatt bringen und ein Briefing für nächste Woche überarbeiten. Nun gut, wenn es Ihnen Spaß macht. Ansonsten haben Sie heute frei: Hiermit bekommen Sie die Erlaubnis, einen Tag lang nur das zu machen, worauf Sie Lust haben. Kein »sollte« und »ich müsste ja eigentlich noch«, sondern nur »ich will« und »ich möchte«. Also, wonach steht Ihnen der Sinn? Ins Café gehen? Ein bisschen raus in die Natur fahren? Oder wollen Sie ein paar Stunden gemütlich vor dem Fernseher verbringen? Heute dürfen Sie alles, morgen ist auch noch ein Tag.

○ erledigt

## 154

# Mehr Selbstbewusstsein, bitte! Ab heute mögen Sie sich so, wie Sie sind.

SIE SIND IHR HÄRTESTER KRITIKER und selten mit sich zufrieden? Klar, die Oberschenkel könnten dünner, das Auftreten souveräner und Ihre Selbstdisziplin größer sein. Aber lassen Sie Gerechtigkeit walten und bewerten Sie sich nicht strenger als andere! Gerade was Sie an sich selbst bemängeln, empfinden Sie vielleicht bei Ihrer Freundin als liebenswert. Darum: Stellen Sie sich jeden Morgen vor den Spiegel und sagen Sie laut: »Ich mag dich!« Sie glauben nicht, dass das hilft? Nur nicht so skeptisch – manchmal sind die einfachsten Tricks die wirkungsvollsten.

○ erledigt

# 155

## Besuchen Sie einen Erste-Hilfe-Kurs.

WENN VOR IHNEN ein Bewusstloser läge, wüssten Sie, wie Sie ihm helfen könnten? Es reicht nicht, wenn Sie per Handy den Notarzt anrufen! Der Erste-Hilfe-Kurs, den sicher auch Sie im Rahmen der Führerscheinprüfung absolvieren mussten, liegt bei den meisten von uns Jahre, wenn nicht gar Jahrzehnte zurück. Buchen Sie daher noch heute einen Auffrischungskurs bei den Johannitern, dem Deutschen Roten Kreuz oder anderen Anbietern. Vielleicht geht es Ihnen wie Bekannten von uns, die einen Kurs gemacht hatten und eine Woche später einem Mann das Leben retten konnten, der in einem Restaurant fast erstickt wäre.

○ erledigt

# 156

## It's showtime! Spazieren Sie heute im schicken Abendkleid durch die Stadt.

DAS BUSINESS-KOSTÜM ist Ihr Standard-Outfit? Ihnen geht nichts über bequeme Hosen und Pullis? Dann lassen Sie sich von Aschenputtel inspirieren und werden Sie heute zur Diva: Statt in Ihre Alltagskleidung schlüpfen Sie in ein Abendkleid. Fehlen nur noch die passenden Accessoires und Schuhe – am besten noch eine elegante Frisur–, und schon kann es losgehen: Fühlen Sie sich nicht gleich ganz anders? Viel vornehmer und schöner? Auch die Leute werden Sie mit anderen Augen sehen und sich fragen, zu was für einer exklusiven Veranstaltung oder Party Sie wohl unterwegs sind, zu der sie als »Normalsterbliche« wahrscheinlich keinen Zutritt haben.

○ erledigt

# 157 Rot oder weiß, Burgunder oder Bordeaux? Werden Sie zum Weinkenner.

IHRE ERFAHRUNG mit Wein beruht eher auf einem kräftigen Kater als auf Kenntnissen über Rebsorten, Geschmack oder Reife? Und wenn Sie in ein Restaurant gehen, reichen Sie die Weinkarte immer unauffällig weiter, damit keiner merkt, dass Sie nicht so viel Ahnung haben. Keine Angst: Sie müssen kein perfekter Weinkenner sein und mit Fachbegriffen wie »Bukett« und »Depot« um sich werfen. Wenn Sie sich ein paar Grundlagen aneignen, können Sie in Zukunft ohne Probleme einen guten Wein erkennen, ihn im Lokal bestellen oder daheim den Gästen kredenzen. Besuchen Sie doch eine Weinprobe oder ein Weinseminar (Anbieter finden Sie übers Internet). Dort lernen Sie, was Sie schon immer über Geruch, Geschmack und Farbe von Wein wissen wollten, und auch, welcher Wein zu welchem Essen passt.
Oder Sie veranstalten eine Weinprobe bei sich daheim. Laden Sie ein paar Freunde ein. Jeder bringt eine Flasche mit, und zusammen verkosten Sie den Wein. Stellen Sie ein bisschen Weißbrot bereit, holen Sie Ihre Weingläser aus dem Schrank und gießen Sie jeweils ein Drittel ein. Anschließend wird ausgiebig begutachtet, geschwenkt, gerochen, und gekostet. Ist der Wein herb, zieht sich alles in Ihrem Mund zusammen, riecht er eher blumig oder vielleicht nach Kirsche? Sie sind kein Experte und müssen auch keine Fachwörter verwenden, um das Genusserlebnis zu beschreiben. Versuchen Sie einfach, Ihre Eindrücke in eigene Worte zu fassen. Letztlich führen Sie ja kein Weingut, sondern wollen einen Wein finden, der Ihnen schmeckt.

| Wein | Aussehen | Geruch | Geschmack | Schmeckt mir |
|---|---|---|---|---|
| | | | | |
| | | | | |

○ erledigt

# 158

## Tiefkühlpizza und Spaghetti können Sie nicht mehr sehen? Lernen Sie ein neues, spannendes Gericht.

NUDELSAUCEN können Sie in allen Varianten kochen, weil das schnell geht und gut schmeckt? Doch ab und zu muss auch mal Abwechslung in der Küche herrschen! Blättern Sie deshalb heute in Ihren Kochbüchern oder kaufen Sie sich eine Frauenzeitschrift mit Rezepttipps und probieren Sie einmal etwas ganz Neues aus: Vielleicht wagen Sie sich an ein Essen aus dem Fernen Osten oder an den leckeren Braten Ihrer Großmutter? Na, dann ab in die Küche!

○ erledigt

# 159

## Gehen Sie heute ganz bewusst und hetzen Sie sich nicht.

GERADE IN STRESSZEITEN versuchen wir auch noch, besonders fix von A nach B zu kommen. Lassen Sie sich heute nicht hetzen: Machen Sie lieber eine Blitzmeditation im Gehen. Verteilen Sie Ihr Gewicht gleichmäßig auf beide Beine. Richten Sie die Wirbelsäule und das Becken auf – das funktioniert am besten, indem Sie die Knie leicht beugen. Laufen Sie entspannt und zwingen Sie sich, nur auf Ihre Atmung und die Schritte zu achten, damit Ihr Geist zur Ruhe kommt. Wenn möglich, gehen Sie circa zehn Minuten lang, zum Beispiel im Park, auf einer Linie auf und ab oder im Kreis. Zu Hause können Sie sich ein Maßband oder einen bunten Faden auf den Boden legen.

○ erledigt

# 160

# Chatten im Internet ist Ihnen suspekt? Heute versuchen Sie's – Sie werden viele nette Leute kennenlernen.

VIELLEICHT HABEN SIE schon allerlei Schauergeschichten über die Kontaktaufnahme im Internet gehört und schrecken davor zurück. Wahrscheinlicher ist aber, dass Sie eine Bekannte haben, die ihren Partner im Internet kennengelernt hat. Die Zahl der Menschen, die auf diesem Weg Kontakte knüpfen, Beziehungen suchen oder berufliche Netzwerke aufbauen, steigt täglich.
Als Erstes suchen Sie sich einen Chat, dessen Beschreibung oder Thema Sie anspricht – geben Sie »Chat« und ein Wunschthema bei einer Suchmaschine Ihrer Wahl ein. Lassen Sie sich auf keinen Fall Geld für einen Dating-Chat abknöpfen – Chats sind in aller Regel gratis! Wenn Sie den richtigen gefunden haben, brauchen Sie ein Pseudonym. Sie können sich nennen wie Ihre Lieblings-Romanheldin, »Piratenräuberin« oder »KleineBlume« – was immer Ihnen einfällt. Falls Ihr Wunschname schon vergeben ist, hängen Sie einfach das aktuelle Jahr an. (Besser nicht das Geburtsjahr – entweder sind Sie so jung, dass Sie blöd angemacht werden, oder Sie sind im Chat genauso alt wie im »wahren Leben«. Das könnte das Flirten ungemein hemmen!) Übrigens: Eine Frau, die als »geilemaus1989« auftritt, muss sich nicht wundern, wenn sie ständig sexuell belästigt wird!
In manchen Chats dürfen Sie ein Profil oder eine Visitenkarte anlegen und ein Foto hinzufügen. Denken Sie aber an die Anonymität und halten Sie sich zurück! »Fakes«, das heißt Profile mit erfundenen Angaben, sind nicht sehr beliebt, wenn auch gang und gäbe. Bleiben Sie nach der Anmeldung erst einmal im Hintergrund, ohne sich gleich einzubringen. Denn manchmal hält ein Chat nicht, was sein Name verspricht. Schauen Sie genau hin und »hören« Sie den anderen Chattern zu. Viele verwenden eine bestimmte Sprache, die hauptsächlich aus Abkürzungen besteht. Setzen Sie solche Kürzel nicht zu häufig ein, bis Sie ein Gefühl dafür entwickelt haben, wann und wie oft sie auftauchen. Über eine Suchmaschine finden Sie schnell heraus, was ein Kürzel bedeutet. Bei Wikipedia gibt es sogar einen ganzen Artikel – »Liste der Abkürzungen (Netzjargon)« –, der alle gängigen Kürzel mit englischen und deutschen Bedeutungen enthält.
»Regieanweisungen«, die einen guten Chat erst ausmachen, setzen Sie in Sternchen. Nehmen wir mal an, Sie haben sich schon mehrmals mit FischersFritze unterhalten und hatten heute einen miesen Tag. Sie schreiben:
›KleineBlume: Mein Tag war echt mies. :-((
›FischersFritze: *bringt KleinerBlume eine Tasse heißen Kakao mit viel Sahne* »Hier, das hebt die Laune!«
›Kleine Blume: *nimmt den Kakao und genießt den Duft* »Vielen Dank, lieb von Dir.«

○ erledigt

# 161

## Stricken Sie einen Schal und verschenken Sie ihn.

IN LETZTER ZEIT haben es etliche Hollywood-Schauspielerinnen vorgemacht. Bei jedem Foto aus Drehpausen sah man sie mit Stricknadeln hantieren. Denn Stricken entspannt ungemein und ist eine prima Beschäftigung, um ungeplante Wartezeiten zu überbrücken. Wenn Sie schon Strickerfahrung haben, müssen Sie nur noch schöne Wolle und ein Paar Nadeln besorgen, um gleich loszulegen. Strickneulinge können sich im Wollgeschäft oder einer Handarbeitszeitschrift ein bisschen Nachhilfe geben lassen. Die Maschen, die man für einen Schal beherrschen muss, sind aber wirklich einfach zu lernen!

○ erledigt

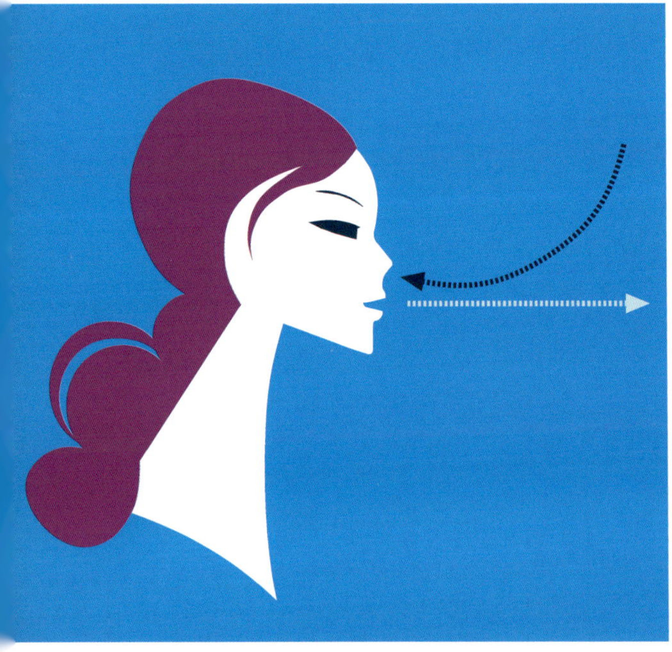

# 162

## Legen Sie bewusst eine kleine Pause ein und achten Sie heute auf Ihre Atmung.

SCHON MORGENS geraten Sie in Hektik und vor jeder Präsentation sind Sie ein Nervenbündel? Dann versuchen Sie heute, Ihre Atmung bewusst zu kontrollieren: Atmen Sie 20-mal ein und aus – und zwar durch die Nase ein und durch den Mund wieder aus. Beim Einatmen zählen Sie bis vier, beim Ausatmen bis acht. Spüren Sie den Unterschied? Bewusstes Atmen beruhigt nämlich den Körper, und außerdem vergessen Sie dabei für einen Moment, dass und warum Sie so aufgeregt sind.

○ erledigt

# 163

# Zurück zur Natur: Sammeln Sie Ihr Essen selbst.

IN LÄNGST VERGANGENEN ZEITEN waren die Menschen Jäger und Sammler. Heute führt Ihr erster Weg zum Supermarkt, wenn Sie Obst, Gemüse oder Kräuter brauchen. Auf der Suche nach frischer, unbehandelter Ware gehen Sie vielleicht auch in den Bioladen. In den Geschäften bekommen Sie alles, was das Herz begehrt, und zwar das ganze Jahr über. Kirschen und Aprikosen im Winter, Bananen im Sommer, Kräuter tiefgekühlt und schon in praktische Häppchen verpackt.

Doch braucht man Erdbeeren wirklich im Januar? Mittlerweile wird viel Obst und Gemüse in irgendwelchen Gewächshäusern gezüchtet oder vom anderen Ende der Welt importiert. Oft schmeckt es nach nichts und wird schnell schlecht. Dennoch wollen wir auch im Winter nicht auf Sommerobst verzichten – leider haben wir verlernt, unsere Ernährung an den Jahreszeiten und den regional erhältlichen Produkten auszurichten. Dabei gibt es bei uns so viel zu entdecken und zu sammeln – nämlich über 1.500 essbare Wildpflanzen! Bärlauch im Frühling, alle möglichen Beeren – denken Sie nur an Brombeeren oder Himbeeren – im Spätsommer und Herbst. Wann waren Sie das letzte Mal Pilze suchen? Bestimmt haben Sie als Kind doch auch Bucheckern probiert oder Sauerampfer genascht. Oder mit Ihren Großeltern nach Thymian Ausschau gehalten und Lindenblütentee gekocht. Das hat damals großen Spaß gemacht und zudem noch lecker geschmeckt.

Beleben Sie diese Tradition doch wieder: Informieren Sie sich darüber, was momentan wächst und gesammelt werden kann. Am besten orientieren Sie sich an einem Naturführer oder nehmen jemanden mit, der sich auskennt – damit nicht aus Versehen ein giftiger Knollenblätterpilz in Ihrem Korb landet. Wenn Sie unsicher sind, können Sie auch ein Seminar über Wildpflanzen besuchen, zum Beispiel an der Volkshochschule. So werden Sie ganz schnell zum Naturkenner.

Ganz wichtig: Waschen Sie gesammelte Beeren, Pilze und alle anderen Nahrungsmittel gründlich oder kochen Sie sie. Auch wenn die Gefahr, sich durch Wildfrüchte einen Fuchsbandwurm zu holen, nicht so groß ist – sicher ist sicher.

○ erledigt

## 164

# Sie sind richtig sauer? Dann lassen Sie heute Ihren Ärger raus.

WIR NEIGEN DAZU, den ganzen Frust in uns hineinzufressen. Die Folge: Magenschmerzen, schlechte Laune oder das Gefühl, dass es die ganze Zeit in uns brodelt. Heute haben Sie die Gelegenheit, Ihren aufgestauten Ärger abzuladen. Egal warum Sie so wütend sind, lassen Sie alles raus! Brüllen Sie herum, bis Sie heiser sind, schmeißen Sie eine Tasse auf den Boden, möglichst so, dass sie in viele Einzelteile zersplittert, oder nehmen Sie sich in Ihrem Fitnessstudio den Boxsack vor. In manchen Städten gibt es auch die Möglichkeit, mit einem Hammer ein Auto zu zerlegen – erkundigen Sie sich danach bei den Schrottplätzen in Ihrer Nähe. Tut doch gut, sich mal so richtig abzureagieren, oder?

○ erledigt

## 165

# Fernsehen mal anders: Heute wird nicht gezappt, sondern Know-how gesammelt.

EINE WEITVERBREITETE ANGEWOHNHEIT: Wer eine Fernbedienung in der Hand hat, springt von einem Sender zum nächsten – immer auf der Suche nach der ultimativen Ablenkung oder um mehrere Sendungen gleichzeitig zu sehen. Dadurch konsumieren Sie viel, aber nichts richtig. Und leider – wenn Sie ehrlich sind – bleiben Sie dann doch bei belanglosem TV-Müll hängen. Nutzen Sie heute das Fernsehen als ein Informationsmedium, das mehr zu bieten hat als nur Talkshows oder Seifenopern: Wählen Sie Wissenssendungen oder Reportagen aus. Ist es nicht viel spannender, sich einen Bericht über ein fremdes Land anzuschauen als immer nur schlechte Laienschauspieler?

○ erledigt

166

## Variieren Sie Ihre fünf liebsten Rezepte einmal ganz neu und radikal anders.

GERADE SCHLICHTEN GERICHTEN wie Kartoffelbrei, Risotto, Gemüseeintopf oder Kürbissuppe lässt sich je nach Zutaten ein ganz anderer Geschmack entlocken. »Übersetzen« Sie Ihr Lieblingsrezept doch einmal in eine andere Landesküche, ohne sich darum zu scheren, ob das Grundprodukt typisch italienisch oder typisch deutsch ist. Welche Gewürze würden den Risotto oder Eintopf französisch schmecken lassen? Vorstellbar wären Thymian, Knoblauch, ein paar Lavendelblüten oder ein Hauch Cognac. Welche Beilagen machen den Sauerbraten asiatisch? Gehen Sie ruhig auch mal in einen türkischen Lebensmittelladen und fragen Sie nach, wie Ihr Lieblingsgericht dort zubereitet würde. In speziellen Kochbüchern oder im Internet finden Sie noch viel mehr inspirierende Ideen.

○ erledigt

167

## In der Stadt lebt jeder für sich? Stellen Sie sich heute jemandem vor, den Sie nicht kennen.

SIE KAUFEN IMMER im selben Laden bei derselben Verkäuferin ein? Sie sehen eine bestimmte Frau jeden Morgen im Bus? Trotzdem ist außer Lächeln und Kopfnicken bisher noch nicht viel passiert. Springen Sie heute über Ihren Schatten und knüpfen Sie Kontakte. Was soll schon passieren? Im besten Fall kommen Sie ins Gespräch, schlimmstenfalls möchte die angesprochene Person nicht mit Ihnen reden. Die meisten Menschen nehmen sich aber gern etwas Zeit für einen netten Smalltalk.

○ erledigt

# 168

## Abrakadabra: Lernen Sie heute einen Zaubertrick.

NICHT ERST SEIT HARRY POTTER sind Zauberer wieder in Mode gekommen. Man denke nur an Houdini, David Copperfield und andere große Magier. Und wer möchte nicht nach jeder Vorstellung unbedingt wissen, wie die Tricks funktionieren? Leider behalten die Zauberer ihre Geheimnisse gerne für sich. Doch welch ein Glück, zumindest einen Trick werden Sie lernen und präsentieren – das ist Ihre Aufgabe für heute. Ob als Show-Einlage für zwischendurch, Ablenkung für die Kleinen oder um Ihre Kollegin ein bisschen zu erfreuen – Sie gehören von nun an nicht mehr zum staunenden Publikum, sondern werden die anderen verzaubern.

Vielleicht haben Sie ja noch ein Zauberkunststück aus Ihrer Kindheit parat. Sie können auch mal in Ihren Kinderspielbüchern nachschauen, ob Sie dort fündig werden. Oder Sie machen es sich ganz leicht und führen einfach den folgenden Zaubertrick auf:

- Suchen Sie sich drei kleine, identisch aussehende Gegenstände zusammen, zum Beispiel Münzen oder Knöpfe. Außerdem benötigen Sie eine kleine Kiste.
- Legen Sie die drei Gegenstände auf den Tisch. Ihr Mitspieler soll sich einen davon aussuchen, sobald Sie den Raum verlassen haben. Er muss ihn wegnehmen – ganz wichtig, nicht einfach nur auf dem Tisch liegen lassen – und so markieren, dass Sie es später auf keinen Fall erkennen können.
- Wenn Sie wieder hineinkommen, werfen Sie die beiden übrig gebliebenen Gegenstände in die Kiste und Ihr Mitspieler legt seinen dazu.
- Dann wird die Kiste samt Inhalt geschüttelt. Und obwohl Sie die geheime Markierung nicht sehen konnten, wissen Sie danach, welchen der Gegenstände Ihr Mitspieler ausgewählt hat. Sie geben ihn weiter, und er schaut nach, ob Sie Recht hatten. Da wird er aber staunen!

Wie geht der Trick? Ganz einfach: Sie brauchen nicht die Markierung zu suchen, sondern prüfen, welcher Gegenstand sich am wärmsten anfühlt. Denjenigen hatte Ihr Mitspieler nämlich in der Hand und hat ihn dabei angewärmt. Na, wenn das nicht magisch ist!

○ erledigt

# 169

## Ist das nicht der Große Bär? Ruft da nicht ein Käuzchen? Schlafen Sie heute unter dem Sternenhimmel.

ZIEHEN SIE GEMEINSAM mit Freunden für eine Nacht samt warmen Schlafsäcken (und gutem Insektenschutzmittel) auf eine Waldlichtung. Wenn Sie eher ängstlicher Natur sind oder diesen Tipp alleine ausprobieren wollen, können Sie auch auf dem heimischen Balkon übernachten – am bequemsten mit Feldbett und kuscheligem Schlafsack. Lassen Sie sich in der Früh von den ersten Sonnenstrahlen und fröhlichem Vogelgesang wecken.

○ erledigt

# 170

## Sie wollen sich weiterentwickeln? Übernehmen Sie eine Aufgabe, die Sie wirklich fordert.

NATÜRLICH HAT JEDER vor Herausforderungen auch Angst: Werde ich es schaffen? Ist das nicht eine Nummer zu groß für mich? Doch niemand kommt weiter, wenn er nicht gelegentlich Grenzen überschreitet, sich ausprobiert und sich dabei etwas zutraut. Zögern Sie daher nicht, sich einer Aufgabe zu stellen, bei der Sie etwas lernen können, sich beweisen müssen oder in Situationen kommen, die neu sind. Nur so werden Sie wachsen und Zufriedenheit spüren, wenn Sie am Ende alles prima geschafft haben.

○ erledigt

# 171

## Organisieren Sie ein Familientreffen.

**AUS KINDERTAGEN** können wir uns noch an Anlässe erinnern, zu denen die gesamte Familie (zumindest eine Seite davon) zusammenkam. Dabei wurden Neuigkeiten ausgetauscht, und jeder konnte sehen, wie die Kinder größer wurden und wer eine neue Freundin oder ein Baby hatte. Spätestens seit wir erwachsen sind und die Generation unserer Großeltern verstorben ist, werden solche großen Familientreffen immer seltener.

Los also, krempeln Sie die Ärmel auf, suchen Sie sich heute ein paar Verbündete – und planen Sie ein großes Familienfest. Die meisten von uns haben zu wenige Geschwister, als dass allein mit der eigenen Familie genug Leute für eine wirklich große Feier zusammenkämen. Lassen Sie daher auch die Generation Ihrer Eltern nicht außen vor – können Sie vielleicht die Familie Ihrer Mutter oder die Ihres Vaters zum Familientreffen einladen?

Achten Sie darauf, dass der Ort für die Feier für alle möglichst zentral gelegen ist. So bleibt auch nicht all die Arbeit an Ihnen hängen. Sicher kennen Sie eine urige Gaststätte, in der es niemanden stört, wenn Kinder herumtoben, und wo die Preise für alle in Ordnung sind.

Wenn es in Ihrer Familie zugeht wie in den meisten, werden Sie sich an diesem Tag und in den Wochen der Vorbereitung als Dompteur und Mediator betätigen müssen, um wirklich alle an einen Tisch zu bekommen. Denn überall gibt es Zündstoff: Da spricht die nicht mit der, weil ihr Sohn mal gesagt hat … Jener Onkel und jene Tante sind jeweils zum zweiten Mal verheiratet – laden Sie nun die Ex-Partner ein, die ja die Eltern der geladenen Kinder sind? Oder die neuen Partner, um Onkel und Tante nicht zu verärgern, selbst wenn Sie dann riskieren, dass Ihre Cousinen und Cousins nicht kommen? Kompromisse lassen sich aber immer finden. Auch hat es sich bewährt, sich gleich zu Anfang die Unterstützung einer älteren Verwandten zu sichern, die sich »ja so sehr« ein solches Fest wünscht. Da begraben selbst die ärgsten Streithähne gerne das Kriegsbeil.

○ erledigt

# 172

## Haben Sie schon lange einen bestimmten Traum? Heute fällt der Startschuss dafür, ihn sich zu erfüllen!

SCHLUMMERN IN IHNEN verborgene Träume und Wünsche? Vielleicht gehen Sie jeden Tag mit einem Seufzen am Reisebüro vorbei, wo immer diese interessanten Reiseangebote für Asien im Schaufenster aushängen. Oder Sie bleiben träumend vor jedem Hochzeitsmodenladen stehen. Möglicherweise haben Sie immer noch ein altes VHS-Programm auf dem Schreibtisch liegen, in dem ein Post-it den Kurs »Malen lernen« markiert. Machen Sie heute endlich den ersten Schritt, um Ihren Traum zu verwirklichen. Buchen Sie die erste Malstunde, lassen Sie sich unverbindlich über eine Reise zu Ihrem Traumziel informieren und probieren Sie Ihr Wunsch-Outfit einfach mal an.

○ erledigt

# 173

## Kaufen Sie eine andere Tageszeitung als sonst.

JEDE ZEITUNG hat einen bestimmten Blick auf Ihre Stadt und die Welt, eine bestimmte Gewichtung der Themen im Blatt und eine bestimmte politische Richtung. Greifen Sie heute zu einer anderen Tageszeitung als gewohnt. Unterscheidet sich der Ton, die Art der Berichterstattung? Es lohnt sich auch, statt des heimischen Käseblättchens mal eine »Frankfurter Allgemeine Zeitung«, die »Frankfurter Rundschau« oder die »Süddeutsche« zu kaufen. Denn nur die großen Tageszeitungen leisten sich noch einen ausführlichen Kultur- und Wirtschaftsteil. Genießen Sie den Ausflug in andere Welten.

○ erledigt

# 174

## Leben Sie sich aus: Setzen Sie Ihre sexuellen Träume in die Realität um!

GELOBT SEIEN »Sex and the City« und das Internet! Beide machen vor, wie man sich unverkrampft über sexuelle Vorlieben und Spielzeug unterhält. Und sie machen Mut, vage erotische Fantasien mit dem eigenen Partner in die Tat umzusetzen. Jeder Mensch hat seine persönlichen erotischen Träume, unterschiedliche Dinge, die ihn anturnen. Es ist sehr spannend, Ihre sexuellen Vorlieben, Ihre geheimen Gedanken und Wünsche mit Ihrem Partner oder alleine auszuleben. Das Internet bietet hier, abseits aller harten Pornografie, gute Gelegenheiten: Über den Onlinebuchhandel können Sie erotische Literatur für Frauen kaufen, ohne um Ihren guten Ruf fürchten zu müssen. Und in Foren, Websites und Chats finden Sie jede Spielart der Erotik und viele Anregungen, selbst mal etwas Neues auszuprobieren. Für den heutigen Abend gibt es hier ein paar Vorschläge von uns:

- Variieren Sie Ort und Beleuchtung: Wenn Sie immer im Bett im Dunkeln Sex haben, ziehen Sie auf den Wohnzimmerteppich um und lassen Sie dort Kerzen oder Lampen alles in ein warmes Licht tauchen.
- Auch das andere Extrem hat seinen Reiz: Machen Sie sich gegenseitig so richtig heiß und löschen Sie dann das Licht. Manche innere Hemmschwelle fällt, wenn alles auf Berührungen und Geräusche reduziert ist.
- Einen ähnlichen Effekt hat das Spiel mit Fesseln und Augenbinden. Dafür können Sie weiche Schals und elastische Stirnbänder zweckentfremden (besser als Tücher, die zu schnell verrutschen und sich eng um die Hände zusammenziehen). Vollkommen ausgeliefert zu sein und trotzdem nur Zärtlichkeit zu erfahren kann eine Beziehung sehr bereichern. Voraussetzung: Sie können Ihrem Partner vertrauen! Auch wenn Ihre Beziehung noch so harmonisch ist: Vereinbaren Sie bei Fessel- und Rollenspielen in jedem Fall ein Signalwort, bei dem das Spiel abgebrochen wird, sobald einem von Ihnen etwas zu intensiv oder unangenehm ist!
- Überlegen Sie sich eine Rolle oder Geschichte, die Sie heute Abend nachspielen. Vielleicht verführt Ihr Partner Sie, während Sie schlafen? Das erlaubt ihm, Sie zu verwöhnen, ohne dass Sie sich einmischen können. Vielleicht sind Sie aber auch eine Haremsdame oder seine Chefin?

○ erledigt

## 175

# Fordern Sie Ihre grauen Zellen und rechnen Sie heute alles im Kopf aus.

SEIT SIE IHREN TASCHENRECHNER in der Schule benutzen durften, greifen Sie nur noch ganz bequem zu diesem Helfer? Schluss damit: Heute werden wieder die Grundrechenarten geübt, technische Hilfsmittel sind nicht erlaubt. Sie müssen Prozente ausrechnen? Dann versuchen Sie es mit dem Dreisatz! Und um Ihre Einkaufsquittung zu überprüfen, brauchen Sie doch wirklich kein anderes Rechengerät als Ihr Gehirn. Einzige Ausnahme: Sie müssen als Controller mit Millionenbeträgen jonglieren.

○ erledigt

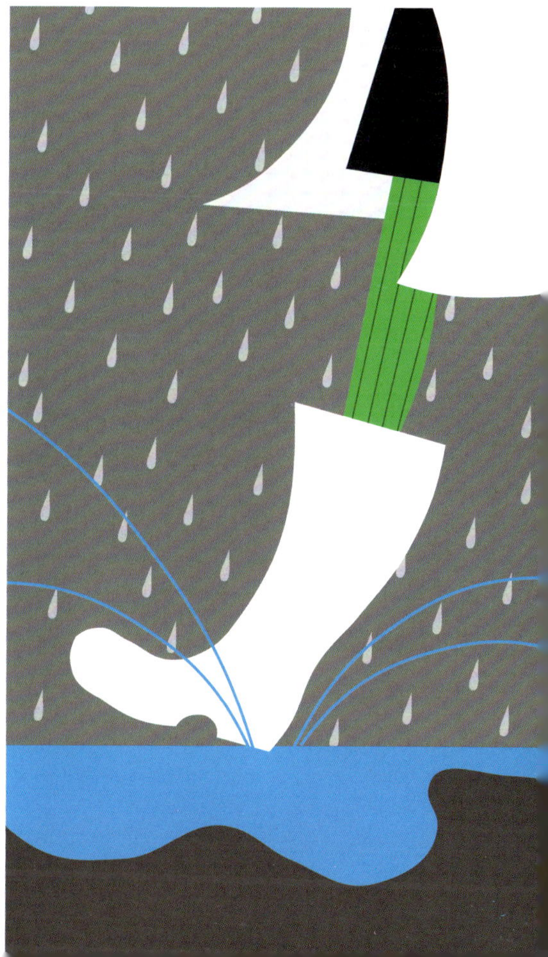

## 176

# Trotzen Sie den Naturgewalten, wenn es kräftig stürmt und regnet.

ALS WIR KLEIN WAREN, übte Matsch eine magische Anziehungskraft auf uns aus. Je stärker die Regengüsse, je größer die Sturzbäche, desto mehr Spaß machte es, darin herumzuplantschen. Jetzt kriegen die meisten von uns beinahe einen Herzinfarkt, wenn sie aus Versehen mit den feinen Büroschuhen in die nächste Pfütze treten.
Werden Sie heute wieder zum Kind und genießen Sie die Elemente: Nehmen Sie sich Ihre Regenjacke, ziehen Sie Schuhe an, die Nässe und Schmutz vertragen, und dann geht's raus ins Sauwetter. Macht es nicht mal wieder richtig Spaß, von einer Pfütze in die nächste zu springen, anstatt vorsichtig drum herum zu tippeln?

○ erledigt

# 177
# Werden Sie über Nacht zur »großen Schwester« und nehmen Sie ein kleines Mädchen an die Hand.

NIEMAND ARBEITET mit solcher Leidenschaft als Tierärztin wie Sie, kann so toll Drachen basteln oder mit Photoshop umgehen? Schlüpfen Sie für eine Woche in die Rolle der großen Schwester eines Mädchens, das Sie beispielsweise aus dem Bekanntenkreis kennen. Bringen Sie Ihrer »kleinen Schwester« in dieser Zeit bei, was Sie können. Sie begleitet Sie auch an den Arbeitsplatz und spricht mit Ihnen über die Schule, ihre Wünsche und ihre Befürchtungen für die Zukunft. Sie werden erstaunt sein, wie viel auch Sie durch diese Treffen lernen und auf welche neuen Ideen Sie kommen werden! Besonders dann, wenn der Kontakt nicht auf diese eine Woche beschränkt bleibt, sondern sich eine Mentorin-Mentee-Beziehung entwickelt.

Aus den USA ist ein professionell betreutes Mentoring-Programm extra für Kinder nun auch nach Deutschland gekommen: »Big Brothers Big Sisters« (BBBS). Der große Bruder beziehungsweise die große Schwester wird den Interessen und Anforderungen des Kindes entsprechend ausgesucht und begleitet es mindestens ein Jahr lang. Neben gemeinsamen Freizeitaktivitäten spielt bei den wöchentlichen oder monatlichen Treffen auch die Förderung des Kindes eine große Rolle – jeder Mentor hilft seiner Schwester oder seinem Bruder, ihr oder sein Potenzial zu verwirklichen.
Kennen Sie nicht auch in Ihrem Bekanntenkreis einen Teenie oder ein kleines Mädchen, das dringend eine große Schwester gebrauchen könnte? Vielleicht droht der erste Liebeskummer, scheint es keine berufliche Perspektive zu geben oder teilen die Eltern weder Hobbys noch Interessen ihres Kindes. Ideen für Aktivitäten finden Sie auf der Website von BBBS. Viele Paten bei BBBS sind übrigens junge Frauen und Männer, die gerade die Universität oder eine Ausbildung abgeschlossen haben – Sie müssen die 40 nicht überschritten haben, um eine spannende Mentorin zu sein!

○ erledigt

## 178

# Sie sind zu kopflastig? Lassen Sie sich heute von Ihrer Intuition leiten.

VOR ALLEM KOPFMENSCHEN ist Intuition doch eher verdächtig. Fakten kann man prüfen und auswählen, bewerten und sortieren, aber das Bauchgefühl? Und trotzdem ist es keine Einbildung, denn Ihr »Bauchhirn« – Millionen Nervenzellen im Bauchraum – ist an Ihren Entscheidungen genauso beteiligt wie Ihr Kopf. Sie müssen nur lernen, auf Ihre Intuition zu hören und die Signale richtig zu deuten! Natürlich ist damit nicht gemeint, dass Sie sich ab jetzt jeder Laune hingeben, die Sie so überkommt. Doch wenn Sie einen Entschluss fassen müssen, bei dem Pro und Kontra gleich gewichtet sind oder bei dem Sie mit reinen Informationen nicht weiterkommen, lassen Sie sich ruhig von Ihrem Bauch beraten. Er weiß oft besser, was Sie wirklich wollen und was gut für Sie ist.

○ erledigt

## 179

# Sie wollen und können sich etwas leisten? Dann kaufen Sie heute ein.

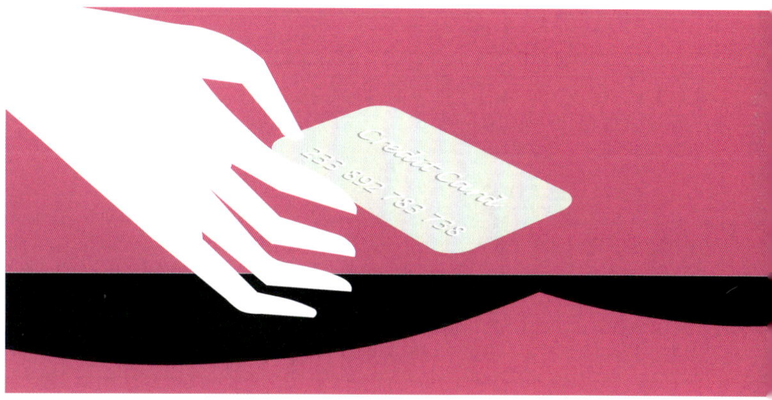


SIE HABEN SCHON LANGE auf ein neues Bett gespart und nun endlich das Geld zusammen? Doch jetzt, da es soweit ist, kommt es Ihnen komisch vor, so viel Geld auf einmal und vor allem für einen Gebrauchsgegenstand auszugeben. Vielleicht könnten Sie das Gesparte auch anders anlegen? Zögern Sie nicht und schaffen Sie sich heute das an, was Sie eigentlich wollten. Es ist ja kein wahlloses Geldausgeben, sondern ein wohlüberlegter Schritt, der offensichtlich nötig ist – denn sonst hätten Sie nicht darauf gespart.

○ erledigt

# 180

## Barfuß laufen entspannt und regt an. Gönnen Sie Ihren Füßen heute die frische Luft – und Ihren Sinnen einen Kick!

WUSSTEN SIE SCHON, dass es in ganz Deutschland mehr als 40 »Barfußparks« gibt? (Adressen finden Sie bequem übers Internet.) Der Eintritt ist meist kostenlos, und die Parks sind als Ausflugsziel für die ganze Familie geeignet. Raus aus den Schuhen und rein ins Tastvergnügen. Sie brauchen keine Angst vor unangenehmen Hinterlassenschaften im Gras zu haben: Hunde haben keinen Zutritt! Mit bloßen Füßen geht es über unterschiedlich präparierte Wege und durch kleine Wasserhindernisse. Als Untergrund werden häufig Rindenmulch, runde Kiesel, Holzbohlen, Lehm und Gras verwendet. Jeder Park bietet zusätzlich neue Überraschungen, besonders für Kinder. Ergänzend steht heute Fußgymnastik auf dem Programm: Versuchen Sie abwechselnd mit dem rechten und dem linken Fuß einen Stift aufzuheben, um ihn dann mit der Hand entgegenzunehmen. Geschafft? Gut, dann knoten Sie jetzt nur mit Ihren Zehen (ohne die Hände zu benutzen) einen Knoten in eine lange Schnur. Wenn Sie auch das gemeistert haben, probieren Sie, mit den Zehen eine kleine Münze vom Boden aufzuheben.

Wozu das Ganze? Fußgymnastik macht müde Füße munter und ist besonders wichtig für Menschen, die den ganzen Tag über viel stehen oder laufen.

○ erledigt

# 181

## Verbringen Sie den heutigen Tag in einer großen Buchhandlung oder einem riesigen Kaufhaus.

EINEN GANZEN TAG in einem einzigen Laden? Probieren Sie es aus! Wählen Sie ein großes Geschäft, in dem Sie gerne sind und dessen Atmosphäre Ihnen angenehm ist. Stöbern Sie nicht nur durch die Waren, sondern nutzen Sie auch die Relax-Angebote – in manchen großen Buchhandlungen gibt es Liegestühle für gemütliche Lesestunden und Cafés, in denen Sie ausgiebig schmökern können. Kaufhäuser wie die Galeries Lafayette oder das KaDeWe bieten Ihnen noch mehr Möglichkeiten, wieder zur Ruhe zu kommen. Nutzen Sie Hörbuch- und CD-Abteilungen, sofern es dort bequeme Stationen zum Probehören gibt. Vielleicht finden Sie auch eine Theke mit asiatischen Köstlichkeiten oder einen Wellnessbereich. Erleben Sie einen Tag lang eine ganz eigene Welt.

○ erledigt

# 182

## Keine Lust mehr auf die alltäglichen Schwindeleien? Gut, dann sagen Sie heute nur die Wahrheit.

JEDEN TAG KOMMEN kleinere und größere (Not-)Lügen über unsere Lippen: »Nein, ich würde schon gern mit dir ins Kino gehen, ich habe nur solche Kopfschmerzen.« Oder: »Das hat ganz toll geschmeckt.« Manchmal lügen wir, um andere nicht zu verletzen, manchmal aus Bequemlichkeit oder Feigheit. Heute gibt es für Sie keinen Grund, die Wahrheit zu verbrämen: Sie sagen, was Sie wirklich denken und meinen. Sie werden staunen, wie oft Sie auf eine kleine Notlüge zurückgreifen wollen. Und wie selten das wirklich notwendig ist, solange Sie Ihr Anliegen höflich und gut begründet vorbringen.

○ erledigt

## 183

## Sie lesen gerne? Leihen Sie heute ein Buch aus und tun Sie etwas für den Fortbestand der Büchereien.

ALLEN BÜRGERN den gleichen Zugang zu Wissensquellen zu ermöglichen, das ist das Credo der deutschen Bibliotheken. Eine teure Angelegenheit für die Träger dieser Einrichtungen, wenn das Sortiment nicht nur aus ollen Kamellen bestehen soll. Und die Kosten für das Personal der Büchereien kommen ja auch noch hinzu. Viele Bibliotheken, besonders die kleineren Stadtteilbüchereien, sind deshalb von der Schließung bedroht. Unterstützen Sie Ihre örtliche Bibliothek und schicken Sie auch Ihre Freunde und Kinder dorthin, um Bücher, CDs und Hörbücher auszuleihen. Je intensiver die Bestände genutzt werden, desto sicherer bleibt die Bücherei erhalten.

○ erledigt

## 184

## Schenken Sie sich oder anderen ein Erlebnis der besonderen Art!

IMMER MEHR AGENTUREN bieten ihre Hilfe bei der Realisierung eines außergewöhnlichen Geschenks an. Nutzen Sie diesen Service auch für sich selbst, falls Sie besondere Träume haben. Dann klappt es endlich mit dem Hundeschlittenfahren, selber Fliegen, der Lama-Trekking-Tour, dem Elefantenwärterkurs in Indien oder anderen ausgefallenen Aktivitäten. Entsprechende Anbieter finden Sie über Internetrecherchen und die Gelben Seiten – ein Preisvergleich und der Blick ins Kleingedruckte lohnen sich immer!

○ erledigt

185

## Trainieren Sie heute Ihr Gedächtnis: Schreiben Sie nichts auf, sondern merken Sie sich alles.

EINKAUFSLISTEN, TO-DO-LISTEN, Terminpläne – wir sind umgeben von Listen. Alles wird notiert, wir brauchen nichts mehr zu behalten und können auch nichts vergessen. Klar, dass dadurch die kleinen grauen Zellen auf Durchzug stellen, sie werden ja nicht mehr gefordert. Damit Sie am Ende nicht Ihre Erinnerungslisten auf dem Küchentisch liegen lassen, tun Sie heute etwas für Ihr Gedächtnis: Am besten verzichten Sie ganz darauf, etwas aufzuschreiben, und prägen sich stattdessen alles ein. Wenn das gar nicht geht, können Sie sich Notizen machen, die Sie aber erst zur Hand nehmen, wenn Ihnen Ihre ToDos partout nicht mehr einfallen! Im Notfall haben Sie also alles parat, machen sich aber ein bisschen unabhängiger von der Checklisten- und Post-it-Kultur – und bringen ganz nebenbei Ihr Gehirn auf Trab.

○ erledigt

186

## Frischen Sie heute einen alten Kontakt wieder auf.

SIE WOLLTEN eine alte Freundin schon lange anrufen oder ihr eine E-Mail schreiben, aber es ist immer etwas dazwischengekommen? Greifen Sie heute endlich zum Telefonhörer und melden Sie sich bei ihr. Keine Scheu wegen der langen Funkstille – meist haben beide Seiten ein schlechtes Gewissen! Irgendwann macht leider keiner mehr den ersten Schritt – aus Angst, der andere könnte arg verstimmt sein. Doch Ihre Bekannte wird sich bestimmt über Ihren Anruf freuen.

○ erledigt

# 187

## Gönnen Sie sich etwas Teures – aber preisgünstig.

MARKEN- UND TEURE ARTIKEL haben oft eine magische Anziehungskraft: »Ach, wenn ich mir das nur leisten könnte!« Nun, Sie sind bestimmt kein Millionär und werden es wahrscheinlich auch in nächster Zeit nicht werden – es sei denn, Sie gewinnen im Lotto. Doch was gut ist, muss nicht unbedingt teuer sein. Betätigen Sie sich heute als Schnäppchenjäger und halten Sie die Augen offen.

- Im Internet gibt es jede Menge Webseiten (zum Beispiel www.geizkragen.de), auf denen Sie sich über Preisvergleiche oder günstige Angebote informieren können. Von kostenlosen Software-Downloads oder freien Internetminuten bis hin zu Warenproben – hier werden Sie bestimmt fündig.
- Kleidung von der Stange? Wie wäre es stattdessen mit einem Maßanzug oder -kostüm? Solche Kleidungsstücke müssen nicht teurer sein als Ihr normales Business-Outfit, sind aber exakt auf Sie zugeschnitten. Suchen Sie im Internet nach »Maßanzug« und »Maßhemden«. Da werden Ihre Kollegen Augen machen!
- Wellness-Reisen können Sie sich nicht leisten? Dann suchen Sie doch mal bei Last-Minute-Anbietern. Vor allem Sport- und Wellnesshotels locken außerhalb der Saison mit preiswerten Erholungspaketen. Sie werden sich wie ein Mitglied der High Society fühlen, aber ohne deren Vermögen auskommen.
- In Outlets werden Qualitätswaren um einige Prozente herabgesetzt. In manchen können Sie auch eine Kundenkarte bekommen, dann wird es für Sie noch billiger. Und nicht nur für Frauen sind Secondhand-Läden, die sich auf Designerkleidung spezialisiert haben, besonders interessant.
- Mieten statt kaufen heißt die Devise! Ob teure Originalkunst oder Markentaschen, für die Sie sonst ein Monatsgehalt hinblättern müssten: Im Internet finden Sie Firmen, die Luxusgüter verleihen.
- Wenn Sie keine Lust haben, sich selbst auf die Schnäppchensuche zu machen, dann schauen Sie nach Büchern, die Orientierung bieten und Adressen vorstellen.

Auf jeden Fall gilt: Wer gut ausgestattet sein will, muss nicht seinen letzten Cent ausgeben.

○ erledigt

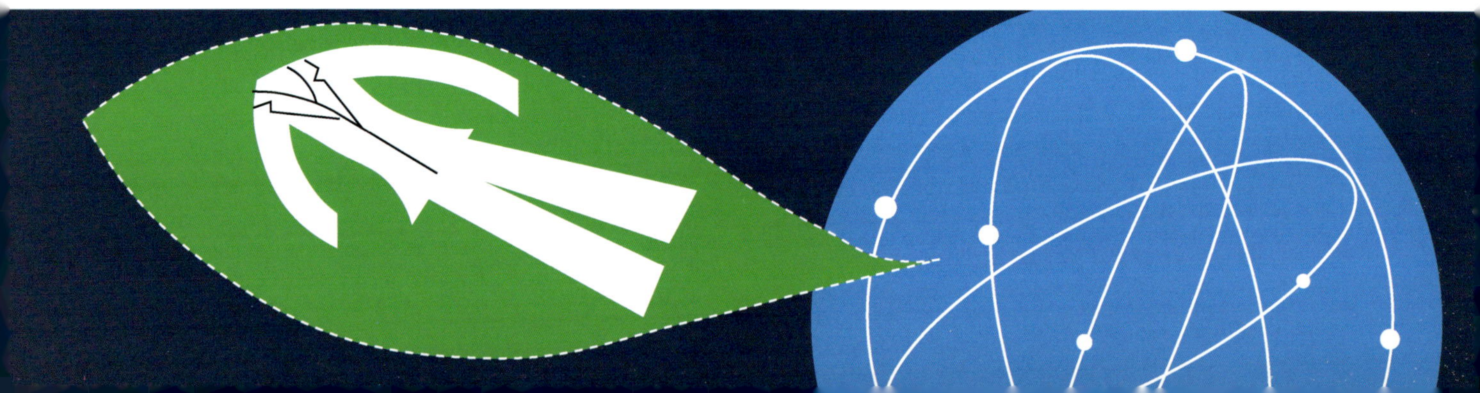

# 188

## Buchen Sie einen Make-up-Termin und lassen Sie sich verwandeln.

SIE KENNEN eine Kosmetikmarke, deren Produkte oder Philosophie Sie schon lange spannend finden? Dann vereinbaren Sie heute einen unverbindlichen Make-up-Termin, um sie kennenzulernen. Erfinden Sie einen Grund für die Verwandlung (Braut-Make-up, Wiedersehen mit dem Ex-Freund, den Sie jetzt wieder bezirzen wollen) und lassen Sie sich von den Vorschlägen überraschen. Fragen Sie ruhig nach kleinen Tipps und Tricks – bestimmt können Sie etwas lernen. Und setzen Sie sich vorher ein Limit, wie viel Sie ausgeben wollen, falls Sie eins der verwendeten Produkte überzeugt.

○ erledigt

# 189

## »Es war einmal vor langer, langer Zeit ...« Werden Sie zum Märchenerzähler.

HABEN SIE ES IN jungen Jahren nicht auch geliebt, Geschichten erzählt oder Märchen vorgelesen zu bekommen? Heute wachsen viele Kinder nur noch mit Computer und Fernseher auf. Dabei können sie sich genauso für einen guten Geschichtenerzähler begeistern!
Erfinden Sie deshalb heute eine Geschichte, die Sie in allen Einzelheiten ausschmücken. Lassen Sie ein Kind, vielleicht das der Nachbarn oder Ihren Neffen, Ihre Erzählung miterleben und eigene Anregungen einbringen, zum Beispiel indem Sie gemeinsam nach einer Lösung für den Helden suchen. Und gehen Sie auch auf Fragen ein, denn sie treiben die Handlung voran – bis zum Happy End.

○ erledigt

## 190

# Leben und lieben Sie schon oder zögern Sie noch? Geben Sie Ihrer neuen Flamme eine Chance.

ES FÄLLT SCHWER, sich neu zu verlieben, wenn einem das Herz gebrochen wurde. Vielleicht haben Sie ja Kinder, und dann ist da noch Ihr Ex ... Doch es gibt auch diesen netten Kerl, dem Sie neulich bei Freunden begegnet sind. Und er verhält sich oft genau so, wie Sie es sich immer gewünscht haben. Sie zögern trotzdem: Wer eine rosarote Brille trägt, lässt sich bekanntlich leicht täuschen. Seien Sie nicht zu vorsichtig und vergleichen Sie »den Neuen« nicht mit Ihren Verflossenen, denn die Vergangenheit kann er nicht ändern. Aber Ihre Zukunft ein wenig fröhlicher und erfüllter machen, das kann er schon – wenn Sie ihn lassen.

○ erledigt

## 191

# Sommer oder Winter – heute laufen Sie Schlittschuh.

FRÜHER WAR IHR BERUFSWUNSCH Prinzessin oder wahlweise Eiskunstläuferin, aber Schlittschuh gelaufen sind Sie schon ewig nicht mehr.
Dann wird es mal wieder Zeit: Holen Sie Ihre Schlittschuhe aus dem Keller und fahren Sie an einen gefrorenen See. Oder leihen Sie sich Schuhe in der Eishalle aus und besuchen Sie dort eine Disko wie zu Teenagerzeiten – das geht auch im Sommer. Alternativ dazu tut es auch eine Rollschuhbahn. Vielleicht regt Sie der Nachmittag dazu an, doch noch mal über Ihre damalige Berufswahl nachzudenken?

○ erledigt

# 192
## Führen Sie Rituale ein.

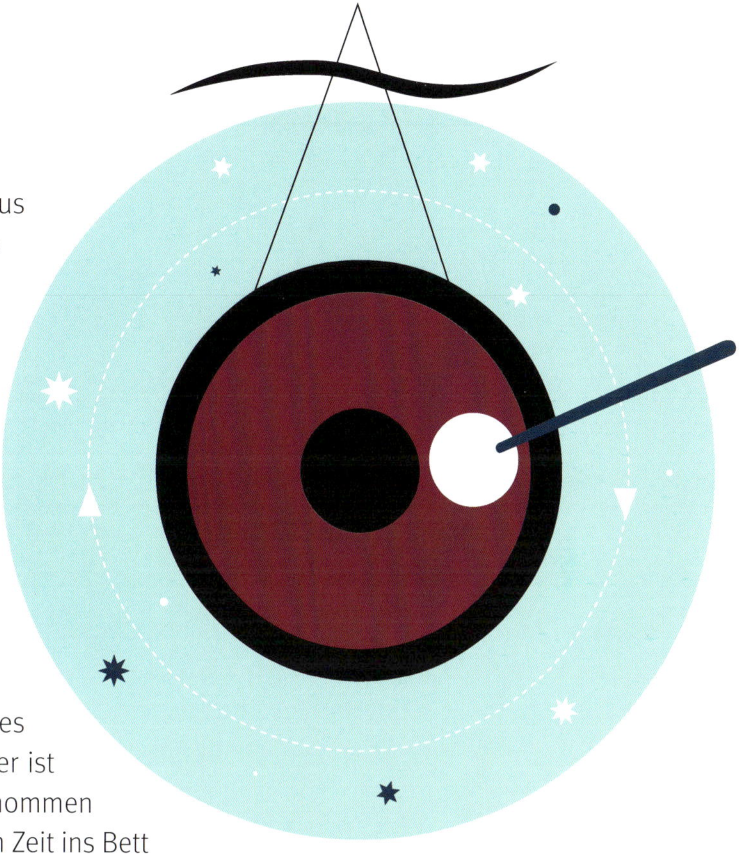

RITUALE KENNEN die meisten von uns nur aus der Religion und als Bezeichnung für lieb gewonnene Abläufe und Handlungen, die jemand partout nicht missen möchte. Aber Alltagsrituale sind mehr als das: Sie strukturieren den Tag und helfen, Ruhe-Inseln zu verankern, sodass wir auch in Stresszeiten eine kurze Auszeit nehmen können. Im Tages-, Wochen- und Jahresablauf bieten Rituale nicht nur Kindern Halt und Sicherheit – daher empfehlen Psychologen auch Erwachsenen, solche festen Gewohnheiten einzuführen.

Wie sieht Ihr normaler Tagesablauf aus? Gibt es ein tägliches oder wöchentliches Muster? Oder ist kein Tag wie der andere? Gehen Sie, ausgenommen am Wochenende, immer ungefähr zur gleichen Zeit ins Bett und essen Sie zu ähnlichen Zeiten? Wie sieht es mit Ihrem Partner und mit Ihren Kindern aus? Aus der Familientherapie ist bekannt, dass familieneigene Rituale den Zusammenhalt fördern und Sinn stiften. Wir denken immer noch gerne an das typische Familienkaffeetrinken am Sonntagnachmittag zurück, das bei uns früher üblich war. Doch jede Familie lebt auf ganz eigene Weise – die Rituale müssen den individuellen Bedürfnissen angepasst und immer wieder hinterfragt werden, damit sie nicht zu sinnentleerter Routine werden, sondern das Wir-Gefühl stärken. Wenn in Ihrer Familie jeden Sonntag der Knatsch groß ist, weil das Mittagessen bei den Schwiegereltern ansteht, ist es dringend Zeit, ein neues Ritual zu schaffen, das alle zufriedenstellt!

Bauen Sie also kleine Rituale in Ihren Tag und Ihre Woche ein: Wie wäre es zum Beispiel mit einem Familienspieleabend einmal in der Woche oder einem täglichen Schlaflied für Ihren Kleinsten? Sie werden bald merken, wie gut Ihnen allen die regelmäßigen Abläufe und wiederkehrenden Ruhe-Inseln tun.

○ erledigt

# 193

## »Diese Klamotten – eine Katastrophe! Dabei könnte sie doch ganz süß aussehen.« Fassen Sie sich mal an die eigene Nase!

SPIEGLEIN, SPIEGLEIN an der Wand, wer ist die am wenigsten Experimentierfreudige im Land? Da müssten jetzt die meisten von uns die Hand heben. Irgendwann in unseren Zwanzigern haben wir einen Stil für uns gefunden, dem wir treu geblieben sind und den wir höchstens abwandeln – für einen neuen Job oder für unsere Rolle als frischgebackene Mutter. Auch unser Umfeld kennt uns nur so. Dass wir jemanden mit einem bestimmten Look abgespeichert haben, fällt uns erst auf, wenn er oder sie etwas ganz anderes trägt. Und wie groß ist dann meist der Aha-Effekt – Schnitte und Farben machen aus einem Entlein einen Schwan. Und leider auch umgekehrt!

Gerade Farben haben eine unglaubliche Wirkung. Experimentieren Sie ein wenig, bis Sie die Farbtöne gefunden haben, die Ihnen am besten stehen. Sie können auch eine Farbberatung in Anspruch nehmen, bei der festgestellt wird, ob Sie eher ein Winter-, Frühlings-, Sommer- oder Herbsttyp sind. Abhängig davon passen zu Ihnen vielleicht eher leuchtende oder Pastelltöne. Ziehen Sie auch einmal Ihre Lieblingsklamotten und -farben an und stellen Sie sich vor den Spiegel. Ganz ehrlich: Nur weil Ihnen als Teenager Schwarz gut stand, heißt das nicht, dass Sie den Rest Ihres Lebens in Dauertrauer verbringen müssen. Und weil in diesem Sommer Neonfarben der letzte Schrei sind, bedeutet das nicht, dass Pink und Ihre helle Haut zusammenpassen. Übrigens: Auch die Struktur der Stoffe ist wichtig. Und rosa Baby-T-Shirts mit Jeansstoff kombiniert weisen bei einer Frau von Mitte 30 auf etwas anderes hin als bei einem »Frischling« an der Uni.

Unser Vorschlag: Investieren Sie in eine Stilberatung, um herauszufinden, was Ihnen am besten steht! Denn wann sonst, wenn nicht heute, wollen Sie anfangen, an Ihrem Selbstbild und Ihrer Ausstrahlung zu arbeiten – wenn Sie pensioniert und die Kinder aus dem Haus sind?

○ erledigt

# 194

## Ein Tag am Meer! Lassen Sie sich den Wind um die Nase wehen und lauschen Sie den Wellen.

»NACH DEM STERNENHIMMEL ist das Größte und Schönste, was Gott erschaffen hat, das Meer«, sagte schon Adalbert Stifter. Deshalb: Verbringen Sie den heutigen Tag am Meer. Mit dem Auto ist es meist in ein paar Stunden zu erreichen – und wartet nur darauf, Sie zu verzaubern und zu entspannen. Wenn das Meer von Ihrem Wohnort aus für einen Kurztrip zu weit entfernt ist, können Sie auch an einen großen See fahren – das hat einen ähnlichen Effekt.

○ erledigt

# 195

## Nicht nur für Vollzeitmütter: Fühlen Sie sich für einen Abend wieder wie ein Single.

NEIN, DIESER TIPP ist keine Anstiftung zum Seitensprung. Es geht vielmehr darum, mal wieder ein bisschen Freiheit zu spüren, um die Häuser zu ziehen und für einen Abend Kinder und Mann sich selbst zu überlassen. Treffen Sie sich mit Ihren Freundinnen und brezeln Sie sich auf. Vielleicht kochen Sie zusammen und beginnen den Abend mit einem Glas Wein – ganz so, wie Sie es früher gemacht haben. Und dann geht's los: Gibt es Ihren Lieblingsclub noch oder möchten Sie eine neue Bar testen? Lassen Sie Ihr jetziges Leben für ein paar Stunden hinter sich – Ihr Partner schafft es bestimmt auch allein, die Kleinen ins Bett zu bringen, während Sie tanzen, lästern und eventuell sogar ein klein wenig flirten. Es tut dem Ego und der Seele gut, mal wieder so einen Abend zu verbringen.

○ erledigt

# 196
# Finden Sie heute das perfekte Weihnachtsgeschenk für einen besonderen Menschen!

WENN ES IHNEN SO GEHT wie vielen Menschen, dann gestaltet sich die Suche nach Weihnachtsgeschenken jedes Jahr hektisch. Oft kommt man kaum zum Nachdenken, weil man die Einkaufstour viel zu lange vor sich hergeschoben hat. Die Zeit drängt, alle Geschäfte sind gerappelt voll – und am Ende nimmt man irgendetwas, das dem Beschenkten hoffentlich gefallen wird … Sorgen Sie dieses Jahr vor und begeben Sie sich auf einen entspannten Shopping-Trip, der nicht mit dem unangenehmen Gefühl endet, nur ein Notgeschenk und vermutlich das Falsche gekauft zu haben. Suchen Sie jetzt – egal welche Jahreszeit wir gerade haben – einen Tag lang nach dem perfekten Weihnachtsgeschenk für einen besonderen Menschen in Ihrem Leben.
Stöbern Sie an ungewöhnlichen Orten. Wie wäre es mit einem Museumsshop? Kleinen Galerien? Mit Kirchenbasaren, wo Handarbeiten feilgeboten werden? Lesen Sie auch in Szenemagazinen nach, welche interessanten kleinen Läden in Ihrer Stadt aufgemacht haben. Vielleicht stoßen Sie auf junge Designer, die Unikate verkaufen? Auch im Internet können Sie nachschauen, wenn Sie normalerweise in Geschäften einkaufen. Und umgekehrt, natürlich.
Fragen Sie Freunde und Kollegen nach Geschenkideen: Lange vor Weihnachten werden sie ganz andere Dinge als die üblichen Verdächtigen (Krawatte, Gutschein, Manschettenknöpfe für ihn; Parfüm, Krimi, Dessous für sie) nennen. Bitten Sie Menschen, die Sie beschenken wollen, Wunschlisten im Internet anzulegen – mit Büchern, Musik oder Kosmetika beispielsweise. Nehmen Sie die Einträge dort als Sprungbrett für eigene Ideen. Und, ganz wichtig, legen Sie eine Liste an, in die Sie gleich notieren, wovon Ihr Partner oder die beste Freundin immer schwärmt.
Wenn Sie ein passendes Präsent gefunden haben, lassen Sie den Tag gemütlich ausklingen: Stellen Sie sich vor, wie Ihr Geschenk ankommen wird, und genießen Sie schon jetzt das Wissen, diesen Advent etwas weniger Stress zu haben!

○ erledigt

## 197

# Suchen Sie sich heute einen jugendlichen Lehrmeister im Kartenspielen.

ACH, DIESE KINDERSPIELE ... Schon mit Mitte 20 belächeln wir, womit sich unsere jüngeren Cousins so leidenschaftlich ihre Zeit vertreiben. Schließlich beschäftigen wir uns schon längst nicht mehr mit so einem »Kinderkram«. Steigen Sie heute von Ihrem hohen Ross und bitten Sie Ihren Sohn oder Neffen, Ihnen die Kartenspiele beizubringen, die er gerne spielt. Egal ob Dragonball, Magic: The Gathering oder Klassiker wie Mau-Mau: Nehmen Sie Ihren jungen Lehrer ernst und strengen Sie sich dabei so richtig an. Wetten, dass es Ihnen Spaß macht?

○ erledigt

## 198

# Kaufen Sie sich heute einen Reiseführer über ein Land, in das Sie schon immer fahren wollten.

WER TRÄUMT NICHT manchmal von Strand und Palmen? Oder sind Sie eher ein Abenteurer und wollen die alte Seidenstraße entlangreisen? Doch aus den unterschiedlichsten Gründen – Angst vor einer Fahrt ins Krisengebiet, Dauerebbe im Geldbeutel oder drei Kinder daheim – haben Sie sich Ihren Traum noch nicht erfüllt. Legen Sie heute den Grundstein und erwerben Sie einen Reiseführer über Ihr Traumziel: Schwelgen Sie ein bisschen in Vorfreude, wenn Sie die Fotos anschauen, und lesen Sie nach, was Sie für Ihre Reise bräuchten. Im Geiste können Sie sogar schon Ihre Reiseroute zusammenstellen. In nicht zu ferner Zukunft ist es sicher soweit, und dann sind Sie gut auf Ihr Vorhaben vorbereitet.

○ erledigt

# 199

## Sie wollen sich verändern? Dann legen Sie heute den Grundstein.

IN IHRER BEZIEHUNG gibt es derzeit Schwierigkeiten? Oder Sie wollen sich beruflich neu orientieren? Kurz: Sie sind einfach unglücklich, so wie es im Moment läuft, haben aber bisher weder Zeit noch Kraft gefunden, um sich damit zu befassen? Wenn Sie das immer weiter vor sich herschieben, wird die Situation vermutlich nicht erträglicher – und Sie nur frustrierter. Deshalb machen Sie lieber heute den ersten Schritt: Überlegen Sie sich konkret, was Sie wann wie ändern wollen und auch realistisch verändern können. Mit einem handfesten Plan vor Augen wird es Ihnen viel leichter fallen, die Umsetzung konsequent in Angriff zu nehmen. Also: Wann, wenn nicht jetzt?

Wo will ich hin? __________

Bis wann kann ich mein Ziel erreichen? __________

Wie kann ich es erreichen? __________

__________

Welche Etappenziele und Zwischenschritte habe ich mir gesetzt? __________

__________

Welche Probleme könnte es geben? __________

__________

Wer könnte mir wie helfen? __________

○ erledigt

# 200
# Tragen Sie bei der Arbeit farbige Kontaktlinsen und gucken Sie, was passiert.

WENN EIN BRAUNÄUGIGER Mensch mit schwarzen Haaren plötzlich mit strahlend blauen Augen daherkommt, ist das ein echter Hingucker. Noch mehr auffallen werden Sie mit Spaß-Linsen (Anbieter finden Sie bei Google unter »farbige Linsen« oder »Fun-Kontaktlinsen«). Wie wäre es mit Katzenaugen, froschgrünen Linsen oder einer Iris mit lila Schimmer? Dollarzeichen in den Augen beim Jahresgespräch könnte allerdings selbst ein toleranter Chef wenig witzig finden ...

○ erledigt

# 201
# Lassen Sie heute die Pedale kreisen: Machen Sie eine Fahrradtour.

VERSTAUBT IHR FAHRRAD zusammen mit den guten Vorsätzen im Keller? Heute gibt es keine Ausreden mehr: Radwanderkarten finden Sie in einem Reiseführer oder im Internet. Sind Sie schon lange nicht mehr geradelt? Dann gehen Sie es lieber langsam an, sonst sind Sie am Abend nicht mehr in der Lage zu laufen, geschweige denn zu sitzen. Nehmen Sie sich eine kleine, aber feine Tour mit netten Zwischenstopps vor und lassen Sie den Tag im Biergarten ausklingen. Am nächsten Wochenende können Sie schon eine längere Fahrt wagen.

○ erledigt

# 202

## Legen Sie »You can leave your hat on« von Joe Cocker auf und entdecken Sie Ihr erotisches Potenzial.

EROTISCHER TANZ, strippen – unwillkürlich entsteht ein Bild vor dem inneren Auge: Männer, die in zwielichtigen Etablissements Geldscheine in die Strings tanzender Girls stecken. Das ist doch nichts für »normale« Frauen, oder?
Meinen Sie wirklich? Oprah Winfrey hat Erotic Dance ganz öffentlich im Fernsehen ausprobiert – und mit ihr Millionen von Amerikanerinnen vor dem Bildschirm. Der Schub fürs Selbstbewusstsein und für die Wahrnehmung des eigenen Körpers ist enorm. Wer sich einmal in einem Kurs oder mit einem Übungsbuch an einen erotischen Tanz gewagt hat, merkt sofort, dass viel mehr dahintersteckt als der Versuch, den Freund oder Mann anzuturnen. »Tone your body, blow your mind«, so fasst Sheila Kelley, die Vorreiterin dieser Bewegung, ihre Erfahrungen zusammen.
Laden Sie sich ein paar sexy Songs aus dem Internet herunter und legen Sie gleich los! In die richtige Stimmung bringen Sie zum Beispiel Klassiker wie »You can leave your hat on« oder auch aktuelle Lieder, deren Rhythmen Sie ansprechen. Suchen Sie etwas aus, das zu Ihrem erotischen Wesen passt. Von wild bis soft, von schnell bis langsam ist alles erlaubt.
Typische erotische Moves, also Tanzbewegungen, werden im Stehen und Gehen, an der Wand und auf dem Boden ausgeführt. Beginnen Sie im Stehen und wiegen Sie Ihre Hüften zur Musik. Lassen Sie alle Bewegungen zu, die die Musik in Ihnen auslöst. Wie wäre es mit den folgenden Vorschlägen?

- Führen Sie die Arme zärtlich am Körper entlang nach oben, als wollten Sie ein T-Shirt über den Kopf ziehen. Streichen Sie auf dem Weg zurück über Ihre Kurven.
- Gleiten Sie im Takt der Musik mit geöffneten Knien an der Wand hinunter und schieben Sie sich langsam wieder aufwärts.
- Pirschen Sie sich auf allen vieren wie eine Wildkatze an und rollen Sie sich dann langsam auf den Rücken. Streicheln Sie dabei Ihren Körper.
- Hocken Sie sich auf den Boden und reiten Sie ein imaginäres Pferd im Takt der Musik.

○ erledigt

# 203

## Damit der Preis wirklich heiß werden kann, nehmen Sie heute an einem Gewinnspiel teil.

SIE TRÄUMEN schon lange vom großen Gewinn? Von einer Urlaubsreise, einem Wellness-Tag oder vielleicht einem neuen Auto? Träumen Sie nur weiter – und wer weiß, vielleicht ist heute Ihr Glückstag: Wenn Ihr Versandhaus oder Ihr E-Mail-Provider ein Gewinnspiel anbietet, lassen Sie die Chance nicht einfach so verstreichen. Machen Sie mit und stellen Sie sich vor, wie Sie den Hauptpreis überreicht bekommen. Denn nur wer mitspielt, kann gewinnen. Aber Vorsicht bei Briefkastenfirmen, Verkaufsveranstaltungen oder dubiosen Anbietern, die Sie nicht kennen!

○ erledigt

# 204

## Der Urlaub steht an – und Sie verreisen nur mit Handgepäck.

JA, SIE HABEN richtig gelesen: nur mit Handgepäck. »Unmöglich! Allein für meine Schuhe brauche ich einen halben Koffer!« Nun, für den Anfang üben Sie am besten mit einem Kurztrip und einem mittelgroßen Rucksack – das lässt sich später noch steigern. Was muss hinein? Zwei bis drei Garnituren Kleidung zum Wechseln, ansonsten gibt es »Rei in der Tube«. Ausweis, Geld, die nötigsten Kosmetikartikel und eine kleine Reiseapotheke. Wenn Sie nicht grad durch den tiefsten Dschungel wandern, können Sie alles, was Sie außerdem brauchen, kaufen. War doch ganz leicht – die Reise und natürlich auch Ihr Gepäck.

○ erledigt

# 205
## Geld allein macht nicht glücklich – aber es hilft weiter. Unterstützen Sie einen Menschen, der Ihre Hilfe braucht.

TIEF IN UNS haben wir oft verborgene Vorurteile: Ist der Bettler dort an der Ecke nicht selbst schuld an seinem Schicksal? Wenn der Saxofonspieler wirklich etwas von Musik verstünde, müsste er doch nicht auf der Straße spielen! Doch diese Vorbehalte sind falsch. Gerade in heutigen Zeiten ist die Armut näher, als Sie glauben, und die Betroffenen sind auf die Hilfe anderer angewiesen. Und auch wenn wir über den Alkoholkonsum der Obdachlosen oft den Kopf schütteln: Wissen Sie, wie Sie reagieren würden, wenn Sie alles verloren hätten? Wären Sie imstande, sich allein wieder aufzurichten? Helfen Sie daher einem Menschen, der es nötig hat – mit einem Euro, etwas zu essen oder dem Schlafsack, den Sie eigentlich in die Altkleidersammlung geben wollten.

○ erledigt

# 206
## Lassen Sie die Seele baumeln und verwöhnen Sie sich mit einem Besuch in der Therme.

ENTSPANNUNG KOMMT bei Ihnen oft zu kurz, aber heute nicht: Wie wäre es, wenn Sie einen türkischen Hamam besuchen und sich mal kräftig durchkneten lassen? Sie können auch den ganzen Tag in einer Therme verbringen. Im warmen Wasser treiben, sich in der Sauna gesund schwitzen oder einen Gang durch die Kneippbecken einlegen – das hört sich doch bestens an! Informieren Sie sich über das Angebot der städtischen Bäder oder schauen Sie ins Internet. So ein ganz entspannter Tag wird Ihnen richtig guttun!

○ erledigt

# 207

## Sind Sie rundum abgesichert? Nein? Dann wird es Zeit, sich über Ihre finanzielle Situation zu informieren.

ES HEISST: »Jede Frau braucht einen exzellenten Steuerberater, eine Anlageberaterin und einen Anwalt.« Viele werden sich so eine Beratung wahrscheinlich nicht leisten können. Dennoch: Verlassen Sie sich bei Finanzen und Co. nicht nur auf Ihren Partner oder Vater. Es wird der Tag kommen, an dem Sie selbst den Überblick haben müssen – schlimmstenfalls bei der Scheidung oder einem Unglück. Aber auch ohne Notfälle ist es für Sie als selbstbewusste Frau sicher kein Problem, alles im Griff zu haben.

- FINANZEN: Unterschreiben Sie niemals (!) ein Dokument, ohne es sich vorher durchzulesen und bei Unklarheiten nachzufragen. Selbst wenn Ihr Mann sagt: »Passt schon, Schatz.« Viele Frauen legen alles, was mit Banken oder Krediten zu tun hat, in die Hände ihrer Ehepartner. Aber sobald Sie unterschreiben, sind Sie mit haftbar. Und ganz ehrlich: Ist es für Sie nicht genauso wichtig zu wissen, was mit dem Geld passiert?
- STEUERN: Sie sind verheiratet? Dann werden Sie vielleicht mit Ihrem Mann zusammen veranlagt. Und auch als Single sollten Sie wissen, wie die Steuererklärung funktioniert: Was können Sie wie absetzen? Welche Rechnungen müssen Sie aufheben? Was wird versteuert? Kaufen Sie sich ein Buch mit Steuertipps oder ein PC-Programm. Auch Steuervereine bieten Hilfe an.
- RECHT: Sie sind nicht mit einem Anwalt befreundet? Wie wäre es dann mit einer Rechtsschutzversicherung? Rechtsstreitigkeiten gibt es häufig, ob bei einem Autounfall, mit dem Vermieter oder im Job. Und das kann teuer werden.
- VERSICHERUNGEN: Wenn Sie Ihren Versicherungsvertreter fragen, empfiehlt er Ihnen wahrscheinlich jede verfügbare Versicherung. Einige davon sind durchaus sinnvoll, zum Beispiel Haftpflicht-, Unfall- und Hausratversicherung. Was sonst für Sie infrage kommt, erfahren Sie von unabhängiger Seite über die Verbraucherzentralen. Lassen Sie sich dort beraten!

○ erledigt

# 208

## Ganz ohne Steine und Mörtel! Dank moderner Software können Sie schon jetzt Ihr Traumhaus bauen.

HABEN SIE SCHON LANGE eine Vorstellung davon, wie Ihr Traumhaus aussehen sollte? Vielleicht kommen Sie der Verwirklichung näher, wenn Sie es vor sich sehen! Besuchen Sie die Websites von Fertighausherstellern. Einige ermöglichen es Ihnen, sich Ihr ganz persönliches Haus zusammenzustellen und anzusehen. Sie können sogar durch ein virtuelles Modell hindurchgehen und es Ihrem Partner und Freunden vorführen. Mit manchen Programmen lassen sich außerdem die voraussichtlichen Kosten abschätzen.

Sie mögen es individueller? Programme, mit denen Sie dreidimensionale Häusermodelle entwerfen können, sind mittlerweile weder teuer noch schwierig zu bedienen. Sie finden derartige Software im Internet unter den Stichwörtern »Traumhaus«, »3D«, »Planer« oder »Architektur«. Einfache PC-Versionen gibt es bereits für unter 20 Euro. Auch Ihren neuen Garten können Sie mit solchen Programmen planen und vorab eine virtuelle Tour unternehmen. Wollen Sie maßgerechte Pläne erstellen, die ein Architekt übernehmen kann, müssen Sie eventuell etwas mehr hinlegen – aber geben Sie zunächst nicht mehr als 100 Euro für den Spaß aus.

Wenn es Ihnen Freude macht, am Computer Gebäude zu entwerfen, dann schauen Sie sich auch einmal virtuelle Welten wie SecondLife oder EVE Online an. Natürlich muss man sich erst einmal in die Programmsprache hineinfinden, doch die Mühe lohnt sich. Denn in diesen Welten können Sie Ihre Kreationen vielen anderen Menschen zeigen und sogar nutzen, indem Sie sie vermieten oder selbst mit Ihrem Avatar, also Ihrem virtuellen Doppelgänger, »bespielen«. Bauen Sie das Hotel, das Sie immer schon sehen wollten, Ihr ganz persönliches mittelalterliches Schloss (vielleicht mit einem Extraturm nur für Schuhregale?) oder ein Café auf einer Wolkenburg ... Ihrer Fantasie sind hier keinerlei Grenzen gesetzt!

○ erledigt

## 209

# Keine Angst vor fremden Orten! Besuchen Sie heute ein Viertel in Ihrer Stadt, das Sie nicht kennen.

VIELLEICHT LEBEN SIE schon seit zehn Jahren in München und haben sich noch nie ins Hasenbergl getraut. Und als alter Westberliner kommen Sie eher selten in die Ostberliner Vorstädte. Die meisten Städte haben Viertel, die man eher nicht aufsucht, wenn man nicht gerade muss. Aber heute überschreiten Sie unsichtbare Grenzen und besuchen eine Gegend, in die Sie normalerweise nie gehen. Bummeln Sie ein bisschen herum, machen Sie es sich auf einer Parkbank bequem oder setzen Sie sich in ein Café. Dort können Sie in Ruhe den Ort und die Menschen betrachten – vielleicht auch Fotos machen. Ist es so, wie Sie es sich vorgestellt haben, oder gab es die Grenzlinie nur in Ihrem Kopf?

○ erledigt

## 210

# Wagen Sie sich in einen Sexshop.

VORBEI DIE ZEITEN, als frau sich mit roten Ohren höchstens an der Seite ihres Freundes in einen Sexshop traute und dann halb erblindete angesichts der furchtbar hässlichen Dinge, die dort präsentiert wurden. Inzwischen gibt es Sexshops nur für Frauen, die geschmackvoll eingerichtet sind und eine exzellente Beratung bieten – zum Beispiel in München (»Ladies First«) und Frankfurt (»Inside her«). Gehen Sie rein und schauen Sie sich das Angebot an: Was würden Sie gern mal ausprobieren, und was lässt Sie auf ganz verruchte Gedanken kommen? Und was finden Sie eher zum Lachen? Ein Trostpflaster für die Leserinnen auf dem Land: Diese Frauen-Erotikläden haben auch Online-Shops …

○ erledigt

# 211
## Gerichte aus aller Welt: Essen Sie sich ab heute durchs Alphabet.

ITALIENISCH, GRIECHISCH und auch chinesisch haben Sie sicher schon probiert. Doch wie sieht es mit marokkanischem oder ungarischem Essen aus? Hand aufs Herz: Sind Sie experimentierfreudig oder essen und kochen Sie eher nach dem Motto »Was der Bauer nicht kennt …«? Na dann wird es Zeit, dass Sie auch mal andere Landesküchen entdecken. Denn von Land zu Land unterscheiden sich Zutaten, Gewürze und Zubereitung. Die einen verwenden viel Fleisch und lieben es eher deftig, bei den anderen steht Gemüse ganz oben auf der Speisekarte. Die dritten verstehen sich gut auf süße Leckereien, und so manches ist derart scharf, dass Ihnen die Luft wegbleibt. Und das alles wollen Sie verpassen? Bestimmt nicht! Lassen Sie sich also auf die vielen unterschiedlichen Rezepte und Geschmacksrichtungen ein.

Ab heute besuchen Sie einmal im Monat ein ausländisches Restaurant oder kochen selbst ein Gericht aus einem anderen Land – und zwar nach dem Alphabet. Beginnen Sie am besten bei A wie ägyptisch und schlemmen Sie sich mindestens einmal durch das komplette ABC: amerikanisch, argentinisch, äthiopisch, australisch, belgisch, bulgarisch, brasilianisch, chilenisch, chinesisch, creolisch, dänisch, dominikanisch, englisch, estnisch, finnisch, französisch, georgisch, griechisch, hawaiianisch, indisch, indonesisch, irisch, israelisch, italienisch, jamaikanisch, japanisch, jordanisch, koreanisch, kubanisch, libanesisch, litauisch, malaysisch, marokkanisch, mexikanisch, niederländisch, norwegisch, omanisch, österreichisch, persisch, polnisch, portugiesisch, rumänisch, russisch, schwedisch, serbisch, spanisch, südafrikanisch, syrisch, thailändisch, tunesisch, türkisch, ukrainisch, ungarisch, venezolanisch, vietnamesisch, walisisch, zypriotisch.
Übrigens: Kalorienzählen ist an solchen Tagen unerwünscht!

○ erledigt

## 212

# Haben Sie schon mal Karaoke gesungen? Nein? Dann wird es Zeit!

**PER GOOGLE** kriegen Sie schnell heraus, wo Sie in Ihrer Stadt mit Ihren Freundinnen heute richtig lossingen können. Zur Not geht es auch vor dem heimischen Fernseher oder Computer – mit einem Karaoke-Programm, den entsprechenden Websites oder auch DVDs mit Karaoke-Funktion. Nur Mut! Schlimmer als Cameron Diaz in »Die Hochzeit meines besten Freundes« können Sie nicht klingen ...

○ erledigt

## 213

# Kaufen Sie sich eine Konzertkarte und informieren Sie sich vor der Aufführung über Stück und Musiker.

**SICH VOR EINEM KONZERT** in die (Aufführungs-)Geschichte des Werks einzulesen macht ein solches Erlebnis erst richtig spannend. Sehr interessant sind Konzert- und Opernführer, die Sie aus der Bibliothek ausleihen können. Informieren Sie sich zudem in Vorabbesprechungen Ihrer Zeitung über das Orchester und den Dirigenten. Wenn Sie oft Konzerte besuchen, wird sich bald ein Häufchen Gleichgesinnter um Sie scharen, oder Sie schließen sich einer solchen Truppe an. Nach der Vorstellung gemeinsam ein Glas trinken zu gehen bietet Gelegenheit, die frischen Eindrücke zu diskutieren. Selbst Zeitgenossen, die man im dritten Satz des Konzertes laut schnarchen hörte, haben dann eine entschiedene Meinung zur Qualität des Orchesters.

○ erledigt

# 214

# Ihnen fehlen die Worte? Keine Bange! Ab heute werden Sie zum Smalltalk-Profi.

MANCHE MENSCHEN haben keine Probleme damit, auf andere zuzugehen, während es anderen schwerfällt. Vielleicht weil sie eher ruhig sind oder weil sie nicht wissen, was sie erzählen könnten. Doch auch wenn Sie nicht gleich zum Alleinunterhalter werden, Smalltalk können Sie trainieren. Denn es ist gar nicht so schwierig, charmant zu plaudern und Kontakte zu knüpfen.

Ohne Übung ist aber noch kein Meister vom Himmel gefallen. Begleiten Sie doch Bekannte auf eine Party, bei der Sie die anwesenden Personen nicht oder kaum kennen. Und versuchen Sie dort mit verschiedenen Leuten ins Gespräch zu kommen. Also dann: Auf gute Unterhaltung!

- Regel Nummer eins beim Smalltalk: Ohren auf und zuhören. Sie werden als guter Gesprächspartner gelten, wenn Sie anderen Raum und Zeit geben, von sich zu erzählen. Streuen Sie ab und zu ein »hm« ein, lächeln Sie und nicken Sie leicht, um Ihre Aufmerksamkeit zu zeigen. Sie wollen die Unterhaltung am Laufen halten? Fragen Sie nach – am besten mit Formulierungen, die mehr als ein Ja oder Nein als Antwort erfordern.
- Themen, mit denen Sie immer richtig liegen: eigentlich alles, worüber Sie sprechen können, ohne rot zu werden und jemand anderen zu diffamieren: Ihr Alltag, Job, Hobbys, Reisen, Kultur, Aktuelles aus den Nachrichten. Oder die Party, auf der Sie gerade sind: Wie gefällt es Ihnen? Ist das Essen nicht lecker und wirkt die Dekoration nicht sehr fantasievoll?
- Themen, die Sie lieber vermeiden sollten: Halten Sie sich bitte mit allen Aussagen rund um Gewicht, Aussehen, Krankheiten und allgemein den menschlichen Körper zurück. Sie möchten sicher weder lästern noch mit pikanten Details aus Ihrem Sexleben auffallen. Genauso riskant ist das Thema Geld in Deutschland. Während zum Beispiel in den USA Erfolg dafür steht, dass es alle schaffen können, weckt er bei uns oft Neid. Lassen Sie auch die Finger von allen Themen, bei denen es um persönliche Ein- und Wertvorstellungen geht und weniger um Fakten: also Religion, Politik oder auch Ethik.

○ erledigt

# 215
## Gehen Sie heute mal ein bisschen Ruhe angeln.

BEIM ANGELN geht es nicht nur ums Fischefangen; die Tätigkeit hat auch etwas Meditatives. Legen Sie daher eine Angelpause ein – mit einer Kinderangel: Nehmen Sie einen Stock, etwa anderthalbmal so lang wie Ihr Arm. Spalten Sie ihn an einem Ende mit einem Messer und ziehen Sie ein langes Stück Schnur oder einen biegsamen Weidenast hindurch. Setzen Sie sich ans Ufer eines Gewässers und hängen Sie Ihre »Angel« ins Wasser. Achtung – jede Bewegung würde die Fische verscheuchen! Stillsitzen und Nichtstun ist also Pflicht: Genießen Sie die tiefe Ruhe, die sich bald in Ihnen ausbreiten wird.

○ erledigt

# 216
## Für Optimisten: Versuchen Sie heute all Ihre Ideen realistisch zu überprüfen.

ES HAT ETWAS FÜR SICH, positiv gestimmt durch die Welt zu gehen, sich nicht von Unwägbarkeiten kleinkriegen zu lassen und wie ein Stehaufmännchen immer wieder auf die Füße zu kommen. Nicht ohne Grund haben Optimisten eine besondere Ausstrahlung. Allerdings gibt es einen Unterschied zwischen optimistisch und unrealistisch, doch leider geht beides durchaus mal Hand in Hand. Sicher ist es von Vorteil, immer wieder einen neuen Weg zu finden – überprüfen Sie aber auch die Ursachen dafür, dass etwas nicht geklappt hat. Vielleicht hat Sie Ihre Grundeinstellung dazu verführt, Fakten zu positiv zu bewerten? Damit das in Zukunft nicht mehr passiert, kontrollieren Sie heute alle Ihre Entscheidungen und Ziele. Sind sie wirklich erreichbar und realistisch? Gut, dann haben Sie allen Grund, optimistisch zu sein!

○ erledigt

# 217

## Freude ist ansteckend. Kaufen Sie eine einzelne Blume und schenken Sie sie einem fremden Menschen.

HAT HEUTE ETWAS richtig gut geklappt, und Sie haben gute Laune? Dann machen Sie einem anderen Menschen – mit einer richtig leuchtenden Rose oder einer Sonnenblume – eine Freude. Suchen Sie jemanden aus, der aussieht, als könnte er eine Aufmunterung gut gebrauchen. Sie werden sehen, das gute Gefühl ist ansteckend. Selbst so eine kleine Geste kann die Sonne an einem grauen Tag aufgehen lassen.

○ erledigt

# 218

## Nehmen Sie heute ein Bad im Mondschein.

IN DEN USA könnten Sie Freunde und Nachbarn anbetteln, dass Sie deren »hot tub« bei Vollmond benutzen dürfen. Bei uns gibt es leider nur wenige Häuser, die auf der Terrasse einen beheizten Whirlpool haben. Sie müssen also improvisieren. Vielleicht scheint der Mond in Ihr Bad? Dann schalten Sie alle Lampen aus und genießen Sie das weiche Licht im warmen Wasser. Wenn Sie mutig sind und die Witterung es zulässt, können Sie mit Freunden in einem See baden gehen. Und auch ohne Wasser kann ein »Bad« im Mondlicht wunderbar sein – laufen Sie draußen herum und erfreuen Sie sich an der romantisch-unheimlichen Stimmung.

○ erledigt

219

# Organisieren Sie ein ganz besonderes Fest zur Hochzeit oder Geburt.

IN DEN USA wird eine Hochzeit oder die Geburt eines Babys vorab unter Frauen gefeiert. Anders als bei uns muss die Braut oder werdende Mutter bei einer »Shower«, wie die Amerikanerinnen solche Feste nennen, nichts tun. Sie wird in ihrem eigenen Heim kulinarisch verwöhnt und mit kleinen Geschenken überschüttet.

Zeigen Sie sich als wahre Freundin und organisieren Sie so ein Event für die Braut oder zukünftige Mama. Stellen Sie mit der zu Feiernden eine Gästeliste zusammen und laden Sie Freundinnen und Kolleginnen ein. Männer müssen leider draußen bleiben, und Kinder sind auch nicht erlaubt, auch nicht bei der »Babyshower«. Schließlich soll es ein feuchtfröhliches Fest werden. Mit ein oder zwei anderen Gästen sorgen Sie für Verköstigung und Dekoration – natürlich beides passend zum Thema gestaltet. Vielleicht gibt es für die Braut sündige kleine Häppchen und Schampus für den letzten Tag in »Freiheit«? Und für die Mutter einen Nachmittagskaffeeklatsch mit kindlich dekorierten Petits Fours?

Jeder Gast bringt ein kleines Geschenk für die Mutter oder Braut mit. Egal ob praktisch oder lustig – gerade die Mischung macht das Auspacken zum Event. Besonders für die Braut bietet sich allerlei neckisches Zubehör fürs Eheleben an – zum Beispiel ein formschöner Vibrator oder aphrodisierende Massageöle. Und wer sagt, dass man Mamas nur mit süßen Babystramplern beglücken kann? Wie wäre es mit einem spannenden Krimi, damit die Zeit bis zur Geburt schneller vorbeigeht? Zusätzlich können alle auch noch für ein größeres Geschenk zusammenlegen, zum Beispiel für eine Wiege oder einen Kindersitz für die werdende Mutter. Und freut sich die Braut eventuell über den Auftritt eines Strippers? Lassen Sie Ihre Fantasie spielen. Übrigens: Gutscheine sind bei einer »Shower« verpönt.

○ erledigt

# 220

## Tun Sie heute mindestens eine Sache, die Sie als Kind gern gemacht haben.

IN DEN 1960er- und 70er-Jahren war oft die Rede vom »inneren Kind«. Auch wenn seitdem viele Witze über die Suche nach dem »inner child« gemacht wurden, ist doch immer noch etwas Wahres dran: Wir pflegen uns und unsere Persönlichkeit, wenn wir mit dem Kind, das in jedem von uns noch steckt, in Kontakt treten. Wie befreiend und gut für die Laune es ist, wieder wie ein Kind zu spielen, zu handeln und herumzualbern, entdecken wir meistens erst, wenn wir eigene Kinder haben oder unsere Neffen und Nichten babysitten.

Darum tun Sie heute etwas, das Ihnen schon als Kind gefallen hat – aus dem Müsli nur die Schokostücke herauspicken, überhaupt ein Müsli nur deshalb kaufen, weil ein tolles Spielzeug unten in der Verpackung liegt, abends unter der Bettdecke mit der Taschenlampe lesen, die Gehwegplatten vor dem Haus bemalen, im Park auf die Klettergerüste steigen, Hinkekästchen hüpfen … Bestimmt fällt Ihnen noch viel mehr ein! Wagen Sie es, Ihrem inneren Kind heute freie Bahn zu lassen, und genießen Sie die kleinen Abenteuer.

Sie trauen sich nicht? Dann fangen Sie langsam an: Besorgen Sie sich zuerst sportliche Schuhe, die etwas aushalten, und eine schrille Kopfbedeckung, die Sie sonst nie tragen würden. Nehmen Sie sich einen MP3-Player oder Discman mit, um sich bei Ihrem Tun von der Musik beflügeln zu lassen – und die allzu ernste Stimme des Erwachsenen in Ihnen zu übertönen.

Erinnern Sie sich: Was haben Sie als Kind gerne gemacht?

____________________

____________________

Was möchten Sie sich heute von Kindern abgucken?

- Im Kaufhaus stundenlang neue Spielekonsolen ausprobieren
- Auf dem Spielplatz herumturnen
- Handy-Streiche spielen

____________________

○ erledigt

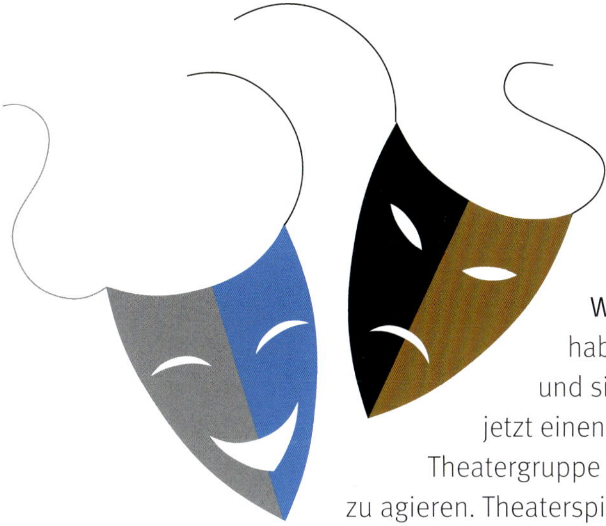

## 221

# Nehmen Sie Schauspielunterricht.

**WOLLTEN SIE NICHT** immer schon mal den jugendlichen Liebhaber oder die komische Alte geben? Auch wenn Sie schüchtern sind und sich nicht trauen, vor anderen Menschen aufzutreten: Machen Sie jetzt einen Schauspielkurs bei der VHS oder schließen Sie sich einer kleinen Theatergruppe in Ihrer Stadt an. Kaum etwas ist so befreiend, wie auf der Bühne zu agieren. Theaterspielen heißt zudem, zusammen mit anderen zu üben, üben, üben – ein Geheimtipp auch für alle Zeitgenossen, die Anschluss suchen.

○ erledigt

## 222

# Fahren oder radeln Sie an einem heißen Sommertag im Morgengrauen an einen See.

**STAUNEN SIE DARÜBER,** wie der Sonnenaufgang das kleine Gewässer verzaubert. Langsam weichen die grauen Schatten. Vereinzelt sind Gräser und Pflanzen zu erkennen, werden angestrahlt vom ersten Sonnenlicht. Das Wasser ist noch ganz klar und kaum in Bewegung. Erste zarte Vogelstimmen sind zu hören und ganz entfernt die Geräusche der Frühaufsteher. Und über allem wölbt sich der Himmel, wie von Caspar David Friedrich gemalt. Solche Momente tragen uns durch den Tag – und wer einmal so etwas erlebt hat, wird immer mal wieder seinen Wecker stellen, um gleich in der Früh an diesen Ort zurückzukehren.

○ erledigt

# 223
## Wo die Liebe hinfällt: Lernen Sie heute in 15 Sprachen »Ich liebe dich« zu sagen.

DIE WELT WIRD IMMER KLEINER. Sie merken das nicht nur im Berufsleben, wenn Sie Ihren Kollegen in der indischen Niederlassung einfach per Mausklick erreichen können. Auch in der Liebe gibt es immer weniger Grenzen: Ihr neuer Freund kommt aus Spanien? Sie haben in Ihrem letzten Urlaub einen unglaublich netten Typen aus Schweden kennengelernt? Dann kommen Sie aber mit einem deutschen »Ich liebe dich« nicht weit. Gewinnen Sie stattdessen das Herz Ihres Liebsten in seiner Muttersprache. Damit Sie für alle zukünftigen Liebschaften gewappnet sind, finden Sie hier die richtigen Worte in 15 Sprachen (bei Sprachen, die keine lateinischen Buchstaben verwenden, haben wir die Wörter so geschrieben, wie sie ausgesprochen werden): Uhibbak (sagt die Frau zum Mann auf Arabisch). I mog di (Bayrisch). Wo ai ni (Chinesisch). I love you (Englisch). Je t'aime (Französisch). Saya cinta padamu (Indonesisch). Ti amo (Italienisch). Volim te (Kroatisch). Amo-te (Portugiesisch). Ja ljubljú tjebjá (Russisch). Jag älskar dig (Schwedisch). Te quiero (Spanisch). Seni seviyorum (Türkisch). Szeretlek (Ungarisch). Ik hou van jou (Niederländisch).

Können Sie noch in einer anderen Sprache Ihre Liebe gestehen? Dann schreiben Sie all Ihre fremdländischen Liebesschwüre auf. Es gibt etwa 6.500 Sprachen auf der Welt – mal sehen, wie weit Sie kommen:

______________________________

______________________________

______________________________

○ erledigt

## 224

# Legen Sie heute einen »Erst-denken-dann-sprechen«-Tag ein.

BESONDERS DIE SCHLAGFERTIGEN unter uns beißen sich im Nachhinein oft auf die Zunge: »Ach, hätte ich doch nichts gesagt!« oder »Oh Gott, was ist mir denn da rausgerutscht? Das ist aber peinlich!«. Zügeln Sie Ihr Temperament beim Sprechen und denken Sie zuerst über das nach, was Sie sagen wollen: Ist es jetzt angebracht? Könnte es jemanden verletzen? Ist es in meinem Interesse und taktisch klug? Halten Sie sich vor allem am Arbeitsplatz zurück, bevor Sie etwas sagen. Zählen Sie lieber langsam bis drei, anstatt mit etwas herauszuplatzen, das Ihnen nachher leidtut. Denn hier wird alles zugunsten oder zuungunsten Ihrer Karriere auf die Goldwaage gelegt, auch wenn Sie es gar nicht bemerken. Dass Sie gerade Zoff mit Ihrem Freund haben und nur daran denken können, rutscht Ihnen vielleicht in der Kantine heraus – Ihr Chef wird das aber nicht (nur) unter dem Stichwort »persönliche Probleme« abspeichern …

○ erledigt

## 225

# Zwei linke Hände? Auf Kriegsfuß mit der Technik? Lernen Sie heute, etwas zu reparieren.

WIR KAUFEN ZEITSCHRIFTEN mit Tipps, wie wir unsere Beziehung pflegen, unser Liebesleben optimieren, unsere Figur in Form bringen. Aber neben all diesen Anleitungen leidet die Praxis etwas, besonders häufig bei Frauen. Können Sie einen Fahrrad-Platten reparieren? Bringen Sie eine defekte Fernbedienung wieder in Gang? Oder wissen Sie, wie ein Loch in der Wand unsichtbar wird? Rufen Sie jemanden aus Ihrem Freundeskreis an, der sich auskennt, und lassen Sie sich zeigen, wie es geht.

○ erledigt

# 226
## Informieren Sie sich heute über die Gesundheitskurse Ihrer Krankenkasse.

FITNESSSTUDIOS SIND NICHT jedermanns Sache. Denn dort laufen lauter durchtrainierte Menschen herum, die einen selbst blass aussehen lassen – und einem den Eindruck vermitteln, dass man sich jetzt wirklich mal anstrengen sollte. Doch wer mag schon allein joggen gehen oder daheim mithilfe von Büchern Übungen lernen? Solche Vorhaben scheitern oft an der Selbstdisziplin. Umso besser ist es doch, dass viele Krankenkassen Kurse anbieten: um ein bisschen in Bewegung zu kommen, die Fitness zu steigern oder ganz konkrete Probleme anzugehen, zum Beispiel Rückenschmerzen. Nebenbei gibt es Ernährungsberatungen oder Anti-Stress-Kurse. Natürlich kostet die Teilnahme etwas, aber die Gebühren sind bezahlbar – und Sie haben gleich einen echten Anreiz: Die meisten Menschen bleiben konsequenter bei einer Sache, wenn sie dafür Geld ausgegeben haben. Außerdem handhaben es viele Krankenkassen so, dass ein Teil des Geldes wieder erstattet wird, wenn ein Kurs regelmäßig besucht wurde.
Also, wonach steht Ihnen der Sinn: Aquafitness, Nordic Walking oder autogenes Training? Informieren Sie sich heute bei Ihrer Krankenkasse – auf der Homepage oder telefonisch – über das Kursprogramm. Haben Sie ein Angebot gefunden, auf das Sie Lust haben? Prima, damit Sie es nicht vergessen und sich rechtzeitig anmelden, notieren Sie gleich alles Wichtige.

Kurse bei der Krankenkasse, die für mich infrage kommen (Termine, Kosten ...):

○ erledigt

# 227

## Lernen Sie heute einen guten Witz auswendig.

SUCHEN SIE SICH heute mindestens einen neuen Witz aus und üben Sie ihn ein – damit Sie nicht die entscheidenden Details erst nach der Pointe erwähnen. Ganz wichtig beim Witze-Erzählen sind Modulation und Mimik: Ein Pokerface lässt Ihre Zuhörer im Unklaren, wann die Pointe kommt. Setzen Sie Ihre Stimme bewusst ein und machen Sie kleine Kunstpausen, um Spannung aufzubauen.
Wer gut Witze erzählen kann, hat schnell Sympathien und Lacher auf seiner Seite. Natürlich ist das nicht in jeder Situation angebracht, aber in einer lockeren Runde können Sie damit prima punkten.

○ erledigt

# 228

## Casino Royale: Roulette, Blackjack oder Bakkarat – heute wird gewagt und gewonnen.

KLAR KENNEN SIE CASINOS – aus dem Kino! Heute mischen Sie sich selbst unter die Schönen und Reichen. Legen Sie vorher einen Höchstbetrag fest und nehmen Sie keine Kredit- oder EC-Karten mit. Auch wenn Sie Ihren Einsatz verloren haben: Mehr gibt's nicht. Schließlich soll es ein schöner Abend werden und kein Desaster. Informieren Sie sich über die Spiele und Regeln auf der Homepage des Casinos. Dann brezeln Sie sich auf – für Männer gilt Jackettpflicht – und lassen sich eine Zeit lang in eine ganz neue Welt entführen.

○ erledigt

# 229

## Ja! Nein! Vielleicht? Treffen Sie heute eine Entscheidung, vor der Sie sich schon lange drücken.

**IN IHREM LEBEN** stehen Sie ständig vor neuen Entscheidungen. Manche können Sie ohne Probleme treffen, bei anderen kommen Sie zu gar keinem Entschluss. Vor allem bei Entscheidungen mit großen Konsequenzen neigen wir dazu, sie vor uns herzuschieben. Kind oder Karriere? Zweite Chance oder Trennung? Zwischen solchen Alternativen zu wählen ist schwierig. Und vor allem sicherheitsbewusste Menschen versuchen so lange Fakten zu sammeln, bis sie ganz sicher sind. Doch eine hundertprozentige Garantie gibt es leider nie. Außerdem bringt die Aufschiebetaktik neue Gefahren mit sich: Vielleicht trifft ein anderer die Entscheidung für Sie, und Sie können nur noch reagieren. Oder Sie bringen sich in die Bredouille, weil plötzlich alles ganz schnell gehen muss. Dann bleibt keine Zeit mehr, die Alternativen gründlich zu prüfen. Deshalb: Zögern Sie nicht länger und entscheiden Sie sich. Der folgende Fünf-Punkte-Plan hilft Ihnen dabei.

- Setzen Sie sich konkrete Ziele, und zwar mit einem festen Zeitplan. Tragen Sie dann alle Informationen zusammen, die Sie für Ihre Entscheidung brauchen. Verzetteln Sie sich dabei aber nicht.

- Legen Sie nun verschiedene Optionen fest und überprüfen Sie sie mit Herz und Verstand. Wobei wird Ihnen angst und bange? Wobei haben Sie ein gutes Gefühl? Und was sagen die Fakten?
- Welche Vor- und Nachteile hat Ihre Entscheidung für Sie? Nur wenn Sie sich alle Konsequenzen vor Augen führen und auch tragen wollen, werden Sie später hinter Ihrem Entschluss stehen.
- Weihen Sie Ihre Mitmenschen in Ihr Vorhaben ein, klären Sie das Pro und Kontra und wer Ihnen wie helfen kann. Nicht jeder wird Sie bei Ihrer Entscheidung unterstützen, doch das ist auch nicht nötig. Letztlich müssen Sie Ihren eigenen Weg finden.
- Gönnen Sie sich nach jeder schwierigen Entscheidung ein wenig Muße und gehen Sie in Gedanken erneut Ihren Entscheidungsprozess durch: Womit sind Sie zufrieden? Was hat noch nicht so gut geklappt? Wenn Sie sich die Schwierigkeiten und Erfolge bewusst machen, haben Sie es beim nächsten Mal leichter.

○ erledigt

## 230

## Es gibt zu wenig Nähe bei uns? Umarmen Sie heute doch mal wildfremde Menschen.

NORMALERWEISE HABEN WIR alle feste Distanzzonen und kommen gerade fremden Menschen nicht zu nah. Heute wird das anders: Sehen Sie die Frau in der U-Bahn, die so traurig ausschaut? Oder einen Menschen, der ganz im Gegenteil glücklich wirkt? Verlassen Sie sich einfach auf Ihr Bauchgefühl: Wer wird sich über eine Berührung von einer Unbekannten freuen? Zögern Sie nicht, sondern gehen Sie hin und fragen Sie einfach nach, ob Ihre Umarmung willkommen ist. Sie werden überrascht sein, wie viele Menschen Ihr Angebot annehmen.

○ erledigt

## 231

## Positives Feedback und ehrliche Begeisterung sind Balsam für die Seele. Machen Sie heute jemandem dieses Geschenk.

HABEN SIE EINE absolute Lieblingsschriftstellerin? Oder einen Blogger, dessen Beiträge Sie regelmäßig lesen? Eine Journalistin, auf deren Kolumne Sie sich immer schon vorab freuen? Melden Sie sich heute bei Ihren Lieblingsautoren. Die meisten haben Homepages mit einer Kontakt-Funktion oder einem Gästebuch. Sie können sich auch an den zuständigen Verlag wenden. Schreiben Sie vielleicht, wie sehr Sie der zuletzt erschienene Roman bewegt hat oder um wie viel besser Sie sich durch den letzten Artikel informiert fühlen. Damit tun Sie Ihre Meinung kund und einem anderen Menschen etwas Gutes.

○ erledigt

# 232

# Beginnen Sie heute damit, Tagebuch zu schreiben.

OSCAR WILDE SAGTE: »Ich reise nie ohne mein Tagebuch. Man sollte im Zug immer etwas Aufregendes zum Lesen dabeihaben.« Treten Sie ab sofort in seine Fußstapfen und beginnen Sie ein Tagebuch. Dafür gibt es verschiedenste Stile – von umgangssprachlich bis hochgeistig – und eine ebenso breite Auswahl an Themen. Manche Menschen bringen täglich die Impressionen der letzten 24 Stunden zu Papier (oder stellen sie ins Blog). Andere halten alle zwei Wochen fest, was sich bei ihnen tut. Je größer der Zeitabstand, umso eher wird das Tagebuchschreiben allerdings vernachlässigt und umso weiter entfernt liegen die Dinge, die wir aufschreiben möchten. Gestalten Sie das Tagebuchschreiben spannend, indem Sie mit verschiedenen Formen spielen. Lesen Sie zur Inspiration Romane in Tagebuchform wie »Working Mum« von Allison Pearson, »Schokolade zum Frühstück. Das Tagebuch der Bridget Jones« von Helen Fielding oder den Jugendbuchklassiker »Das Intimleben des Adrian Mole, 13 ¾ Jahre« von Sue Townsend. Wer die Ereignisse des Tages humoristisch verzerrt festhält, schafft oft die nötige Distanz, um über Pleiten, Pech und Pannen lachen zu können und Kummer nicht in sich hineinzufressen. Wenn das nicht zu Ihnen passt, können Sie Ihr Tagebuch auch wie ein Gesellschaftschronist schreiben und damit Jane Austen Konkurrenz machen (wer mit wem wann und warum).

Eine Form des Schreibens, die sich sowohl für Menschen mit kreativen Berufen eignet als auch für diejenigen, die unter starkem Stress stehen (zum Beispiel frischgebackene Mütter), geht auf Julia Cameron zurück – die Morgenseiten. Setzen Sie sich dazu jeden Morgen mit einer Kladde hin oder an Ihren Computer und schreiben Sie exakt fünf Seiten – ohne zu grübeln, zu hinterfragen, zu zensieren oder den Text thematisch einzuschränken. Sie können als Startpunkt Ihre momentane Lage nehmen – »Der Stuhl ist hart«, »Eva ist endlich eingeschlafen«, »Ich habe so miese Laune, ich könnte …« – oder ein Ereignis aus der Vergangenheit, Ihrer Kindheit, Ihrem letzten Urlaub … Wenn Sie am Computer schreiben, stellen Sie die Seitengröße relativ klein ein, damit die Textmenge der einer Kladdenseite entspricht – Sie werden morgens vermutlich nicht genug Zeit haben, halbe Romane zu tippen. Beim Tagebuchschreiben wird Ihr Kopf frei. Und in ein paar Jahren werden Sie beim Schmökern in Ihren Tagebüchern mit Interesse Ihrem einstigen Ich begegnen.

○ erledigt

# 233

## Ihr Wochenende ist voll mit Aufgaben? Nix da, bleiben Sie heute im Bett!

ES IST SAMSTAG, und eigentlich könnten Sie ausschlafen. Doch wie unter einem inneren Zwang müssen Sie Ihre To-do-Liste abarbeiten: staubsaugen, waschen, einkaufen ... Gerade Perfektionisten fällt es schwer abzuschalten. Sie geben in der Arbeit 200 Prozent und machen in der Freizeit so weiter. Aber irgendwann sind sie ausgebrannt. Wenn Sie Ihr Tempo im Job nicht drosseln können, schaffen Sie sich einen Ausgleich daheim. Das Bad muss nicht jede Woche picobello geschrubbt werden, und einkaufen können Sie noch abends um halb acht. Lassen Sie einfach mal fünf gerade sein.

○ erledigt

# 234

## Heute wird keine Zigarette geraucht. Keine einzige!

EINEN TAG LANG nicht rauchen? Kein Problem! Den meisten Rauchern fällt der Einstieg in den Entzug leicht. Doch wir hoffen natürlich, dass dieser eine Tag Sie dazu bewegen kann, auch länger durchzuhalten. Wählen Sie deshalb eine erfolgversprechende Kombination: Zunächst lindern Nikotinpflaster (vor allem bei starken Rauchern) oder Nikotinkaugummis (eher für Gewohnheits- und Gelegenheitsraucher) die körperlichen Entzugserscheinungen. Ist der körperliche Entzug überwunden, sollte psychologische Unterstützung folgen (Beratung, Selbsthilfebücher oder -gruppen), damit sich auch die psychische Abhängigkeit löst. Übrigens: Wenn Sie Nichtraucher sind, haben Sie die Aufgabe, einen Raucher dazu zu bekehren, wenigstens heute keine einzige Zigarette zu rauchen.

○ erledigt

# 235

## Tun Sie etwas für die Kultur – und für sich. Buchen Sie ein Schnupper-Abo fürs Theater.

BESTIMMT BIETET das Schauspielhaus in Ihrer Heimat oder der nächstgrößeren Stadt ein Schnupper-Abonnement an. Da die Theater deutschlandweit über einen Mangel an regelmäßigen Besuchern klagen, haben viele interessante Konzepte entwickelt, um wieder mehr Zuschauer in die Vorstellungen zu locken. Reguläre Abos kosten je nach Wohnort und Preisgruppe des Sitzes circa 25 bis 180 Euro für eine Spielzeit. So viel müssen Sie zunächst nicht ausgeben, denn Schnupper-Abos umfassen oft nur einige Termine, die Sie meist frei auswählen können. Von der Bollywood-Gala bis hin zu spannenden Stücken junger amerikanischer Autoren haben die deutschen Bühnen einiges zu bieten.

○ erledigt

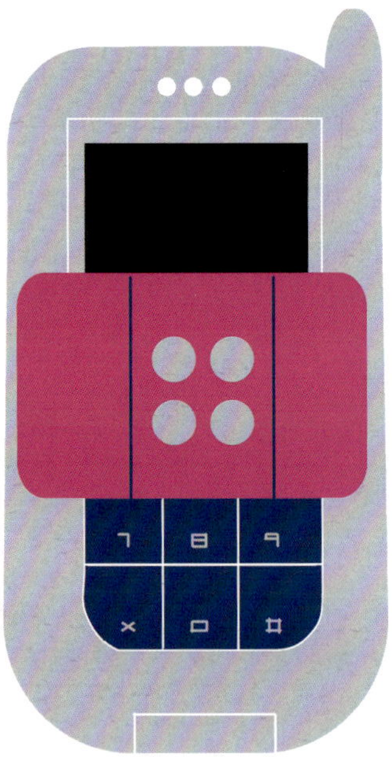

# 236

## Erscheint Ihnen ein Leben ohne Handy unvorstellbar? Dann schalten Sie es einen Tag lang aus.

»RUF MICH DOCH in zehn Minuten auf dem Handy an. Dann kann ich sprechen ...« Was täten wir nur ohne Handy? Ohne SMS und das Gefühl, immer überall erreichbar zu sein? Heutzutage ist das kaum noch vorstellbar. Doch nicht für Sie! Denn heute stellen Sie sich ein handyfreies Leben nicht nur vor, nein, es wird Wirklichkeit.

Lassen Sie Ihr Handy aus, am besten gleich zu Hause. Ihre Verabredungen müssen Sie rechtzeitig treffen, Pünktlichkeit empfiehlt sich, und Nachrichten werden mündlich überliefert. Ganz schön schwer, oder? Aber auch gut zu wissen, dass Sie immer noch mit der alten Methode zurechtkommen.

○ erledigt

# 237

## Sie träumen davon, im Urlaub etwas Neues zu lernen? Legen Sie heute den Grundstein.

GEHEN SIE in ein Reisebüro oder ins Internet und suchen Sie nach Informationen über den Kochkurs in der Toskana, die Weinproben in Frankreich oder den Reiturlaub in Irland. Denken Sie dabei ruhig an ungewöhnliche Ziele und Kursthemen! Denn neben Klassikern wie der Studienreise nach Rom oder dem Malkurs auf Kreta gibt es noch viel mehr zu entdecken. Wenn Sie Single sind, vergessen Sie dabei nicht den Flirt-Faktor! Bei Ausgrabungen in Israel oder einem Schlittenhundetraining in Skandinavien lernen Sie eher einen interessanten Partner kennen als beim Frauen-Yoga-Kurs auf Sylt …

Welche Länder würden Sie interessieren?

Welche Themen oder Kurse finden Sie spannend?

- Malen
- Reiten
- Klettern
- Ausgefallene Sportarten (welche?)

○ erledigt

# 238

## Überschreiten Sie Grenzen: Chatten Sie im Internet und lernen Sie jemanden im Ausland kennen.

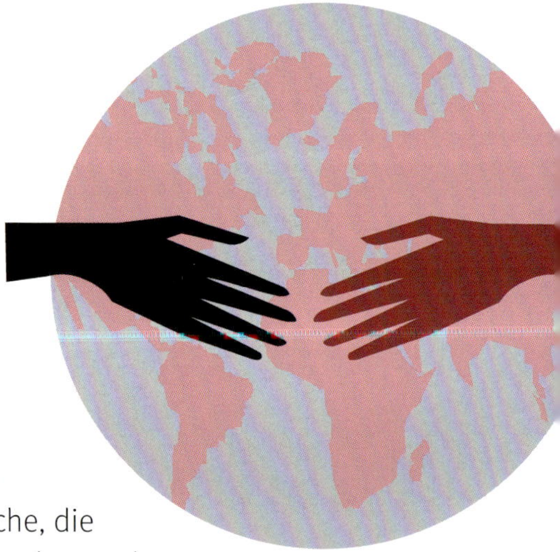

IN VIRTUELLEN WELTEN wie SecondLife treffen Sie Menschen aus aller Herren Länder. Wählen Sie eine Figur (Avatar) aus und gehen Sie an einen Platz, an dem sich viele Chatter tummeln. Hier schreiben Sie in einer Sprache, die Sie passabel beherrschen: »Gibt es jemanden, der ... spricht?« Sie kommen aber auch mit Englisch – der Universalsprache im Internet – gut zurecht. Wenn Sie einen konventionellen Chat suchen, geben Sie auf der Google- oder Yahoo-Seite des entsprechenden Landes »Chat« ein. Bereiten Sie sich in beiden Fällen auf ein wenig Smalltalk vor, damit Sie Themen haben, über die Sie chatten können!

○ erledigt

# 239

## Sie schieben immer alles vor sich her? Bringen Sie eines Ihrer Vorhaben ins Rollen.

EINIGE ANGELEGENHEITEN müssten wir eigentlich in Angriff nehmen, da sie für uns wichtig sind. Doch weil das Aufwand bedeutet, flüstert uns der innere Schweinehund täglich einen neuen Grund ein, warum wir noch warten sollten: »Ach was, du hast heute schon so viel vor, lass doch den Sprachkurs sausen ...« oder »Du willst doch nicht wirklich bei diesem Sauwetter mit dem Joggen anfangen?«. Schlagen Sie dem Faulpelz ein Schnippchen und tun Sie genau das, was ihm nicht gefällt – er wird sich dran gewöhnen. Gehen Sie dabei in Etappen vor und holen Sie sich Unterstützung.

○ erledigt

240

## Lassen Sie das Kind in sich gewähren und vertiefen Sie sich einen Nachmittag lang in Comics.

SPÄTESTENS SEIT die japanischen Manga-Comics auch in Deutschland Kultstatus erreicht haben, kann man sich als erwachsene Frau in einen Comic-Buchladen oder die Comic-Abteilung einer Buchhandlung wagen, ohne sich komisch vorzukommen. Schmökern Sie sich also heute durch das Angebot. Alles ist erlaubt – von Kult bis Trash. Und vielleicht entdecken Sie ja jenseits von »Tim und Struppi« die Domäne der heutigen Mädchen für sich: So gibt es spezielle Manga für Mädchen, genannt Shōjo (japanisch) oder Sunjeong (koreanisch), darunter zum Beispiel »Sailor Moon«. Sicher ist das Geschmackssache, aber Probieren geht ja bekanntlich über Studieren!

○ erledigt

241

## Jede Frau geht anders, besonders wenn sie Highheels trägt. Finden Sie Ihren eigenen Rhythmus.

AUCH WENN SIE EIN FAN von Gesundheitsschuhen sind, haben Sie diesen persönlichen »Beat«. Sie nehmen ihn nur weniger deutlich wahr, da jeder in flachen Schuhen ungewollt mehr schlurft. Wenn Sie normalerweise zur Manolo-Blahnik-Fraktion gehören, werden Sie heute mit einem Paar Turnschuhen zum Flach- und Leisetreter. Und wenn für Sie sonst jede Absatzhöhe über einen Zentimeter den Beigeschmack von Vamp oder Luder hat, tragen Sie heute das Paar mit den höchsten Absätzen, das in Ihrem Schuhschrank steht. Findet sich keins, besorgen Sie sich eines. Wie verändert sich Ihre Sicht auf die Welt? Reagieren die Menschen anders auf Sie?

○ erledigt

## 242
## Testen Sie Ihren Marktwert und lassen Sie sich auf einen Drink einladen.

WENN MAN NICHT GERADE frisch verliebt ist, sind Komplimente eher spärlich gesät. Aber woher soll eine Frau dann wissen, dass sie noch gut ankommt? Gutes Zureden vor dem Spiegel hilft da auch nicht immer weiter.

Machen Sie daher heute die Probe aufs Exempel: Gehen Sie aus und bringen Sie mindestens einen Mann dazu, Ihnen einen Drink zu spendieren. Flirten Sie ein bisschen oder rücken Sie gleich mit der Wahrheit raus: »Hört sich jetzt verrückt an, aber da gibt es dieses Buch …« Wer weiß, vielleicht werden auch zwei Drinks daraus.

○ erledigt

## 243
## Mit Sinn für Schönheit: Kaufen Sie heute etwas, das Sie nicht brauchen.

SIE BENÖTIGEN DRINGEND neue Socken? Eine Thermoskanne oder ein Bügeleisen? Tja, das ist alles sehr praktisch, aber großen Spaß macht so ein Kauf nicht – außer natürlich, Sie sind eine begeisterte Hemdenbüglerin. Leisten Sie sich heute etwas, nicht weil Sie es brauchen, sondern einfach nur, weil es schön ist und Ihnen gefällt. Es muss ja keine große Anschaffung sein, die Sie in finanzielle Schwierigkeiten bringt. Aber vielleicht finden Sie eine Vase für Ihre Wohnung oder Modeschmuck, der gut zu Ihrem Sommerkleid passt. Sie entdecken bestimmt etwas, das allein dazu da ist, Ihnen Freude zu bereiten.

○ erledigt

244

# Retten Sie Leben und füllen Sie einen Organspendeausweis aus.

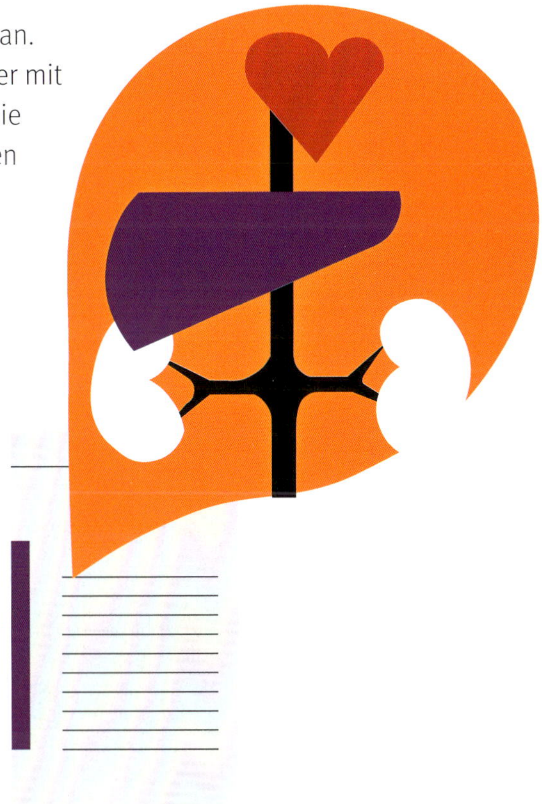

12.000 MENSCHEN WARTEN in Deutschland auf ein Spenderorgan. Manche könnten mit einer neuen Augenhornhaut wieder sehen oder mit einer neuen Niere ein Leben ohne Dialyse führen. Bei anderen ist die Organspende eine Frage von Leben oder Tod. Viele dieser Menschen warten vergeblich, denn nur wenige Deutsche tragen bisher einen ausgefüllten Organspendeausweis bei sich. Zu unangenehm ist es, sich mit dem eigenen Tod und der Frage zu beschäftigen, was danach mit unseren Organen geschehen soll.

Dabei wäre ein solcher Ausweis nur der logische nächste Schritt – nach einer Studie der Bundeszentrale für gesundheitliche Aufklärung (BZgA) sind über 70 Prozent aller Deutschen prinzipiell bereit, ihre Organe zu spenden. Ohne Zustimmung des Betreffenden dürfen diese jedoch nicht entnommen werden.

Lässt sich kein Organspendeausweis finden, müssen die Angehörigen über eine Organentnahme entscheiden. Und das, wenn sie unter Schock stehen und trauern! Ersparen Sie Ihrer Familie diese Situation und dokumentieren Sie heute Ihren Willen in einem Ausweis. Sie können darin übrigens auch festhalten, dass Sie keine Organe spenden wollen – so oder so machen Sie es Ihren Angehörigen leichter, wenn Sie schriftlich festhalten, was Sie wollen.

Als Spender kommt theoretisch jeder infrage. Das kalendarische Alter oder Erkrankungen spielen keine Rolle – was zählt, ist der Gesundheitszustand einzelner Organe. So kann eine 70-jährige Frau durch die Spende ihrer Niere oder ihrer Gehörknöchelchen auch einem wesentlich jüngeren Menschen helfen. Informationen erhalten Sie zum Beispiel bei Ihrer Krankenkasse, der BZgA oder über das gebührenfreie Infotelefon Organspende (0800 9040400).

○ erledigt

## 245
# Let the sunshine in ... Sorgen Sie für reichlich Licht!

SCHUMMRIGES LICHT mag ja wirklich romantisch sein und stimmungsvoll beim Kuscheln. Beim Schreiben, Lesen, Arbeiten, Fernsehen oder Essen verdirbt es aber auf Dauer unsere Augen – und unsere gute Laune. Sorgen Sie in der Wohnung daher für reichlich Licht. Tauschen Sie zumindest in Ihrem Arbeitszimmer alle Birnen gegen Tageslichtleuchten aus. Das sorgt für eine ausgeglichene Gemütslage und beugt depressiven Stimmungen vor – besonders wenn Sie an arbeitsreichen Tagen kaum einen Fuß vor die Tür setzen.

○ erledigt

## 246
# Lernen Sie von den Besten und ahmen Sie heute einen vorbildlichen Menschen nach.

SIE WOLLTEN SCHON IMMER so offenherzig sein wie Ihre beste Freundin? Oder haben Sie sich eine Schauspielerin, einen Lehrer, eine Tante als Vorbild ausgesucht? Überlegen Sie sich genau, was Ihnen an Ihrem Idol gefällt, zum Beispiel bestimmte Eigenschaften oder der souveräne Auftritt. Meistens bewundern wir an anderen das, was wir an uns selbst vermissen. Was möchten Sie sich gern abschauen und einen Tag lang (oder auch länger) ausprobieren? Es geht nicht darum, Ihre Persönlichkeit zu verleugnen oder zu versuchen, einen anderen Menschen komplett zu imitieren. Aber vielleicht hat Ihr Vorbild einen Tipp für Sie parat, den Sie sich zu Herzen nehmen können. Fragen Sie ruhig nach!

○ erledigt

## 247

# Als echter Krimifan lösen Sie heute selbst einen aufregenden Fall.

SIE VERSCHLINGEN REIHENWEISE BÜCHER von Henning Mankell oder Agatha Christie? Im Fernsehen verpassen Sie keine Folge der diversen CSI-Staffeln? Dann werden Sie heute zum Special Agent: Nehmen Sie an einem spannenden Essen (www.krimidinner.de) teil oder organisieren Sie selbst eine Krimiparty (www.krimitotal.de). Von der adligen Familie bis zur mörderischen Premierenfeier – Sie können in ganz verschiedenen Welten ermitteln. Miit Ihnen als Detektiv hat das Verbrechen keine Chance!

○ erledigt

## 248

# Bequemlichkeit siegt? Das gilt heute nicht, denn Sie machen sich für sich selbst schön.

KLAR IST ES PRAKTISCH, daheim in Jogginghose und ausgeleiertem Pulli herumzulaufen. Mit den Kindern wird sowieso gleich wieder alles dreckig, und beim Abspülen gewinnt man keinen Schönheitspreis. Und doch: Geht dabei nicht auch ein wenig die Achtung vor uns selbst und unserer Arbeit verloren? Letztendlich ist Kleidung nicht nur dazu da, uns zu verhüllen. Sie drückt immer auch aus, wer wir sind und sein möchten. Sind Sie eine Person im ewig gleichen Schlabberlook oder eine selbstbewusste Mutter? Kaufen Sie bewusst ein: Es gibt auch praktische Kleidung, die etwas hermacht.

○ erledigt

# 249

# Werden Sie zum Geschichtensammler. Befragen Sie heute Ihre Familie und hören Sie aufmerksam zu.

IN KULTUREN, deren Geschichte nur mündlich überliefert wird (zum Beispiel in Afrika oder auch bei vielen Indianerstämmen in den USA), drohen die Erzählungen und Traditionen zu verschwinden. Denn kaum jemand gibt noch die alten Geschichten weiter. Deshalb bemühen sich Menschen, die bei Freiwilligen-Projekten mitmachen, Geschichten zu sammeln und zu archivieren. Sie ziehen durch die Lande und nehmen mit einem Diktiergerät alles auf, was sie zu hören bekommen. Selbst in Deutschland wird versucht, die Erzählkultur wieder zu stärken (zum Beispiel bei www.stiftung-erzaehlen.eu).

Werden auch Sie zum Hüter der Vergangenheit und machen Sie sich ab heute auf Spurensuche in Ihrer Familie! Dabei geht es nicht um Ahnenforschung, sondern darum, die ganz eigenen Geschichten – Tragödien genauso wie witzige Anekdoten – aufzuspüren, die Ihre Familie unverwechselbar machen. Besuchen Sie Ihre Oma, sprechen Sie Ihren Großonkel an. Die meisten Menschen erinnern sich gern an alte Zeiten und lieben es, davon zu erzählen. Gemeinsam können Sie Vergangenes wieder aufleben lassen und dafür sorgen, dass nicht alles in Vergessenheit gerät.

Stellen Sie die folgenden Fragen, um das Eis zu brechen. Bestimmt fallen Ihnen noch mehr ein – je nach Situation.

- Wie hat die betreffende Person ihr Leben empfunden?
- Wen hat die Person gekannt?
- Welche Zeiten hat sie miterlebt?
- Gab es besondere Ereignisse?
- Woran erinnert sie sich gern zurück?
- Was würde sie lieber vergessen?
- Was würde sie gern noch mal erleben?
- Welche witzigen Anekdoten kennt sie?

Sie werden staunen, welche Geschichten Sie entdecken.

○ erledigt

# 250

## Wenn wir unsere glücklichsten Momente irgendwie einfangen könnten ... Tun Sie genau das!

SIE HABEN IHREN TRAUMJOB bekommen, Ihr Hund hat Ihnen endlich zum ersten Mal aufs Wort gehorcht oder Sie hatten ein wunderbares Date heute Abend? Dann greifen Sie zur Kamera – und fotografieren Sie sich selbst.

Ja, Sie haben richtig gelesen: nicht das Firmenschild, nicht den Hund und nicht den neuen Freund, sondern Ihr eigenes glückliches Gesicht sollte auf dem Foto zu sehen sein. Sie werden merken: Ihre Augen strahlen, die Mundwinkeln zeigen steil nach oben, und es liegt ein Zauber auf Ihren Zügen.

○ erledigt

# 251

## Finden Sie heute heraus, woher der Name Ihrer Straße kommt.

GRIEGSTRASSE, LAVENDELWEG oder Maximiliansplatz: Egal wohin es sie verschlagen hat, die wenigsten Menschen machen sich Gedanken über den Namen der Straße, in der sie wohnen. Vielleicht leben Sie in einem Viertel, dessen Straßen nur Blumennamen schmücken. Oder die Straße wurde nach einem bedeutenden Zeitgenossen benannt – etwa einem Komponisten oder König.

Fragen Sie doch im Rathaus vor Ort nach, wie Ihre Straße zu ihrem Namen kam. Sie können sich auch im Internet informieren: Was hat den Namenspatron ausgezeichnet, was hat er erreicht, geleistet oder erfunden? So werden Sie gleich ein bisschen schlauer und können beim nächsten Kaffeeklatsch mit Ihrem Wissen auftrumpfen. Und wer weiß: Vielleicht bieten das Leben und das Wirken des Namensgebers schöne Anregungen für Sie und Ihr eigenes Leben in dieser Straße?

○ erledigt

# 252

# Wo sind Ihre Träume geblieben? Wie wird Ihre Zukunft aussehen? Malen Sie Ihren Lebensbaum.

BESORGEN SIE sich ein sehr großes Stück Papier. Genauso tut's eine Tapetenrolle mit beschriftbarer Rückseite, die es für ein paar Euro im Baumarkt gibt. Außerdem benötigen Sie einen Bleistift und Farbstifte.

Malen Sie auf das Papier einen Baum, der gut 100 Zentimeter groß ist. Es muss kein Kunstwerk werden – der Baum sollte nur erkennbar sein und genug Platz bieten, um allerlei Notizen auf seinem Stamm, seinen Ästen und Blättern unterzubringen.

Tragen Sie ein, wie alt Sie jetzt sind, und markieren Sie die entsprechende Stelle. Nun schreiben Sie auf den Stamm und die Äste unterhalb der Markierung, was Sie bis jetzt Einschneidendes erlebt haben, Wunderbares genauso wie Schlimmes. Versetzen Sie sich anschließend zurück – in Ihre Kindheit, Ihre wilden Teenagerjahre, Ihre Ausbildungs- oder Studienzeit: Was haben Sie zu welchen Zeiten gerne gemacht? Wovon haben Sie geträumt? Das fällt den meisten besonders leicht, wenn sie an ihre Kindheit denken – Schokolade vor dem Kamin essen, sich mit einem spannenden Buch in einer selbst gebauten Höhle verstecken. Sie wollten vielleicht Tierärztin werden, mit zwölf dann Buchhändlerin ...

Bisher waren Ihre Notizen sozusagen die Lockerungsübung. Nach und nach sind Sie im Heute und ganz bei sich selbst angekommen und haben sich Ihre alten Träume vergegenwärtigt. Nun lassen Sie für die Zukunft Ihre Fantasie spielen. Ihr Baum verzweigt sich sicher in viele Richtungen, in die Sie gehen können. Was soll Ihr Leben Ihnen noch bieten? Was wollen Sie weiterhin so lassen, wie es bisher ist?

Wenn Sie jetzt 35 Jahre alt sind, steht dann vielleicht bei der 40 »Seminare bei der VHS zum Thema japanische Kultur geben« und bei der 70 »die Welt umsegeln«? Dann haben Sie bestimmt irgendwo vor Ihrem 40. Geburtstag eine Reise nach Japan und mehrere Japanischkurse eingetragen, und ab dem 50. Lebensjahr sollten Sie sich darum kümmern, segeln zu lernen.

○ erledigt

# 253

## Retten Sie einen Verstorbenen vor dem Vergessen und legen Sie Blumen auf ein altes Grab.

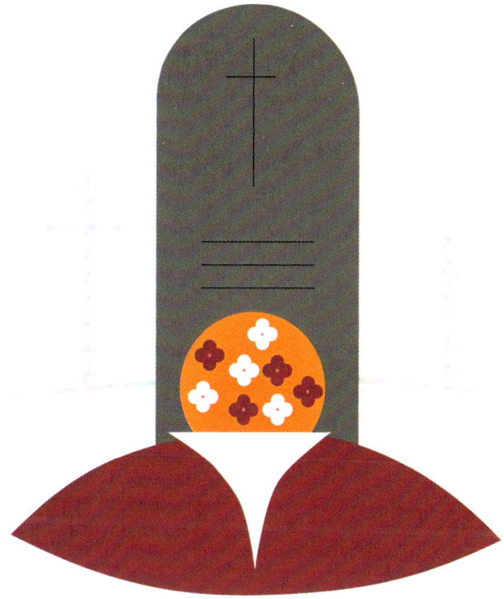

HEUTE SIND ALTE FRIEDHÖFE auch Erholungsflächen und wunderbar für ausgiebige Spaziergänge geeignet. Dabei werden Ihnen Gräber auffallen, die halb überwuchert sind oder andere Zeichen der Vernachlässigung zeigen. Lesen Sie die Grabinschrift, betrachten Sie die Gestaltung des Grabsteins. Wer liegt hier? In welchem Alter ist er oder sie gestorben? Gedenken Sie des Verstorbenen, indem Sie eine einzelne Rose oder ein paar Frühlingsblumen auf das Grab legen. Statt Blumen können Sie auch einen kleinen Stein, den Sie vorher in Ihrer Tasche bei sich getragen haben, an den Rand des Grabes legen – zum Zeichen, dass jemand an den Toten gedacht hat.

○ erledigt

# 254

## Ihnen fehlt die Zeit zum Lesen? Dann probieren Sie es doch mal mit einem Hörbuch.

ABENDS GREIFEN SIE gerne zum Buch, schlafen aber immer sofort ein. Und wann sonst sollten Sie lesen? In der Arbeit, beim Kochen oder gar, wenn Sie auf Ihre Kinder aufpassen? Illusorisch! Viele Menschen haben monatelang ein und dasselbe Buch neben dem Bett liegen – und zwar nicht, weil sie es nicht gern lesen wollen, sondern weil sie immer nur Zeit für ein, zwei Seiten finden. Doch zum Glück gibt es eine tolle Erfindung: Hörbücher. Oft sind sie nicht ganz billig, aber Sie brauchen sich ja nicht gleich eine ganze Sammlung zuzulegen. Gehen Sie in die Stadtbibliothek oder wünschen Sie sich eines zum Geburtstag. Denn Vorgelesenes kann man praktisch nebenbei aufnehmen: auf dem Weg zum Job, in der Küche oder auch, während Sie ein Auge auf Ihre spielenden Kinder werfen. So kommen Sie doch noch zu Ihrer Lektüre.

○ erledigt

# 255
## Besuchen Sie einen Gottesdienst.

WIE LANGE IST ES HER, dass Sie sich sonntags um acht aus den Federn erhoben haben, um an einem Gottesdienst teilzunehmen? Dabei ist es gar kein schlechter Gedanke, dass der siebte Tag in jeder Woche der Spiritualität gewidmet sein soll. Doch die meisten von uns vernachlässigen diesen wichtigen Bestandteil des Lebens zugunsten aller anderen Dinge.
Woran liegt es, dass wir kaum einmal in die Kirche gehen? Manchmal ist es die Art, wie ein Pfarrer den Gottesdienst zelebriert, manchmal gefällt uns die eigene Gemeinde nicht. Suchen Sie sich die Kirche in Ihrer Stadt, in der Sie sich aufgehoben fühlen! Die meisten Gemeinden machen »Rückkehrern« das Leben leicht: Es gibt »Spätaufsteher«-Gottesdienste, und es werden Programme verteilt, auf denen der gesamte Ablauf nachzulesen ist. Hier braucht sich also niemand als unkundig zu outen.

○ erledigt

# 256
## Fühlen Sie sich heute wie ein Geheimagent und beobachten Sie einen fremden Menschen.

AUS DEM KINO kennen Sie das: Der Detektiv beschattet stundenlang eine verdächtige Person. Heute sind Sie dran. Suchen Sie sich in der U-Bahn oder im Supermarkt einen Menschen aus, der Sie interessiert, und verfolgen Sie ihn. Aber bitte unauffällig! Wohin geht er, was macht er, wen trifft er, wie sieht das Haus aus, in dem er wohnt …? Es gibt viel zu erkunden – ein ganzes Leben. Nehmen Sie heimlich daran teil, wenigstens für kurze Zeit.

○ erledigt

# 257

# Ohne Musik ist das Leben nur halb so schön: Stellen Sie Ihren eigenen Soundtrack zusammen.

»IST DAS LEBEN HIER EIN SPIELFILM?« singt die Berliner Band »Zweiraumwohnung«. Nun, vielleicht ohne wilde Verfolgungsjagden oder Brad Pitt. Aber wenn Sie zurückdenken, wird Ihnen auffallen, dass in Ihrem Leben schon so einiges passiert ist: Unerwartetes, Trauriges, aber auch viele glückliche Momente, die Sie heute noch im Herzen tragen. Da könnte manch ein Drehbuchautor richtig neidisch werden. Das Einzige, was fehlt: die musikalische Untermalung! Und das, obwohl es keinen Blockbuster gibt, in dem nicht alle wichtigen Szenen und Situationen mit der passenden Filmmusik unterlegt sind.
Doch haben Sie nicht auch ganz oft ein Lied im Ohr, wenn Ihnen bestimmte Ereignisse in den Sinn kommen – und umgekehrt? Sie erinnern sich an den langsamen Song beim ersten Kuss auf einer Schulfeier. An das traurige Liebeslied, das Sie nach der Trennung von Ihrem langjährigen Freund immer wieder rauf- und runtergenudelt haben. Oder an den ziemlich peinlichen Dancefloor-Hit, der Sie trotzdem in die Wochen zurückversetzt, die Sie völlig unbeschwert mit Ihren Freundinnen in Italien verbracht haben.
Nehmen Sie sich heute die Zeit und stellen Sie alle Lieder zusammen, die für Sie wichtig waren und es noch immer sind. Ihr persönlicher Soundtrack soll kein wahlloses MP3-Medley werden, sondern die Begleitmusik für Ihren »Film« – Musik, die Ihr Leben widerspiegelt. Sicher werden Sie teilweise in Ihrem CD-Regal fündig, oder Sie suchen im Internet, zum Beispiel bei www.musicload.de oder www.apple.com/de/itunes. Sie können die Stücke chronologisch sortieren oder nach Situationen kombinieren – ganz wie es Ihnen beliebt.
Und während Sie den Songs lauschen, lassen Sie doch die vergangenen Zeiten noch einmal Revue passieren: Warum waren Sie damals so glücklich, warum so unbeschwert? Was haben Sie aus schwierigen Situationen gelernt? Genauso wie gute Filmmusik noch lange im Ohr bleibt und einzelne Szenen vor unserem inneren Auge ablaufen lässt, kann Ihr Soundtrack Erfahrungen und Erlebnisse aus Ihrem Leben wachrufen – und Sie sind darin die Hauptdarstellerin.

○ erledigt

# 258

## Liebestötern keine Chance! Kaufen Sie sich neue Unterwäsche.

VOR ALLEM, WENN EIN PAAR lange Zeit zusammenlebt, aber auch bei weiblichen Singles lässt sich ein seltsamer Vorgang beobachten: Sämtliche sexy Dessous wandern in die hintersten Schubladenecken, während sich die bequemen Baumwollschlüpfer auf mysteriöse Weise vermehren. Hand aufs Herz: Fühlen Sie sich attraktiv mit einer praktischen Unterhose, die zu keinem BH passt und im schlimmsten Fall schon ausgewaschen ist? Nicht wirklich, oder? Doch Abhilfe naht: Suchen Sie sich heute etwas Schönes für untendrunter aus. Das hat bestimmt eine große Wirkung – auf Sie und Ihren Partner.

○ erledigt

# 259

## Für Langschläfer: Gönnen Sie sich einen Ausschlaftag.

SIE HABEN zum letzten Mal bis in alle Puppen geschlafen, bevor Ihre Tochter auf die Welt kam? Das ist nun schon drei Jahre her! Und Sie vermissen es so richtig. Egal aus welchen Gründen Sie bisher zeitig aufstehen mussten: Legen Sie einen Tag ein, an dem Sie so lange schlafen, wie Sie können und möchten. Bringen Sie Ihre Kinder zu den Großeltern, vereinbaren Sie keine frühen Termine – nein, auch nicht zum Brunch – und sperren Sie den Wecker weg. Dann heißt es: Vorhänge zu und ab ins Bett.

○ erledigt

## 260

# Denken Sie an Ihre guten Vorsätze und fangen Sie mit einem Buch an, das Sie schon immer lesen wollten.

GENAUSO WIE DIE MEISTEN MENSCHEN Vorhaben für das neue Jahr planen, die sie aber nie ausführen, haben auch viele von uns sich schon lange vorgenommen, endlich mal ein bestimmtes Buch zu lesen. Und heute fangen Sie damit an! Erstellen Sie eine Liste der Autoren und Bücher, die Ihnen sofort in den Sinn kommen. Wenn Ihnen nichts einfällt, schreiben Sie eben Themen auf, die Sie schon immer interessiert haben. Recherchieren Sie dann online bei einer Buchhandlung die Klassiker dazu. Schöne Ideen für Lesestoff finden sich auch in dem Buch »50 Klassiker der Weltliteratur« von Thomas Rommel.
Mit Ihrer Liste gehen Sie in die örtliche Buchhandlung oder Bibliothek. Kommen Sie nicht ohne eines der Bücher nach Hause und lassen Sie sich nicht von anderer Unterhaltung ablenken! Vielleicht brauchen Sie die Liste auch gar nicht, weil das fragliche Buch schon längst bei Ihnen im Regal steht. Sie sind nur nicht dazu gekommen, es zu lesen. Damit sind Sie nicht alleine – bei den meisten Menschen verstauben etliche Bücher der Kategorie »Das wollte ich schon immer lesen!« im Bücherschrank. Ganz schön peinlich, wenn ein Besucher begeistert auf ein Buch zustürzt und fragt: »Das Buch LIEBE ich! Wie fandest Du die Stelle, als …?«
Und nun ran ans Werk! Noch schnell eine Kanne Tee oder Kaffee kochen, Beine hochlegen – und loslesen. Sorgen Sie dafür, dass Sie durch nichts gestört werden, und versinken Sie so lange wie möglich in der Lektüre. Wenn das zu Hause nicht geht, setzen Sie sich eben in Ihr Lieblingscafé.

○ erledigt

## 261

# Kaum Kontakt zu Kollegen? Bringen Sie Ihre E-Mails doch persönlich vorbei!

NATÜRLICH SIND E-MAILS UNGEMEIN PRAKTISCH – Sie können damit schnell und einfach Informationen verschicken, Unterlagen anfordern und den neuesten Tratsch verbreiten. Aber sie ersetzen im Arbeitsalltag nach und nach den Kontakt von Angesicht zu Angesicht. Kennen Sie alle Kollegen, mit denen Sie E-Mails austauschen? Haben Sie mit manchen vielleicht auf der Weihnachtsfeier im Vorjahr zum letzten Mal gesprochen? Dann drucken Sie heute Ihre E-Mails aus und übergeben Sie sie den Empfängern direkt. So können Sie einen kleinen Plausch einschieben und werden feststellen: Manches lässt sich doch viel schneller und einfacher persönlich klären.

○ erledigt

## 262

# Genießen Sie eine neue Pressefreiheit und lesen Sie Ihre Zeitung von vorne bis hinten durch.

FÜR VIELE GEHÖRT ZUM KAFFEE am Morgen die Zeitung. Doch leider bleibt selten genug Zeit, sie ganz zu lesen. Das Wichtigste wird schnell überflogen, der Rest kommt weg. Bei manchen Artikeln denken wir uns zwar: »Den nehme ich mir später vor« – aber dann wandert doch wieder alles in den Papierkorb. Gönnen Sie sich heute die Muße, Ihre Zeitung vom Anfang bis zum Ende durchzuschmökern: Politik, Wissenschaftsseiten oder doch lieber das Feuilleton – informieren Sie sich über alles, was Sie interessiert. An anderen Tagen übersehen Sie vielleicht einen wichtigen Beitrag, aber heute sicher nicht!

○ erledigt

263

# Lösen Sie heute Verspannungen: in Ihrem Schlafzimmer, das zum Massagetempel für Ihren Partner oder eine Freundin wird.

DREHEN SIE DIE HEIZUNG im Schlafzimmer hoch und legen Sie entspannende Instrumentalmusik auf. Auf das Bett kommen statt der Decken viele Kissen und ein farbiges Laken. Stellen Sie für Ihren Gast Fruchtsäfte, Wasser und Obststücke bereit. Zum Massieren eignen sich gekaufte Öle, eigene Mischungen und spezielle Körperbutter. Um Bodylotions und Billigöle machen Sie besser einen großen Bogen. Sie können neutrales Mandelöl verwenden oder mit Zusätzen eine bestimmte Wirkung unterstützen: Zimt und Arnika wärmen und entspannen (bei starken Verspannungen oder bei Muskelkater), Lavendel beruhigt, Citrusöle regen an und heben die Stimmung. Andere Düfte wirken aphrodisierend, was bestimmt Ihr Partner zu schätzen weiß. Da Sie zu Hause wohl keinen Massagetisch mit einem Loch fürs Gesicht haben, müsste der Liegende seinen Kopf zur Seite drehen. Um das zu vermeiden, achten Sie darauf, dass er mithilfe mehrerer Kissen bequem liegt, das Gesicht aber nach unten zeigt und der Nacken gerade bleibt.

Unser Spezialtipp: Wärmen Sie mehrere kleine Kirschkernkissen in der Mikrowelle oder im Backofen an und legen Sie sie vor der Massage für ein paar Minuten auf verspannte Körperstellen. Sie als Masseur können sie auch benutzen, um Ihre Hände anzuwärmen. Geben Sie dann etwas Öl auf Ihre Handflächen, sodass es sich ein wenig erwärmt, und verteilen Sie es mit kräftigen Bewegungen auf dem ganzen Körper des anderen, der nackt oder in Unterhose daliegt. Tragen Sie nicht zu viel Öl auf einmal auf, sondern nehmen Sie sich die Körperbereiche nacheinander vor. Achten Sie auch auf die Dosierung: Bei zu viel Öl gleiten die Hände ab, und die Massage ist wirkungslos, bei zu wenig Öl tun Sie dem Massierten weh.

Ist der Körper komplett eingeölt und schön warm, machen Sie sich an die Tiefenarbeit. Arbeiten Sie abwechselnd mit der geschlossenen Faust, mit knetenden Fingern oder auch mal einem kräftigen Klopfen der Fingerkuppen – nicht der Nägel! Fragen Sie bei Ihrem »Patienten« nach, welche Griffe für ihn angenehm und wirkungsvoll sind.

○ erledigt

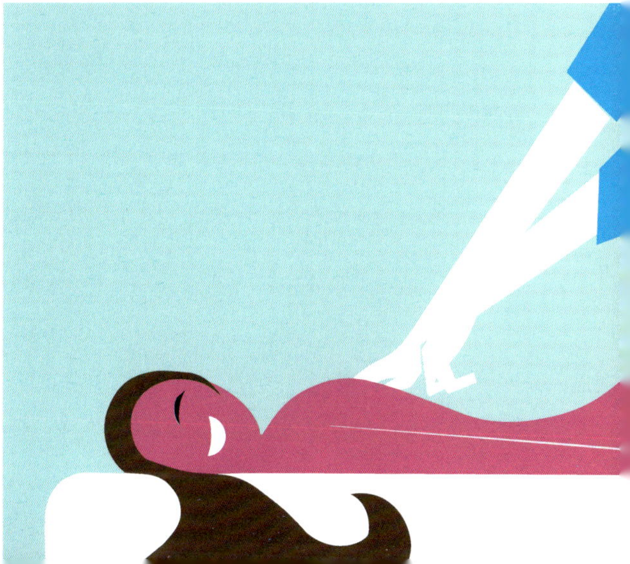

## 264

# Rücksicht hat heutzutage keinen Platz? Aber nein! Verhalten Sie sich heute in jeder Situation achtsam.

OFT VERLETZEN WIR FREUNDE oder sind unhöflich – nicht aus Boshaftigkeit, sondern weil wir unaufmerksam sind und unsere Umgebung nicht wahrnehmen. Und mal ehrlich: Ärgern Sie sich nicht auch häufig über unbedachte Worte oder Taten? Machen Sie es deshalb heute besser: Überlegen Sie sich, wie Sie selbst gern behandelt werden wollen und wie Sie mehr auf andere achten können. Das fängt bei ganz kleinen Dingen an: Schauen Sie, wohin Sie gehen, damit Sie nicht jeden Regenwurm platttreten, der Ihren Weg kreuzt. Reden Sie nicht blind drauflos und nehmen Sie Rücksicht auf die Bedürfnisse Ihrer Mitmenschen. Sie werden sehen, ein bisschen Achtsamkeit wirkt oft Wunder, und bestimmt färbt Ihr Verhalten auf andere ab.

○ erledigt

## 265

# Springen Sie über Ihren Schatten und verzeihen Sie.

LÜGEN, LÄSTERN, KRÄNKUNGEN: Sind Sie sauer? Hat jemand Sie verletzt? Vielleicht ist es der anderen Person gar nicht aufgefallen oder sie fühlt sich im Recht. Der Konflikt schwelt vor sich hin, und letztlich leiden Sie am meisten darunter. Bedeutet Ihnen der Mensch viel? Dann tragen Sie ihm die Sache nicht länger nach. Verzeihen Sie heute, und zwar einfach so – ohne Bedingungen und lange Diskussionen. Wenn Sie von ganzem Herzen vergeben, können Sie einen Neuanfang wagen – mit dem anderen und für sich selbst.

○ erledigt

## 266

# Feiern Sie Ihren Geburtstag wie ein Kind – oder spielen Sie ohne Anlass.

ACH, AUS DEM ALTER sind Sie heraus, in dem Sie es witzig fanden, Ihren Geburtstag mit Topfschlagen und Mohrenkopf-Wettessen zu feiern? Wie schade! Es gibt herrliche Spiele für Kinder, die alle Sinne ansprechen und auch Erwachsenen richtig Spaß machen. Holen Sie sich Anregungen dazu im Internet oder aus Büchern. Lassen Sie beim »Socken schnüffeln« und »Kuddel-Muddel-Knoten« den Alltag hinter sich und lachen Sie sich mal wieder richtig schlapp.

○ erledigt

## 267

# Sie kennen Ihren Arbeitsweg im Schlaf? Dann nehmen Sie heute einen anderen.

ZWEI STATIONEN mit dem Bus, umsteigen in die U-Bahn und dann noch fünf Minuten Fußmarsch. Ihren Arbeitsweg kennen Sie auswendig, denn Sie gehen ihn fünf Tage die Woche. Hier gibt es schon lange nichts Überraschendes mehr – Sie sehen immer die gleichen Verkehrsmittel, Straßen und Häuser. Doch daran lässt sich zum Glück leicht etwas ändern: Wälzen Sie heute Ihren Stadtplan und wählen Sie eine alternative Strecke aus. So erleben Sie schon am Morgen ein bisschen Abwechslung von der Routine.

○ erledigt

# 268

## Treten Sie heute den Beweis an: Kleider machen Leute.

EIN HOSENANZUG wirkt anders als Freizeitkleidung. Das ist kein Aberglaube, sondern eine Tatsache. Ihr äußeres Bild hinterlässt einen stärkeren Eindruck, als Sie vielleicht denken. Starten Sie deshalb heute einen Versuch: Sind Sie normalerweise edel gekleidet? Dann kommen Sie doch mal in Jeans zur Arbeit. Oder lieben Sie es eher sportlich-salopp? Dann werfen Sie sich in Schale. Wie fühlen Sie sich: verkleidet oder überraschend gut? Wie reagieren Ihre Mitmenschen? Sie werden sehen, dass es Ihnen nicht ganz leichtfallen wird, so respekteinflößend oder kumpelhaft aufzutreten wie gewohnt.

○ erledigt

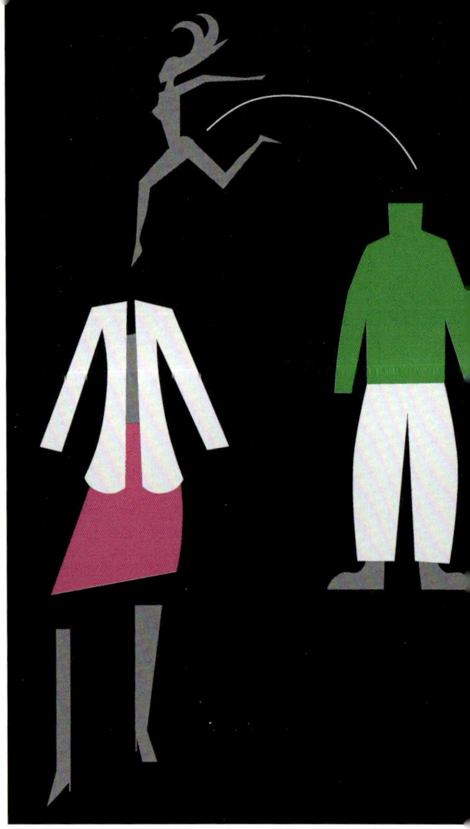

# 269

## Sie hatten als Kind immer ein besonderes Talent, das aber nie richtig gefördert wurde? Dann wird es heute Zeit.

IHRE ELTERN WAREN IMMER begeistert von Ihren Malkünsten, doch in der Schule hatten Sie bald die Nase voll vom Kunstunterricht? Den Schulchor haben Sie vor allem wegen der berühmt-berüchtigten Chorfreizeiten besucht? Doch wenn Sie heute Ihre Tochter vor sich hin trällern hören, trauern Sie um die verschenkten Möglichkeiten. Grämen Sie sich nicht länger, Talente gehen nicht verloren, und manch eines lässt sich auch spät wiederentdecken. Selbst wenn Sie nun mitten im Leben stehen – lernen und von vorn anfangen können Sie immer. Kann sein, dass Sie es jetzt nicht mehr zum Ausnahmekünstler bringen, aber zur Freude Ihrer Freunde und Familie werden Sie bestimmt beitragen. Und stolz auf sich dürfen Sie ebenfalls sein.

○ erledigt

## 270

# Seien Sie heute offen gegenüber anderen Meinungen und Personen.

SIE HABEN IHRE EIGENE MEINUNG, genauso wie alle anderen Menschen. Doch wie oft drängt es uns, andere zu überreden. Wie oft glauben wir besser zu wissen, was gut und richtig ist. Bevor Sie heute damit loslegen, Ihre Ansichten kundzutun, halten Sie einen Moment inne: Hören Sie Ihrem Gegenüber zu, wägen Sie seine Argumente gut ab und versuchen Sie nicht, Überzeugungsarbeit zu leisten – egal ob es sich um große Dinge wie etwa Politik handelt oder einfach nur um persönliche Vorlieben. Jeder hat ein Recht auf seinen eigenen Standpunkt – Sie übrigens auch!

○ erledigt

## 271

# Sie haben keine Lust, auf die nächste Staffel Ihrer Lieblingsserie zu warten? Dann tun Sie es nicht!

ACH, WENN ES doch wieder Dienstag wäre! Oder Mittwoch oder ... Ja, es gibt sie, die Seriensüchtigen unter uns. Was früher »Dallas« oder »Denver Clan« waren, sind heute »Grey's Anatomy«, »Lost« oder »Desperate Housewives«. Jede Serie hat ihre Anhängerschaft, und die muss manchmal ganz schön lange warten, bis die nächste Staffel im deutschen Fernsehen gezeigt wird. Doch wie gut, dass sich die Zeiten seit »Dallas« gewandelt haben: Sie können heutzutage DVDs kaufen oder die aktuellen Folgen bei den Produktionsgesellschaften aus dem Internet herunterladen. Warten Sie daher nicht länger, bis Ihre Lieblingsserie komplett ausgestrahlt wird, sondern besorgen Sie sich die neue Staffel jetzt sofort – wenn es sein muss, express aus Amerika!

○ erledigt

# 272 Erleben Sie den Wechsel der Jahreszeiten: mit dem Rad des Jahres.

**SCHNELL,** geben Sie, ohne aus dem Fenster zu schauen, eine Antwort: Was ist momentan für eine Jahreszeit? Was tut sich in der Natur? Im Hochsommer und im tiefsten Winter fällt die Antwort leicht. Aber manchmal reagieren vor allem Stadtmenschen ratlos und halten zu Karneval plötzlich verdutzt inne: »War letzte Woche nicht noch Oktober?« Damit die Jahreszeiten nicht an Ihnen vorbeirauschen, können Sie – wie unsere Vorfahren – die Jahreszeitenwechsel mit Dekorationen und Festen feiern. Sie haben, wie es bei den Druiden oder im Wicca noch heute üblich ist, das Jahr mit acht Feiertagen markiert, deren Datum je nach Sonnenstand variieren kann.

- Am kürzesten Tag zwischen dem 20. und 23. Dezember, also zur Wintersonnenwende, wird das Jahr »geboren«. Alles, was die dunkle Nacht des Winters vertreibt und damit Vorbote für den Frühling ist, passt zu dieser Feier. Das lässt sich auch an Weihnachten gut erkennen, etwa an den Lichtern und den roten Schleifen.
- »Imbolc« findet am 2. Februar statt. Meist gibt es noch Schnee, aber die ersten Frühlingsboten sind bereits zu bestaunen. Zu diesem Fest gehören Wasser, Frühlingsblumen und Licht – traditionell acht weiße Kerzen.
- Zwischen dem 20. und 23. März liegt die Frühjahrs-Tagundnachtgleiche, auch »Ostara« genannt. Die lange Nacht ist besiegt. Begrüßen Sie den Frühling mit einem üppigen Blumenstrauß. Nun ist der ideale Zeitpunkt für die Aussaat, nicht nur für Bauern: Schieben Sie an Ostara Projekte an, die Sie verwirklichen wollen.
- Einen Ruf als Hexenfest hat »Beltane« (30. April/1. Mai). Statt ein mannshohes Beltane-Feuer zu entfachen, können Sie auch Ihren Grill anwerfen. Laden Sie an diesem Abend Freunde ein, die Sie gern verkuppeln würden ... Aphrodisierende Gerichte kommen dann sicher gut an.
- Der längste Tag des Jahres liegt zwischen dem 20. und 23. Juni. Ab Mittsommer geht es wieder in Richtung Winter. Schauen Sie sich Ideen für Dekoration und Feste bei unseren skandinavischen Nachbarn ab!
- »Lammas« (1. August) markiert den Beginn der Ernte. Nutzen Sie die letzten heißen Tage, um möglichst viel draußen zu sein. Was Sie an Ostara gesät haben, sollte nun reifen. Aber noch ist Zeit bis Ende Oktober ...
- Verabschieden Sie den Sommer zwischen dem 20. und 23. September (Herbst-Tagundnachtgleiche) mit einem (Erntedank-)Fest.
- Das Jahr endet mit »Samhain«, das heutzutage besser als »Halloween« bekannt ist (31. Oktober/1. November). Nach Samhain ruht alles, bis es Ende Dezember zu neuem Leben erweckt wird.

○ erledigt

## 273

## Sie fühlen sich eingeengt und würden am liebsten alles hinschmeißen? Dann toben Sie sich heute aus.

IM BÜRO SITZEN, schnell zum Kindergarten, danach gleich Essen kochen – es ist viel los, aber immer wieder das Gleiche. Kein Wunder also, dass wir uns manchmal regelrecht eingezwängt vorkommen. Was dagegen hilft? Befreien Sie sich von dem ganzen Druck: Heute gehört die Hüpfburg im Freizeitpark Ihnen! Sie können auch eine Tae-Bo-Stunde besuchen, wandern gehen oder die Nacht durchtanzen. Wichtig ist, dass Sie sich bewegen und aus der Enge ausbrechen. Sie werden sich danach müde, aber gleichzeitig viel munterer fühlen. Guter Nebeneffekt: Sie schalten ab und werden aufgestaute Aggressionen los. Und so sehr Sie sich bemühen, es wird Ihnen schwerfallen, danach gleich wieder in den üblichen Alltagstrott zurückzukehren. Wenn das kein Erfolg ist!

○ erledigt

## 274

## Sie gehören zu den kurzentschlossenen Menschen? Gut: Fliegen Sie in ein fremdes Land, ohne vorher ein Zimmer zu reservieren.

SICHER, EIN ALL-INCLUSIVE-URLAUB hat auch seine Vorteile. Aber wie wäre es mit einem spontanen Urlaub, für den Sie nur Hin- und Rückflug oder einen Mietwagen buchen? Sie lernen Land und Leute besser kennen und können einfach dort bleiben, wo es Ihnen gefällt: ein paar Tage in einem verschlafenen Dörfchen, dann weiter in eine Pension in der pulsierenden Hauptstadt. Wenn der Service nicht nach Ihrem Geschmack ist, ziehen Sie einfach weiter, anstatt sich eine Woche nur zu ärgern. Und auch Sie machen eine Wandlung durch: von einem Massentouristen zu einem Urlauber, der seine Reise und sein Leben selbst in der Hand hat.

○ erledigt

# 275

# Lernen Sie heute, einen Autoreifen zu wechseln.

SELBST IST DIE FRAU – auch beim Reifenwechseln. Viele Autofahrer können das nicht (auch Männer!) und sind bei einer Panne überfordert. Dabei ist Radwechseln keine große Kunst. Sie brauchen dazu nur einen Kreuzschlüssel und den Wagenheber, der meist nahe dem Ersatzrad oder im Motorraum zu finden ist. Parken Sie an einer Stelle, wo Sie ungestört ans Werk gehen können. Schlagen Sie in der Bedienungsanleitung nach, wo das Reserverad liegt und wie man es herauskriegt. Ziehen Sie Arbeitshandschuhe an, und los geht's: Holen Sie zuerst das Reserverad heraus. Nun folgt das Rad, das Sie wechseln wollen: Sind die Schrauben, mit denen es befestigt ist, hinter Radkappen oder Abdeckungen verborgen, nehmen Sie diese Teile ab. Achtung: Häufig ist die Kappe durch Dreck und Rost so festgebacken, dass sie sich nur schwer ablösen lässt. Stecken Sie dann Ihre Hände durch die Eingriffe in der Abdeckung und ziehen Sie mit aller Kraft (denken Sie an die Handschuhe – Radkappen sind scharfkantig!). Bei Abdeckungen auf Alufelgen brauchen Sie vielleicht einen Schraubenzieher oder Schlüssel, um sie abzuhebeln. Vorsicht, die Felgen verkratzen leicht!

Lockern Sie die Schrauben des Rades mit dem Kreuzschlüssel, ohne sie ganz abzuschrauben. Sobald alle gelockert sind, setzen Sie den Wagenheber gemäß Bedienungsanleitung an und kurbeln so lange, bis das Rad keinen Bodenkontakt mehr hat. Drehen Sie die Schrauben ganz heraus und ziehen Sie das Rad ab. Eventuell müssen Sie daran ruckeln, um es zu lösen. Falls die Felge einen Zentrierring hat, muss sich dieser mit ablösen. Wenn nötig, hebeln Sie ihn heraus und befestigen ihn wieder an der abgenommenen Felge. Setzen Sie das Reserverad ein und schieben Sie es möglichst weit nach hinten. Testen Sie mit einer vorsichtigen Umdrehung, ob es richtig sitzt und sich frei dreht. Schrauben Sie die Radschrauben wieder ein (nur leicht festziehen). Achten Sie darauf, dass Sie sie gerade eindrehen, damit Sie sie später richtig festziehen können. Kurbeln Sie den Wagenheber abwärts, bis das Auto wieder auf dem Boden steht. Ziehen Sie jetzt die Schrauben fest, und zwar mit aller Kraft. Falls Sie ein vollwertiges Ersatzrad haben, können Sie – wenn vorhanden – die Abdeckung samt Zentrierring wieder anbringen. Setzen Sie sie dazu an einer Stelle an und schlagen Sie mit der geschlossenen Faust rundherum drauf, bis sie überall eingerastet ist. Bei Notlaufrädern (sie sind viel, viel schmaler als das Originalrad) ist das meist nicht möglich. Vorsicht: Mit Notlaufrädern dürfen Sie nur langsam bis zur nächsten Werkstatt fahren!

○ erledigt

## 276

# Wer hat Sie in Ihrem Leben inspiriert? Schreiben Sie dieser Person heute einen Brief.

MANCHEN MENSCHEN ist John Lennon ein Vorbild, anderen eine Tante, die allein fünf Kinder großgezogen hat, oder ihr erster Chef, den sie fachlich und menschlich beeindruckend fanden. Abhängig von unseren persönlichen Idealen und manchmal auch von unserem Beruf suchen wir uns ganz unterschiedliche Vorbilder. Verfassen Sie einen Brief an den Menschen, der Ihnen Inspiration geschenkt hat. Erzählen Sie ihm, warum Sie so beeindruckt waren.

○ erledigt

## 277

# Lesen Sie mehrere Wochenzeitungen nacheinander und vergleichen Sie.

WER ABENDS IMMER die »Tagesschau« ansieht, ab und zu mal Radio hört oder in Tageszeitungen nur Berichte über Lokales und Regionales liest, schränkt seinen Informationsradius ziemlich ein. Versuchen Sie sich mal an einer ausführlicheren Nachrichtenquelle: Wochenzeitungen. Sie bieten alle eine Art Schnupper-Abo zum Testen an (oder kaufen Sie sich einfach je eine Ausgabe am Kiosk). Entdecken Sie die Freude, das Feuilleton zu lesen – schon lange muss das nicht mehr dröge und vergeistigt sein. Auch die umfangreichen Politik- und Wirtschaftsteile sind nicht zu verachten, da hier Hintergründe und Zusammenhänge ganz anders recherchiert und aufbereitet werden als in Zeitungen, die sich auf die täglichen News spezialisiert haben.

○ erledigt

# 278

# Sie wollen mal wieder shoppen gehen? Aber vorher misten Sie Ihren Kleiderschrank aus.

OFT SPRICHT MAN von Leichen im Keller, doch auch in so manchem Kleiderschrank ist Schlimmes zu finden: ausgewaschene Nachthemden, löchrige Socken und Kleider, die schon vor drei Jahren nicht mehr en vogue waren (und es garantiert auch nicht mehr werden!). Ganz zu schweigen von den vielen Spontankäufen, deren Resultate Sie nie getragen haben, den gestrickten Pullis von Ihrer Oma, die Sie nur aus schlechtem Gewissen anziehen, und dem T-Shirt mit »superwitzigem« Schriftzug, das Ihnen Ihr Ex-Freund hinterlassen hat. All diesen kleinen und großen Modesünden geht es an den Kragen, denn heute steht »Schrank ausmisten« auf dem Programm:

- Alles raus aus dem Schrank! Räumen Sie alle Kleidungsstücke, von der Unterhose bis hin zum Mantel, heraus und legen Sie sie auf einen Haufen.
- Nun wird sortiert: Wovon wollen Sie sich gleich trennen? Was noch brauchbar und ordentlich ist, kommt in die Altkleidersammlung. Kaputte, alte oder abgetragene Sachen wandern in den Müll.
- Teile, die übrig sind, schauen Sie sich in Ruhe an: Was tragen Sie noch und was steht Ihnen wirklich gut? Wo sind Sie sich nicht sicher? Hier heißt es anziehen und einen kritischen Blick darauf werfen! Und schließlich gibt es noch die Klamotten, bei denen Sie sofort sagen: »Nein, das geht nicht mehr, das bin nicht ich.«
- Schaffen Sie Ordnung: Damit Sie in Zukunft keine netten Oberteile übersehen oder fünf Jeans haben, aber keine elegante Hose, sortieren Sie nun zum dritten Mal. Verwenden Sie das Ordnungssystem, mit dem Sie am besten zurechtkommen: nach Anlass, Farben oder auch nach Formen (kurzärmelig, langärmelig ...).
- Ein Spontankauf ab und zu schadet nicht. Und auch ein paar modische Outfits kann die Frau von Welt gebrauchen. Doch machen Sie nicht jeden Trend mit. Finden Sie lieber heraus, was Ihnen persönlich gut steht: welche Schnitte, welche Stoffe, welche Farben. Und denken Sie daran, dass eine Basisgarderobe immer eine gute Anschaffung ist: klassische Stücke in dunklen Farben in guter Qualität, die sich leicht kombinieren lassen. So haben Sie für alle Fälle etwas im Schrank und sind, wenn Sie diese Teile etwa mit einem hippen Top kombinieren, trotzdem immer up to date.

○ erledigt

# 279

## Wissen Sie, was richtig gut für die Abwehrkräfte ist? Eine kalte Dusche am Morgen.

SELBST WENN UNS DIE WERBUNG etwas anderes glauben machen möchte, Ihre Abwehrkräfte steigern Sie am besten, indem Sie Ihrem Körper Temperaturimpulse geben. Darauf beruht auch die Lehre von Sebastian Kneipp. Für heimische Kneipp-Kuren ist die Reihenfolge warm, kälter, warm, kalt gut geeignet. Fangen Sie mit Armen und Beinen an und bewegen Sie den Wasserstrahl dann zur Körpermitte hin. Vielleicht motiviert es Sie, dass eine ausgiebige kalte Dusche auch schön macht, da die Haut besser durchblutet wird.

○ erledigt

# 280

## Entdecken Sie die kleinen, ausgefallenen Buchläden in Ihrer Stadt.

VIELE MENSCHEN KAUFEN ihre Bücher nur noch in den großen Buchhandelsketten oder übers Internet. Online einzukaufen hat sicher seine Vorteile, besonders wenn Sie sich mit ausländischer Literatur oder erotischen Geschichten eindecken wollen. Aber gerade in Großstädten gibt es viel mehr zu entdecken: verwunschene Antiquariate mit staubigen Folianten, liebevoll gestaltete Kinderbuchhandlungen, in denen wir selbst wieder zu Kindern werden, Läden mit Kochecke speziell für Kochbücher, gut sortierte Krimibuchhandlungen, in denen Sie Lesetipps erhalten, auf die Sie sonst nie gekommen wären … Schauen Sie in die Gelben Seiten und hören Sie sich um, wie das Angebot in Ihrer Stadt aussieht. Ohne eine treue Kundschaft können diese kleinen, spezialisierten Buchhandlungen nicht überleben.

○ erledigt

# 281

## Pflegen Sie das Miteinander in Ihrer Firma. Gehen Sie mit Kollegen aus anderen Abteilungen mittags essen.

DIE KOLLEGEN, mit denen Sie eng zusammenarbeiten, kennen Sie sicher ganz gut. Doch wie sieht es mit den übrigen Abteilungen aus? Gerade in großen Firmen hat man oft nur ungenaue Vorstellungen davon, was die anderen eigentlich tun. Schade, da doch alle auf das gleiche Ziel hinarbeiten. In manchen Unternehmen wird daher gewünscht, dass sich die Mitarbeiter auch abteilungsübergreifend treffen, zum Beispiel beim Mittagessen. Das ist bei Ihnen nicht der Fall? Dann starten Sie selbst diese Initiative! Sie werden sicherlich nicht nur viele nette Menschen kennenlernen, sondern auch die größeren Abläufe genauso wie die Leistungen der Einzelnen besser verstehen. Und wer weiß, vielleicht bekommen Sie auch für Ihre Arbeit gute Anregungen – aus einem ganz anderen Blickwinkel.

○ erledigt

# 282

## Lesen Sie eine fremdsprachige Zeitung und sehen die Welt und Ihr Heimatland aus anderer Perspektive.

BESORGEN SIE SICH in der Bahnhofsbuchhandlung eine Zeitung, deren Artikel auf der Titelseite Sie lesen können. Zumindest eine englische Zeitung kann mithilfe eines Wörterbuchs auch entziffern, wer die Sprache nicht perfekt spricht. Einige Themen und Thesen werden Ihnen vielleicht fremdartig vorkommen, einiges sicher vertraut – denn in französischen und spanischen Zeitungen begegnen Ihnen dieselben internationalen Politiker oder Pop-Ikonen. Interessant ist der Blick auf Deutschland: Wer wird von der ausländischen Presse zitiert? Wie werden unsere Probleme von außen wahrgenommen?

○ erledigt

283

# Trauen Sie sich auf den Sprungturm! Wir sagen Ihnen, wie Sie ohne Bauchklatscher aufkommen.

VIELLEICHT GEHÖRTEN SIE im Schwimmunterricht in der Schule genau wie wir zu denen, die unauffällig aus der Reihe ausscherten, wenn nach dem Pflichtsprung vom Ein- oder Dreimeterbrett als Kür der Sprung vom Fünfer anstand. Dabei sah das Ganze kinderleicht aus: Ein kleiner Hupfer ins Nichts, ein blitzschnelles Eintauchen – und schon paddelten unsere Klassenkameraden wohlbehalten an den Beckenrand zurück, sichtlich stolz über ihre Heldentat.

Nun ist es an der Zeit, endlich aus dem Schatten zu treten und selbst das unglaubliche Gefühl zu erleben, das einem der Flug vom Fünf-, Siebeneinhalb- oder Zehnmeterturm beschert. Aber gehört nicht auch ein bisschen Wahnsinn dazu, einen solchen Sprung zu wagen?

Nein, sagt Kunst- und Turmspringtrainerin Susanne Beyer. Man muss nur wissen, wie es geht. Eine gewisse körperliche Grundfitness schadet sicher nicht, aber das einzig richtige Problem beim Sprung ist mentaler Natur: Zur Höhe der Absprungstelle kommen die eigene Körpergröße und die Wassertiefe hinzu – so haben Sie das Gefühl, statt »nur« zehn Meter circa 15 bis 17 Meter in die Tiefe zu blicken. Viele springen mit einem Mal, wenn ein Freund die Wasseroberfläche im Becken aufwühlt. Denn dann fallen die vier bis fünf Meter Beckentiefe optisch weg.

Susanne Beyers Tipp für einen Sprung, den auch Laien riskieren können: Nicht mit einem Fuß vortreten, sondern immer mit beiden Füßen voran beherzt abspringen! Denn sonst gerät der Körper aus der Balance, und Sie treffen vielleicht unangenehm auf der Wasseroberfläche auf. Lassen Sie beim Sprung die Füße und Beine fest geschlossen, legen Sie die Arme eng an den Körper und halten Sie den Kopf gerade. Das A und O eines gekonnten Sprungs ist es, Körperspannung aufzubauen. Das geht prima mit einem kleinen Trick: Stellen Sie sich vor, Sie halten mit Ihren Pobacken eine Ein-Euro-Münze fest. Üben Sie die Sprunghaltung vom Dreimeterbrett, bis Sie sich sicher fühlen, und arbeiten Sie sich dann weiter vor, bis Sie auf dem Zehnmeterturm stehen. Nichts ist schöner als fliegen – aber das hier kommt dem sehr nah!

○ erledigt

# 284

## Informieren Sie sich über Selbstverteidigung und buchen Sie gleich einen Wochenendkurs.

BEI EINER ZWEITÄGIGEN VERANSTALTUNG wird häufig kein bestimmter Kampfstil vermittelt. Stattdessen machen die Trainer Sie psychisch fit für heikle Situationen (nachts allein unterwegs, leere U-Bahn-Stationen). Sie lernen, wie Sie auf einen Angriff richtig reagieren, und können, je nach Anbieter, verschiedene Techniken an einem Trainer in Schutzkleidung ausprobieren. Suchen Sie nach einem passenden Angebot in den Gelben Seiten oder im Internet. Sie werden bald sicherer auftreten!

○ erledigt

# 285

## Warten Sie nicht auf Ihre Hochzeit, um sich beim Friseur eine festliche Frisur zaubern zu lassen.

FILME ZEIGEN AM BESTEN, wie sich ein Entlein allein durch die Haarpracht in einen Schwan verwandelt. Natürlich ist Julia Roberts in »Pretty Woman« auch mit frei herumfliegenden Korkenzieherlocken schon eine hübsche Frau. Doch mit festlicher Hochsteckfrisur wird sie zu einer atemberaubenden klassischen Schönheit. Verzaubern auch Sie Ihren Richard Gere. Lassen Sie sich heute beraten oder gleich verschönern. Was bei Experimenten vor dem Badezimmerspiegel herauskommt, kann nun mal mit einer Frisur vom Profi nicht mithalten.

○ erledigt

## 286
# Made in Germany: Lassen Sie Billigprodukte liegen und kaufen Sie bewusst ein.

NATÜRLICH FREUEN SICH ALLE über die »kleinen Preise«, denn bei vielen Menschen fällt das Gehalt nicht gerade berauschend aus. Wer schaut dann nicht genau, was wie viel kostet? Doch wir sollten nicht vergessen, woher die billigen Waren kommen und unter welchen Bedingungen sie hergestellt werden. Informieren Sie sich gerade bei größeren Anschaffungen darüber, wo und in welcher Form die betreffenden Firmen produzieren. Kaufen Sie verstärkt regionale Produkte, wenn Sie es sich leisten können, und tun Sie sich selbst damit etwas Gutes: Denn hier können Sie, trotz aller Lücken beim Verbraucherschutz, besser überprüfen, was alles an Inhaltsstoffen drinsteckt und wie die Menschen behandelt werden, die an der Herstellung beteiligt sind.

○ erledigt

## 287
# Statt Urlaub zu machen, übernachten Sie heute in einem Hotel in Ihrer Stadt.

IHR EIGENES BETT kennen Sie zur Genüge, Sie schlafen ja jede Nacht darin. Und vermutlich dauert es noch eine Weile bis zu Ihrem nächsten Urlaub, in dem Sie das aufregende Flair und die neue Umgebung eines Hotels genießen können. Aber wer sagt denn, dass Sie nur in den Ferien im Hotel übernachten können? Schnappen Sie sich Ihre beste Freundin oder Ihren Partner und werden Sie Tourist in der eigenen Stadt: Buchen Sie ein Zimmer und lassen Sie für eine Nacht die Atmosphäre eines unbekannten Ortes auf sich wirken.

○ erledigt

# 288

## Lernen Sie, Ihrem Partner die Krawatte zu binden!

**DER MANN VON WELT** bindet seine Krawatte natürlich selbst. Das heißt aber nicht, dass er es nicht zu würdigen weiß, wenn Sie es für ihn tun können. Dabei bleibt Ihnen überlassen, ob Sie daraus eine Ausnahme oder ein morgendliches Ritual machen, ob Sie jede Bewegung zu einem hingebungsvollen Streicheln werden lassen oder Ihren Mann schnell und effizient »einfangen«. Glücklicherweise gibt es eine Menge Ratgeber, aus denen Sie sich Knoten abschauen können, die Ihr Liebster bestimmt nicht kennt – hier finden Sie garantiert die eine oder andere Variante, die besser zu Ihrem Partner passt als der einfache Windsor, den Papa ihm mal beigebracht hat. Sagen Sie das aber besser nicht, sondern überraschen Sie ihn mit einem perfekten Knoten.

Dazu üben Sie das Binden der Krawatte – am besten erst einmal an sich selbst. Legen Sie dazu beide Enden um Ihren Oberschenkel und binden Sie den Knoten so, dass die Krawatte am Ende auf Ihre Hüfte zeigt. Auf diese Weise lernen Sie die Technik des Knotens. Sobald Sie die beherrschen, üben Sie vor dem Spiegel: Das ist wichtig, damit Sie Ihrem Partner die Krawatte binden können, während Sie hinter ihm stehen (dazu müssen Sie natürlich auch groß genug sein!). Im nächsten Schritt wagen Sie sich an ein anderes lebendes Objekt, vielleicht erst einmal an Ihre Freundin?

Und warum machen wir das? Weil es unglaublich sexy aussieht! Gucken Sie sich noch mal den Film »Pretty Woman« an – dann wissen Sie, was wir meinen. Sie müssen ja nicht gleich wie Julia Roberts nur mit der Krawatte bekleidet abends auf Ihren Liebsten warten.

Übrigens: Auch Damenkrawatten sind immer mal wieder in Mode und für viele Frauen das i-Tüpfelchen, um der Bürokleidung den letzten Schliff zu verleihen.

○ erledigt

# 289

## Kennen Sie die Gegend, in der Sie arbeiten? Nein? Dann steigen Sie heute eine Haltestelle früher aus.

AM ARBEITSPLATZ interessiert vor allem, ob der Computer funktioniert und genug Kaffee da ist. Aber oft gibt es viel mehr zu entdecken: Vielleicht finden Sie einen netten, kleinen Park, in dem Sie Ihre Mittagspause verbringen können, oder Läden, die ganz andere Waren anbieten, als Sie sonst einkaufen. Geben Sie der Gegend, in der Sie arbeiten, eine Chance und schauen Sie sich alles genauer an. Zum Beispiel, indem Sie am Morgen einfach eine Station eher aussteigen und ein Stück zu Fuß gehen. So kommen Sie auch gleich an die frische Luft!

○ erledigt

# 290

## Suchen Sie sich ein Fitnessstudio oder einen Sportverein und vereinbaren Sie ein Probetraining.

EIGENTLICH MÖCHTEN SIE mehr Sport treiben, und eigentlich wollten Sie sich auch längst darum kümmern. Aber dann ist immer etwas enorm Wichtiges dazwischengekommen, und so schieben Sie die ganze Sache schon eine Weile vor sich her. Doch heute gibt es keine Ausreden mehr, denn Ihre Tagesaufgabe heißt: Machen Sie einen Probetermin aus. Ganz egal, was Sie vorhaben – Ihre Fitness steigern oder eine bestimmte Sportart erlernen –, schauen Sie im Internet oder Telefonbuch nach, welche Möglichkeiten es in Ihrer Nähe gibt. Am besten testen Sie in den nächsten drei Wochen die Angebote, die am ehesten infrage kommen. Sobald Sie den ersten Schritt getan haben, fällt die Überwindung zum Sporttreiben nicht mehr schwer.

○ erledigt

## 291
# Sie haben alle Gedichte aus Ihrer Schulzeit vergessen? Dann lernen Sie heute ein neues.

IM INTERNET stoßen Sie mit dem Stichwort »Gedicht« auf viel Schreckliches, aber auch auf die Klassiker von Goethe bis Heine. Oder gibt Ihr Bücherschrank etwas Passendes her? Suchen Sie sich ein neues Lieblingsgedicht aus und lernen Sie es auswendig. Vermutlich müssen Sie nicht mehr »Des Sängers Fluch« unter dem Weihnachtsbaum aufsagen, um beschenkt zu werden, aber dafür kommt Ihr Gehirn beim Lernen ein wenig auf Trab. Und macht es nicht einen wahnsinnig guten Eindruck, wenn Sie aus dem Stegreif »Der Panther« von Rilke rezitieren können?

○ erledigt

## 292
# Halten Sie Ihre Umgebung mit dem Fotoapparat fest und entdecken Sie die Lust daran, sich in Details zu verlieren.

EIN MIT TAU überzogenes Spinnennetz, die Rinde eines Baumes, bunte Blätter – um uns herum gibt es viele lohnende Motive für Nahaufnahmen mit der Kamera. Vielleicht möchten Sie sich auch als Lomograf betätigen? In dieser Stilrichtung der Fotografie gelten die Regeln: »Nimm die Kamera mit, wohin Du auch immer gehst! Benutze sie Tag und Nacht! Schieß aus der Hüfte! Bring die gewünschten Objekte so nahe wie möglich an die Linse! Denke nicht!« Klassisch werden hier analoge Kameras verwendet und die Abzüge im Format 7 x 10 Zentimeter entwickelt. Aber natürlich können Sie auch mit einer Digitalkamera jederzeit spontan auf den Auslöser drücken.

○ erledigt

# 293

# Ihnen fehlt das Kribbeln im Bauch? Dann flirten Sie heute mal richtig los.

IN DEUTSCHLAND leben über elf Millionen Singles. Sie gehören im Moment auch dazu und möchten das gerne ändern? Vielleicht wollen Sie Ihr Singledasein aber auch mal so richtig genießen. Dann flirten Sie, was das Zeug hält! Mit den folgenden Tipps geht das leichter, als Sie denken:

- Sie finden sich zu dick oder zu dünn? Eigentlich passt die Farbe Ihres Pullovers so gar nicht zu Ihrem Teint, und sieht Ihre Freundin hingegen nicht wieder umwerfend aus? Mit dieser Einstellung haben Sie gleich verloren – denn Ihre Zweifel strahlen Sie auch aus. Und wie soll eine andere Person von Ihnen überzeugt sein, wenn Sie es selbst nicht sind? Seien Sie also nicht zu streng und zermürben Sie sich nicht überkritisch. Wenn jemand Sie anziehend findet, dann wird ihn weder der Pickel am Kinn noch ein Gramm zu viel oder zu wenig stören.
- Genießen Sie die Situation. Am besten denken Sie gar nicht daran, dass Sie eigentlich auf der Suche sind. Denn ganz ehrlich: Man merkt sofort, wenn jemand um jeden Preis einen Partner finden will – und das ist eher abschreckend. Machen Sie sich einen schönen Abend, reden und lachen Sie mit Ihren Freunden, zeigen Sie Ihre Offenheit. Sie werden so interessant wirken, dass man(n) Sie unbedingt ansprechen muss.
- Ganz wichtig ist auch Ihre Körpersprache. Denn durch sie können Sie ohne Worte zeigen, was Sie wollen. Sie haben jemanden gesehen, der Ihnen gefällt? Dann wenden Sie sich ihm zu, lächeln Sie und schauen Sie ihm in die Augen – aber ohne zu starren! Wenn Ihr Gegenüber häufig zurückschaut, können Sie sicher sein: Das Interesse beruht auf Gegenseitigkeit.
- Sie sind ins Gespräch gekommen? Prima, der erste Schritt ist vollbracht! Nun kommt es darauf an, dass Sie deutlich machen, wie interessiert Sie sind: Reden Sie über den Abend und entdecken Sie Gemeinsamkeiten, hören Sie gut zu und nerven Sie Ihren neuen Schwarm nicht mit Monologen oder alten Beziehungen. Dann wird aus dem Flirt vielleicht mehr – natürlich nur, wenn Sie es wollen.

○ erledigt

## 294
# Leisten Sie sich heute ein neues Kleidungsstück, das Ihnen richtig gut steht.

BEI VIELEN FRAUEN ist mindestens der halbe Kleiderschrank gefüllt mit Kleidung, in die sie nicht mehr hineinpassen, die sie noch nie tragen konnten oder die ihnen aus irgendeinem Grund verleidet ist. Die andere Hälfte macht meist unser »üblicher Look« aus – Kleidung, die wir jeden Tag tragen, aber die nichts Besonderes ist.
Machen Sie mehr aus Ihrem Typ! Probieren Sie sich heute durch ein paar Bekleidungsgeschäfte. Und lassen Sie sich von einer ehrlichen Freundin mit gutem Geschmack begleiten, die beim richtigen Teil ruft: »Ja! Das ist es. Du siehst umwerfend aus.«

○ erledigt

## 295
# Sie mögen Computerspiele nicht, haben aber deren Spaßfaktor noch nie getestet? Dann tun Sie es jetzt.

VIELLEICHT HAT IHR FREUND oder Bruder einen Computer, der sich zum Spielen super eignet? Dafür sind vor allem eine gute Grafikkarte und ein schneller Prozessor wichtig. Wenn ja, dann steigen Sie gleich ein in ein »MMORG« (Massively Multiplayer Online Roleplaying Game). Solche Spiele, bei denen Sie mit oder gegen echte andere Menschen spielen, gibt es in vielen Ausführungen. Am bekanntesten ist momentan »World of Warcraft«. Weniger wettbewerbsorientiert sind »Guild Wars« oder »The Sims Online«, die es erlauben, in eine ganz andere Rolle zu schlüpfen ... Lesen Sie die Beschreibungen der Spiele zum Beispiel bei Wikipedia und probieren Sie sie einfach aus. Und lassen Sie sich weder von Ihrem Freund noch von Ihrem Bruder reinreden!

○ erledigt

# 296

## Die eigenen Sorgen verstellen Ihnen den Blick auf die Probleme Ihrer Freunde? Bieten Sie heute Hilfe an, wo sie gebraucht wird.

IN IHRER ABTEILUNG gibt es Ärger. Oder Ihr Baby weint ständig, weil es gerade die ersten Zähne bekommt. Und wenn Sie es gar nicht mehr aushalten, greifen Sie zum Telefonhörer und rufen Ihre beste Freundin an. Sie ist immer für Sie da und hört Ihnen geduldig zu, auch wenn Sie sich drei Stunden lang über Ihre zickige Kollegin oder die etwas seltsame Tagesmutter auslassen. Klar, im Moment läuft es nicht so wie geplant, und Sie brauchen jemanden zum Reden. Doch wann haben Sie das letzte Mal mit Ihrer Freundin deren Probleme gewälzt? Wann haben Sie ihr geholfen und sind zu einem Tröstbesuch mit viel Schokolade aufgebrochen? Wenn es bei uns drunter und drüber geht, verlieren wir leicht das Leben der Freunde aus den Augen und vergessen, dass auch sie unseren Beistand brauchen. Eine Freundschaft besteht aber aus Geben und Nehmen. Und genauso wenig, wie Sie übervorteilt werden wollen, möchten Sie sicher, dass Ihre Freunde zu kurz kommen. Und Hand aufs Herz: Sie wissen doch auch, dass es manchmal ganz schön anstrengend sein kann, einen anderen ständig aufzumuntern und dasselbe Problem x-mal durchzukauen.

Rufen Sie deshalb heute Ihre Freundin an und lauschen Sie mehr, als selbst zu erzählen: Wie geht es ihr, was ist in letzter Zeit passiert, könnte sie Ihre Hilfe benötigen? Lassen Sie sie reden, fragen Sie nach und – ganz wichtig – hören Sie sehr genau hin. Sie fühlt sich wohl? Prima, dann treffen Sie sich doch auf einen Kaffee oder zum Bummeln und genießen Sie die Zeit zu zweit – und Ihre Sorgen bleiben daheim. Sie fühlt sich nicht so gut? Dann überlegen Sie in Ruhe, wie Sie sie unterstützen können. Vielleicht braucht sie konkrete Hilfe oder nur jemanden zum Quatschen. Sie werden bestimmt den richtigen Weg finden. Und noch ein Tipp zum Schluss: Sagen Sie doch auch mal danke – danke, dass du für mich da bist. Denn es ist nicht selbstverständlich, und Ihre Freundin wird sich darüber freuen, wenn Sie es auch nicht dafür halten.

○ erledigt

# 297
## Essen Sie heute nur naturbelassene und Bio-Produkte.

WAS GEHT uns nicht alles über die Lippen! Ein Schokoriegel, ein Happs – schon sind nicht nur 800 Kalorien im Magen, sondern auch eine Menge Zutaten, die nichts mit Schokolade oder Keksen zu tun haben. Niemand liest das Kleingedruckte auf der Verpackung. Niemand – außer denen, die gewisse Konservierungsstoffe oder etwa Laktose nicht vertragen. Und deren Zahl wächst rapide! Eine Theorie für die Ursachen hört man oft: Unsere Körper vertragen all die Chemie im Essen nicht, die wir von Kindesbeinen an aufnehmen. Tun Sie Ihrem Körper etwas Gutes und greifen Sie heute nur zu unbehandelten Zutaten. Wählen Sie selbstgeschnippeltes oder Tiefkühlgemüse ohne Saucen-Blubb statt einer Tütensuppe. Und essen Sie in der Kantine nicht das Retortenschnitzel mit Panade, sondern Salat mit Essig und Öl und dazu ein Stück Fleisch oder Fisch ohne alles.

○ erledigt

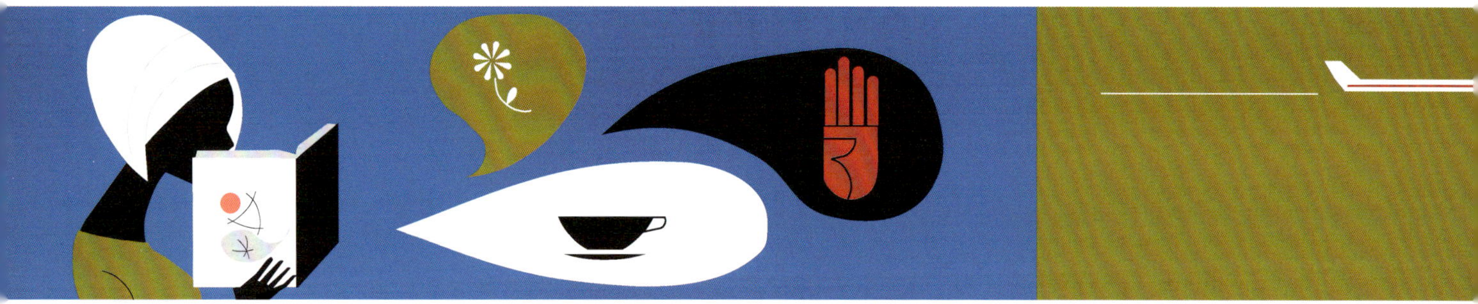

# 298
## Lernen Sie für Ihren nächsten Urlaub ein paar Sätze in der jeweiligen Fremdsprache.

»DONNEZ-MOI DEUX CENTS GRAMMES de ce fromage de chèvre, s'il vous plait.«, »Tack sa mycket.« Natürlich können Sie in den meisten Ländern auch auf Englisch 200 Gramm Ziegenkäse einkaufen oder sich bedanken. Aber es ist eine höfliche Geste, die sehr gut ankommt, wenn Sie die gängigsten Sätze kennen. Das gilt selbst dann, wenn Sie doch auf Deutsch oder Englisch weitersprechen müssen.

○ erledigt

# 299

## Sie trauern? Glauben Sie daran, dass die Zeit alle Wunden heilt, und lernen Sie loszulassen.

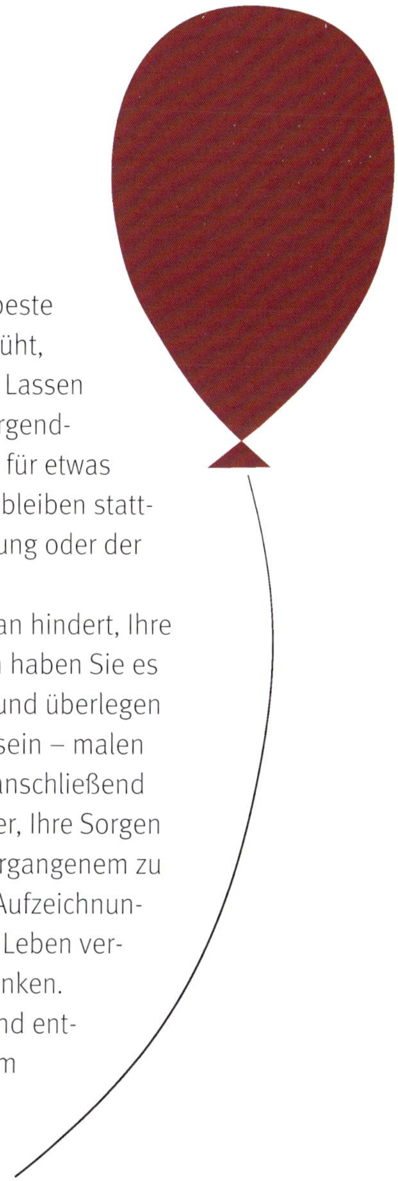

ES GIBT VIELE GRÜNDE, warum wir manchmal traurig sind: Vielleicht ist Ihre beste Freundin in eine andere Stadt gezogen, Sie haben sich sehr um ein Projekt bemüht, aber den Auftrag nicht erhalten, oder Sie hängen Ihrer verflossenen Liebe nach. Lassen Sie die Gefühle zu, denn indem wir trauern, verarbeiten wir die Vergangenheit. Irgendwann aber müssen Sie auch lernen, wieder loszulassen, sonst sind Sie nicht frei für etwas Neues – weder für eine neue Liebe noch für neue Aufgaben und Erlebnisse. Sie bleiben stattdessen am Alten haften, können sich nicht weiterentwickeln, und die Enttäuschung oder der Schmerz wird zu einem ständigen Begleiter, der Sie innerlich erstarren lässt.

Machen Sie deshalb heute Schluss mit allem, was Sie belastet und was Sie daran hindert, Ihre Fühler wieder auszustrecken. Am besten trennen Sie sich schriftlich, denn dann haben Sie es schwarz auf weiß. Gönnen Sie sich dazu eine ruhige Minute: Gehen Sie in sich und überlegen Sie, was Sie traurig macht und was Sie ändern müssten, um wieder fröhlich zu sein – malen Sie sich dann Ihr zukünftiges Leben in leuchtenden Farben aus. Schreiben Sie anschließend all Ihre Gedanken auf und projizieren Sie auf das Blatt Papier Ihren ganzen Ärger, Ihre Sorgen und Ihren Kummer. Ans Ende setzen Sie das Versprechen, sich ab heute von Vergangenem zu lösen und allem, was kommt, wieder eine Chance zu geben. Versehen Sie Ihre Aufzeichnungen dann mit Datum und Unterschrift. Diesen Vertrag lassen Sie nun aus Ihrem Leben verschwinden, und mit ihm verschwinden auch ganz langsam Ihre negativen Gedanken.

Sie können das Papier zum Beispiel an einen gasgefüllten Luftballon hängen und entschweben lassen, Sie können es verbrennen, die Toilette hinunterspülen oder im Garten vergraben – ganz wie es Ihnen am besten gefällt und zu Ihnen passt.

Suchen Sie sich einfach den Weg aus, bei dem die Geste für Sie die stärkste symbolische Kraft entwickelt. Spüren Sie schon, wie es Ihnen ein wenig leichter ums Herz wird?

○ erledigt

# 300

## Klicken Sie sich heute durchs Internet und schauen Sie mal, welche Männer im Moment zu haben sind.

DIE FREUNDE IHRER FREUNDE kennen Sie alle, und es gibt kaum noch Nächte, die Sie zum Tag machen? Vielleicht sehen Sie sich schon als alte Jungfer enden. Aber nicht doch! Um einen netten Mann kennenzulernen, müssen Sie heutzutage nicht mal mehr das Haus verlassen. Es gibt viele Internet-Flirt-Seiten, auf denen Sie nach Ihrem Traummann suchen können. Wählen Sie sich eine Seite aus, die Ihnen gefällt und die seriös ist. Machen Sie sich dort ein Bild vom Männerangebot oder erstellen Sie selbst ein Profil. Sie müssen sich dabei nicht komisch vorkommen – fast jeder zehnte Deutsche hält schon übers Web Ausschau nach einem Partner. Und Spaß macht es auch, besonders, wenn Ihre Freundinnen mit einem Glas Prosecco neben Ihnen sitzen.

○ erledigt

# 301

## Jetzt geht die Post ab: Versenden Sie eine Nachricht in der Flasche.

SIE HABEN SCHON LANGE keinen Brief mehr geschrieben? Dann verschicken Sie heute mal wieder Post, aber in einer ganz besonderen Form – nämlich als Flaschenpost. Schreiben Sie ein paar nette Zeilen (Absender nicht vergessen!), rollen Sie das Blatt zusammen und stecken Sie es in eine Flasche. Nun verschließen Sie den Hals gut, zum Beispiel mit Wachs, damit kein Wasser eindringen kann. Suchen Sie sich dann den nächsten Fluss oder fahren Sie ans Meer. Hier heißt es: Abschied nehmen. Sind Sie auch gespannt, ob jemand antwortet?

○ erledigt

## 302

# Kitzeln Sie Ihren Gaumen – mit ungewöhnlichen Kombinationen aus leckeren Zutaten.

DENKEN SIE AUCH automatisch »Basilikum«, wenn Sie eine Tomate sehen? Klar: Manche Geschmackskombinationen sind wahre Dreamteams, und wir kehren zu Recht immer wieder zu ihnen zurück. Was wäre denn schon ein Bratapfel ohne Zimt, ein Gurkensalat ohne Dill und ein Würstchen ohne Senf! – Vielleicht einen Versuch wert? Überraschen Sie Ihren Gaumen heute einmal mit neuen und ungewöhnlichen Zusammenstellungen. Ideen finden Sie zum Beispiel in anderen Länderküchen. Wenn Sie durch internationale Kochbücher stöbern, werden Sie feststellen, dass anderswo ganz andere Aromenkombinationen als selbstverständlich gelten. Aber auch junge Köche hierzulande versuchen immer wieder, Gerichte aus überraschenden Zutaten zu komponieren. Lassen Sie sich inspirieren: zu Gurkensalat mit Minze, Grünkohl mit Ingwer, kardamomwürziger Tomatensauce oder einer schokoladigen Hähnchenbrust!

### HÜHNCHEN MIT HERZHAFTER SCHOKOLADENSAUCE (für 4 Personen)

1 rote Chilischote | 2 getrocknete Aprikosen | 2 Esslöffel Öl | 600 g Hähnchenbrustfilet
1 Dose Pizzatomaten (400 g) | 1/2 Teelöffel Zimtpulver | 2 Teelöffel getrockneter Oregano
(oder 1 Bund frischer, die Blättchen fein gehackt) | 200 ml Fleischbrühe (Instant) | Saft von 1 Orange
100 ml Rotwein | 70 g Zartbitterschokolade (mindestens 70 Prozent Kakaoanteil) | Salz | Pfeffer

- Heizen Sie den Backofen auf 80 Grad vor (Umluft nicht vorheizen). Dann waschen und putzen Sie die Chili und schlitzen sie längs auf. Entfernen Sie die Kerne und schneiden Sie die Schote in winzige Würfelchen. Dabei tragen Sie am besten Handschuhe. Die getrockneten Aprikosen würfeln Sie ebenfalls.
- Erhitzen Sie das Öl in einer Pfanne und braten Sie die Hähnchenbrüste rundum gründlich an. Nun salzen und pfeffern Sie sie, wickeln sie in Alufolie und garen sie im Ofen bei 80 Grad (Umluft 60 Grad) 30 bis 40 Minuten weiter. In der Zwischenzeit braten Sie die Chili- und Aprikosenwürfel in der Pfanne an. Geben Sie Tomaten, Zimt und Oregano dazu und löschen Sie alles mit der Brühe, dem Orangensaft und dem Rotwein ab. Lassen Sie alles 10 Minuten offen bei mittlerer Hitze köcheln, bis die Sauce eingedickt ist. Dann reiben Sie die Schokolade und ziehen sie unter die Sauce. Mit dem Pürierstab zerkleinern Sie alles, bis es sämig ist, und schmecken es mit Salz und Pfeffer ab. Die Sauce servieren Sie zu den Hähnchenbrüsten.
- Variante aztekisches Höllenfeuer: Verwenden Sie vier scharfe rote Chilis mit den Kernen.

○ erledigt

# 303

## Nehmen Sie sich heute mal nicht zu ernst.

SIE LACHEN schon gerne über andere Leute, doch wenn es um Sie selbst geht, verstehen Sie keinen Spaß? Versuchen Sie heute, mit sich selbst lockerer umzugehen. Wenn jemand über Sie schmunzelt, überlegen Sie kurz, ob Sie die Situation von außen betrachtet nicht auch komisch fänden. So gewinnen Sie einen gewissen Abstand und können mitlachen. Das verringert zwischenmenschliche Spannungen, und Sie wirken sympathischer – nämlich wie ein Mensch, der sein Leben mit Humor nimmt.

○ erledigt

# 304

## Entdecken Sie heute den Poeten in sich! Es muss ja nicht gleich ein Sonett Ihrer Feder entspringen.

GEDICHTE KENNEN die meisten aus Poesiealben oder dem Deutschunterricht – heute werden Sie selbst eins schreiben. Sie müssen dabei nicht William Shakespeare Konkurrenz machen, bringen Sie einfach nur Ihre momentanen Gefühle oder Gedanken zu Papier. Sie können in freier Form dichten oder reimen. Spaß macht es auch, feste Versformen wie den Limerick mit eigenen Inhalten zu füllen. Falls Ihnen der passende Reim nicht einfällt, schlagen Sie einfach in einem Reimlexikon nach.

FREI
Ein Blick von dir
berührt mich mehr
als der feurigste Kuss.

GEREIMT
Ein Blick von dir
entzünd't in mir
heißere Flammen
als alle deine Küsse zusammen.

○ erledigt

305

# Heute ist Ihr umweltbewusster Tag: Sparen Sie Energie und Wasser, wo es nur geht.

BEI UMWELTSÜNDEN denken wir gern an große Fabriken, Autohersteller oder manch eine Nation, die noch fröhlich Kohlendioxid in die Luft bläst. Doch wir tragen alle dazu bei, wenn auch natürlich als Einzelne in viel kleinerem Rahmen. Zusammen aber ergibt das wiederum eine ganze Menge: So verbrauchen die deutschen Privathaushalte mehr Energie als die Industrie. Dabei ist es doch gar nicht so schwer, etwas für die Umwelt zu tun (Ideen dazu finden Sie auch unter www.klima-sucht-schutz.de).

- STROM: Daheim gibt es viele Energiefresser, doch schon mit kleinen Tricks können Sie dagegen etwas unternehmen, zum Beispiel: Stellen Sie kein heißes Essen in Ihren Kühlschrank, damit die Kühlleistung nicht hochgefahren werden muss. Nehmen Sie immer einen Topf, dessen Größe zur Herdplatte passt, und zusätzlich einen Deckel. So verringert sich die Kochzeit, und die Wärme verflüchtigt sich nicht. Achten Sie auf die vielen Geräte mit Stand-by-Funktion wie Fernseher, DVD-Player oder Stereoanlage. Hier wird auch im Ruhezustand sehr viel Strom verbraucht. Schnelle Abhilfe bieten Steckdosen, die man an- und ausschalten kann. So fließt nur dann Strom, wenn Sie ihn wirklich benötigen.
- LICHT: Bei der Beleuchtung sparen Sie ganz einfach. Die Devise heißt: Licht aus in Räumen, in denen Sie sich nicht aufhalten. Wenn Sie zudem Ihre Glühbirnen gegen Energiesparlampen austauschen, verbrauchen Sie noch weniger Strom. Nützlicher Nebeneffekt: Deren Lebensdauer ist länger als die konventioneller Birnen.
- WASSER: Wir sind vielleicht nicht ganz so waschfreudig wie die Amerikaner, dennoch verbrauchen wir täglich etwa 140 Liter Trinkwasser. Was können Sie tun? Schalten Sie Spül- und Waschmaschine erst ein, wenn sie voll sind. Lassen Sie das Wasser nicht laufen, wenn Sie es nicht unbedingt brauchen – beim Zähneputzen, Geschirrspülen und Einseifen. Duschen Sie lieber, als ein Vollbad zu nehmen, und vielleicht überlegen Sie sich, auf Spartoilettenspülung und Durchlaufbegrenzer an Ihren Wasserhähnen umzusteigen. Achtung auch bei tropfenden Wasserhähnen: So ein Hahn verliert 0,7 Liter Wasser pro Stunde. Welche Unmengen da in einem Jahr zusammenkommen, können Sie leicht ausrechnen.

○ erledigt

# 306

## Suchen Sie alle Bilder heraus, auf denen Sie sich hässlich finden, und vernichten Sie sie.

SIE KENNEN DAS sicher auch: Ihre Mutter gräbt zu den unmöglichsten Anlässen ganz furchtbare Fotos von Ihnen aus. Und schon auf mancher Party haben Ihre alten Fotoalben dazu beigetragen, die ganze Runde zu belustigen. Die einzige Person, die darüber nicht lachen kann, sind Sie. Deshalb ist heute Schluss mit lustig: Sichten Sie Ihre Fotos und behalten Sie nur Bilder, auf denen Sie sich gut getroffen fühlen oder die wirklich komisch sind. So gibt es in Zukunft keine peinlichen Zwischenfälle mehr, und Sie selbst haben auch Spaß daran, die Vergangenheit anzusehen.

○ erledigt

# 307

## Machen Sie heute einen Termin bei der Kosmetikerin aus und lassen Sie sich verwöhnen.

MANCHE FRAUEN gönnen sich den Luxus, einmal im Monat zur Kosmetikerin zu gehen – vielleicht, um sich die Beine epilieren zu lassen, der Haut etwas Gutes zu tun oder als Anti-Aging-Maßnahme. Aber die meisten schauen doch aufs Geld und verwandeln höchstens ihr Badezimmer in ein Kosmetikstudio. Dabei ist es etwas ganz anderes, ob Sie sich selbst eine Maske aufs Gesicht kleistern oder sich richtig verwöhnen lassen. Deshalb: Buchen Sie heute eine Gesichtsmassage, ein Peeling oder eine Ganzkörperpackung. Es muss ja nicht gleich ein teures Rundum-Programm sein.

○ erledigt

## 308

## Sie denken gerne an Ihre Jugend zurück? Dann recherchieren Sie im Internet nach alten Schulfreunden.

NEHMEN SIE KONTAKT zu ehemaligen Klassenkameraden auf und tauschen Sie Anekdoten aus: über den schrecklichen Mathelehrer, Ihren Abi-Streich oder die gemeinsamen Klassenfahrten. Mit einer simplen Internetrecherche nach »Vorname + Nachname« oder auch über Online-Netzwerke wie Xing und Lokalisten lassen sich schon sehr viele Bekannte entdecken. Es ist allerdings bei den Männern einfacher: Durch eine Heirat tragen Frauen häufig einen anderen Namen und sind damit oft nur schwer aufzufinden. In solchen Fällen hilft es zum Beispiel, Freunde von damals ausfindig zu machen und nach dem Verbleib zu fragen. Sie können auch spezialisierte Portale wie Stayfriends nutzen.

○ erledigt

## 309

## Ab die Fahrt: Gehen Sie zum Bahnhof und nehmen Sie den erstbesten Regionalzug.

EINE REISE, die ist lustig – besonders, wenn man das Ziel nicht kennt. Sie möchten einen Tagesausflug machen? Lassen Sie die Reiseführer im Regal, denn heute bestimmt der Fahrplan Ihr Ziel. Packen Sie Proviant ein, und dann geht's auf zum Bahnhof. Lösen Sie dort eine Fahrkarte für den nächsten Regionalzug und steigen Sie ein. An der Endstation informieren Sie sich über die Umgebung. Genießen Sie den Tag und den Ort, den der Zufall für Sie ausgewählt hat.

○ erledigt

# 310

# Was für ein Theater! Inszenieren Sie mit Freunden ein Theaterstück.

**DAS THEATER** hat viele Anhänger: Die einen mögen eher klassische Aufführungen, andere lachen gern, und bei den Dritten darf es auch mal ein modernes Stück sein, das keiner so recht versteht. Sie gehören auch dazu, schwärmen für William Shakespeare, Friedrich Dürrenmatt oder Yasmina Reza? Hätten Sie dann nicht Lust, selbst aktiv zu werden, statt nur zuzuschauen? Trauen Sie sich! Erinnern Sie sich an Ihre Schultheatererfahrungen und üben Sie mit Freunden ein Theaterstück ein. Sie brauchen dazu nur ein Reclam-Heft Ihrer Wahl, viel Enthusiasmus und eine begeisterungsfähige Truppe.
Je nachdem, wie mutig Sie sind, spielen Sie nur für sich oder führen Ihr Stück vor Publikum auf – vor der Familie oder Freunden. Vielleicht gibt es einen schönen Anlass für die Premiere, etwa den Geburtstag eines Theaterliebhabers? Sicher werden Sie eine Menge Spaß haben und anderen eine Freude bereiten. Vor allem aber werden Sie selbst davon profitieren: Beim Theaterspielen können Sie Ihre Kreativität ausleben und ein Werk so inszenieren, wie Sie es sich vorstellen; Sie schlüpfen in andere Rollen und probieren Charaktere aus, die Ihnen eigentlich fremd sind. Für eine Weile treten Sie aus Ihrer Welt hinaus und in eine neue ein – und verzaubern damit sich und Ihre Zuschauer. Also, zögern Sie nicht, machen Sie Ihr Wohnzimmer zur Bühne!

Welches Theaterstück will ich aufführen? ____________________

____________________________________________

Wer ist der Regisseur? ____________________

Wer spielt welche Rollen? ____________________

____________________________________________

Wer ist für Kostüme und Requisiten zuständig? ____________

____________________________________________

Was benötige ich außerdem (Platz, Musik ...)? ____________

○ erledigt

# 311
## Tauschen Sie einen Tag lang die Rollen mit Ihrem Partner.

VERMUTLICH können Sie nicht anstelle Ihres Freundes oder Mannes in seine Firma zum Arbeiten gehen. Aber alle sonstigen »Rollen« kann heute der jeweils andere übernehmen. Kümmert er sich immer um das Frühstück, während Sie sich stundenlang im Bad aufbrezeln? Heute läuft es umgekehrt! Sie kochen jeden Abend für ihn? Heute kriegt er die Schürze umgebunden. Spaß macht der Rollentausch auch im Kleinen: Welchen Teil der Zeitung liest er? Gibt es Marotten und Rituale, die er pflegt? Probieren Sie alles aus, was üblicherweise Ihr Partner tut. Sie werden sehen, ein Rollentausch erleichtert die Verständigung ungemein – denn jeder lernt die Sicht des anderen kennen.

○ erledigt

# 312
## Verschenken Sie etwas, das für Ihre Gegend typisch ist.

DAMIT DIE TEUER erstandene Kuckucksuhr oder das Buddelschiff nicht einfach verstaubt oder entsorgt wird, verschenken Sie am besten Ess- oder Trinkbares. Seien Sie aber gnädig – es gibt Spezialitäten, deren Namen klingen einfach abschreckend (»Saumagen«), andere sind wirklich Geschmackssache (schottischer Haggis). Daher ist es besser, auch außerhalb der Klischees zu denken: »Ahle Worscht« ist vermutlich nicht jedermanns Sache, dafür aber vielleicht die köstlichen nordhessischen Schmandwecken, die leider außerhalb der Region noch ganz unbekannt sind. Das können Sie heute ändern!

○ erledigt

# 313
## Jeder geht voran – Schritt für Schritt. Doch um zu wissen, wo Sie ankommen wollen, brauchen Sie ein Ziel.

VIELE MENSCHEN LEBEN vor sich hin. Zufrieden, aber nicht besonders glücklich. Nicht orientierungslos, aber ohne genaue Ziele. Manchen reicht das, manchen nicht. Wie geht es Ihnen? Gibt es ein Ziel, das Sie sich vage gesetzt haben, aber nie richtig in Angriff nehmen? Sind Sie schon angekommen, wo Sie immer hinwollten? Oder wissen Sie gar nicht recht, wohin Sie eigentlich möchten? Ab und zu ist es gut, sich solche Fragen zu stellen, denn sonst kann es sein, dass das halbe Leben vorbei ist, bevor Sie plötzlich merken: »Hoppla, da war doch noch was. Was ist aus meinen Träumen geworden? Wollte ich nicht mehr?« »Mehr« muss dabei gar nicht Erfolg oder Geld bedeuten, »mehr« kann sich auch auf die persönliche Weiterentwicklung oder auf private Wünsche beziehen.
Überlegen Sie heute, ob es nicht ein Ziel gibt, das Sie erreichen wollen. Sind Sie mit Ihrer jetzigen Situation zufrieden oder eher nicht? Was möchten Sie verändern? Vielleicht müssen Sie auch gar nicht lange überlegen, weil Ihnen das schon ganz klar ist. Dann können Sie gleich mit dem ersten Schritt beginnen: Schreiben Sie Ihr Ziel auf. Oft wird das nämlich falsch gemacht und statt eines Ziels eine Absicht genannt. Wie erkennen Sie den Unterschied? Ganz einfach – ein Ziel ist smart: s = spezifisch, m = messbar, a = angemessen, r = realistisch und t = terminiert. Das heißt: Sie müssen Ihr Ziel ganz konkret formulieren und überprüfen können. Wichtig ist auch, dass es von Ihnen selbst und Ihrer Umgebung angenommen wird und auch tatsächlich erreichbar ist.
Zusätzlich brauchen Sie einen Zeitplan. Es bringt nichts, wenn Sie sich zum Ziel setzen, nächsten Monat perfekt Englisch zu sprechen, wenn Sie im Moment nur über Anfängerkenntnisse verfügen. Das ist weder ein realistisches Ziel noch ein realistischer Zeitpunkt. Am besten legen Sie auch einige Etappenziele fest, so funktioniert die Erfolgskontrolle besser. Stellen Sie sich nun noch bis ins kleinste Detail vor, wie es sein wird, wenn Sie an Ihrem Ziel angekommen sind. Wie fühlen Sie sich? Wie sehen die anderen Sie? Das motiviert und zeigt Ihnen, dass Sie auf dem richtigen Weg sind!

○ erledigt

# 314
## Frischen Sie Ihre Sprachkenntnisse auf.

WENN SIE SICH MAL so richtig ärgern wollen, lesen Sie Ihre alten Mitschriften aus Schulzeiten oder blättern Sie in einem Schullehrbuch. Haben Sie das nicht früher auch sagen können – in Englisch oder Spanisch? Und jetzt? Wie groß ist Ihr Wortschatz heute noch? Es ist doch zu schade, Sprachkenntnisse verkümmern zu lassen. Machen Sie deshalb einen Kurs, um sie aufzufrischen. Je nach Kenntnisstand ist vielleicht auch ein Konversationskurs für Sie das Geeignete – dadurch wird besonders der aktive Wortschatz vergrößert. Das Angebot an Sprachkursen ist sehr groß – für jeden Geldbeutel lässt sich etwas finden.

○ erledigt

# 315
## Lassen Sie heute ein Buch auf Reisen gehen.

VON AUSGESETZTEN HUNDEN haben Sie schon gehört, aber noch nie von einem ausgesetzten Buch? Keine Angst, das ist nichts Schlimmes: Wählen Sie ein Buch aus, das Sie gern gelesen haben, registrieren Sie es unter auf www.bookcrossing. com und schreiben Sie die Identitätsnummer, die Sie dort bekommen, hinein. Dann lassen Sie es irgendwo liegen und tragen den Ort auf der Homepage von bookcrossing ein. Findet jemand das Buch, kann er es lesen und dann wieder aussetzen. Vorher gibt er aber noch die Identitätsnummer auf der Webseite ein und schreibt einen Kommentar, zum Beispiel ob und warum ihm das Buch gefallen hat. So können Sie den Weg Ihres Buches verfolgen, während es immer weiter wandert und hoffentlich viele Lesebegeisterte erfreut.

○ erledigt

316

# Eisenbahnfahren verbindet: Versuchen Sie heute mal mit einem Fremden ins Gespräch zu kommen.

SZENE IM ZUG: Sie sitzen zu zweit im Abteil, und jeder schweigt und starrt vor sich hin. Ziemlich öde, oder? Deshalb kommt hier Ihre Aufgabe für die nächste S-Bahn- oder Zugfahrt: Egal, ob Sie von Essen nach Bochum oder von Berlin Mitte nach Potsdam unterwegs sind – springen Sie über Ihren Schatten und sprechen Sie einen wildfremden Menschen an, auch wenn Sie eher schüchtern sind. Stellen Sie sich vor, dass Sie am Zielbahnhof eine Mini-Biografie über Ihre Reisebegleitung schreiben müssten.
Sie wissen nicht, wie Sie den anderen anreden sollen? Keine Sorge, das ist gar nicht so schwer. Geben Sie einfach Kommentare ab – zur Umgebung, der Reise oder allem, was Sie beide gerade sehen, hören oder fühlen: »Das Buch, das Sie lesen, hat einen interessanten Titel. Worum geht es darin?« Oder: »Jetzt haben wir mal wieder Verspätung. Bekommen Sie auch Probleme mit dem Anschlusszug?« Stellen Sie am besten offene Fragen (mit wie, wer, was, warum ...) und hören Sie gut zu! So merken Sie auch rechtzeitig, wenn Ihr Gegenüber lieber in Ruhe gelassen werden möchte. Zeigt sich Ihr Sitznachbar gesprächsbereit, dann steigen Sie in die Themen ein, die er hervorhebt. Und ehe Sie sich versehen, sind Sie schon am Ziel und haben eine spannende und kurzweilige Fahrt hinter sich. Das ist doch viel besser, als sich allein zu langweilen!

Was haben Sie herausgefunden? Notieren Sie nach dem Gespräch alles Wichtige: ____________________

______________________________________________________________

Wenn Sie möchten, können Sie auch ein kleines Gesprächstagebuch führen. Sie werden überrascht sein, wie viele interessante Menschen Sie kennenlernen und dass es Ihnen mit der Zeit immer leichter fällt, mit anderen ins Gespräch zu kommen. Und wer weiß: Vielleicht treffen Sie auch jemanden, mit dem Sie sich nicht nur im Zug prima unterhalten können.

○ erledigt

## 317
# Kaufen Sie eine Straßenzeitung.

HINTER DEN OBDACHLOSEN-ZEITUNGEN steht eine besondere Idee, die Unterstützung verdient: Der Verkauf erlaubt es Betroffenen, mit anderen Menschen in Kontakt zu treten und Geld zu verdienen, ohne betteln zu müssen. Bei etlichen Zeitungen dürfen sie auch den Inhalt mitgestalten. Von den Einnahmen verbleiben mindestens 50 Prozent plus Trinkgelder beim Verkäufer. Das erste »Street Newspaper« wurde übrigens 1989 in New York gegründet. Zwei Jahre später ging mithilfe der Firma »Body Shop« in Europa »The Big Issue« an den Start. Allein in Deutschland gibt es inzwischen über 40 Zeitungen dieser Art.

○ erledigt

## 318
# Sag mir, wo die Blumen sind: Pflanzen Sie heute Blumen, um einen hässlichen Ort schöner zu machen.

IM VORGARTEN des Mehrfamilienhauses, in dem Sie wohnen, wächst nur Unkraut, und die fantasielose Rasenfläche vor dem Bürohaus Ihres Arbeitgebers können Sie nicht mehr sehen? Dann werden Sie zum Gärtner: Säen oder setzen Sie ein paar Blumen, die mit wenig Pflege auskommen – zum Beispiel Tulpen oder Vergissmeinnicht –, und verschönern Sie damit Ihre Umgebung. Sie werden sich freuen, wenn Sie die ersten Knospen erblicken. Fragen Sie aber besser um Erlaubnis, bevor Sie beginnen – Aktivitäten dieser Art werden nicht überall geschätzt.

○ erledigt

# 319

## Knapp bei Kasse? Dann kommen Sie heute den ganzen Tag ohne Geld aus.

SCHON WIEDER KEIN GELD auf dem Konto? Dagegen hilft nur eines: keins ausgeben! Und genau das versuchen Sie heute. Kommen Sie durch den Tag, ohne einen Cent zu bezahlen. Gehen Sie an Geschäften vorbei und nicht hinein, lassen Sie sich von Ihrem Freund bekochen und führen Sie nur R-Gespräche. Vielleicht hören Sie heute öfter das Wort »Schmarotzer«, als Ihnen lieb ist. Doch diese radikale Sparmaßnahme lohnt sich: Denn jedes Mal, wenn Sie Ihren Geldbeutel zücken wollen, merken Sie, für wie unwichtige Sachen Sie teilweise Ihr Geld verplempern.

○ erledigt

# 320

## Werden Sie zum Designer und entwerfen Sie Ihr eigenes T-Shirt.

SIE WOLLEN ein ganz eigenes T-Shirt? Wie wäre es mit einem »Club«-T-Shirt für Sie und Ihre Freundinnen? Oder Sie denken sich ein Motiv für Ihre Familie aus. Im Internet finden Sie eine breite Palette an Möglichkeiten. Die meisten Anbieter stellen einen Baukasten auf ihrer Homepage bereit, aus dem man Passform, Farbe und Bild auswählen kann. Da es heute ja darum geht, ein Modell der besonderen Art zu kreieren, verwenden Sie ein persönliches Motiv. Sie können ganz nach Gusto noch Text hinzufügen. Achten Sie aber darauf, dass Sie kein Copyright verletzen – Marken-Logos oder Ähnliches gehen natürlich nicht!

○ erledigt

321

# Nomen est omen: Finden Sie heraus, woher Ihr Vor- und und Nachname stammen.

AUCH WENN MANCHE MENSCHEN mit ihrem Namen nicht gerade glücklich sind: Er gehört zu uns und prägt uns. So suchen die meisten Eltern auch nicht irgendeinen Namen für ihr Kind aus, sondern überlegen lange, was passt und welche Bedeutung dahintersteckt. Sie haben sich noch nie groß Gedanken über Ihren Namen gemacht? Na, dann wird es aber Zeit. Fragen Sie Ihre Eltern, wie Sie zu Ihrem Vornamen kamen und ob sie wissen, woher der Familienname stammt. Die Bedeutung Ihres Vornamens können Sie auch leicht im Internet oder in diversen Vornamenbüchern recherchieren. Vielleicht versöhnt Sie die deutsche Übersetzung mit Ihrem Namen. Oder Sie finden sich und Ihre Persönlichkeit in der Bedeutung wieder.
Beim Nachnamen wird es zugegebenermaßen ein wenig schwieriger. Aber ist es nicht auch spannend, ein bisschen Ahnen- und Vergangenheitsforschung zu betreiben? Oft können ältere Mitglieder Ihrer Familie – vielleicht Ihre Großeltern – weiterhelfen. Eine gute Quelle sind auch Bücher wie »Professor Udolphs Buch der Namen«, die der Bedeutung und Geschichte verschiedenster Nachnamen nachgehen. Schauen Sie darin nach, ob Sie vielleicht auf eine unerwartete Herkunft stoßen.

Hier können Sie all Ihre Forschungsergebnisse aufschreiben. Und wenn Sie sich hin und wieder mal ein wenig unsicher fühlen, wer Sie sind und was Sie ausmacht, finden Sie es an dieser Stelle schwarz auf weiß.

○ erledigt

## 322

# Kaufen Sie sich immer wieder andere Zeitschriften und erweitern Sie so Ihren Horizont.

**AUTOREN EMPFIEHLT MAN,** jede Woche eine Zeitschrift aus wechselnden Fachgebieten zu lesen, damit sie bei der Erschaffung von Helden und Nebenfiguren aus einem breiteren Vorstellungsspektrum schöpfen können. Natürlich müssen Sie sich nicht die Zeitschrift für Bäcker oder Fotofreaks kaufen. Aber ein Blick über den Tellerrand tut trotzdem gut. Wie wäre es zum Beispiel mit der englischen Ausgabe Ihrer Lieblings-Frauenzeitschrift? Einem Mädchen-Magazin, um zu gucken, wie die Jugend heute so tickt? Mal ein »GEO Wissen« hier, ein Sonderheft des »Spiegel« dort, oder ein Magazin für Hobbygärtner und in der Woche drauf eins für Tierliebhaber …

○ erledigt

## 323

# Lernen Sie auf einem Ausflug die nähere Umgebung kennen.

**»WILLST DU IMMER** weiter schweifen? Sieh, das Gute liegt so nah!« wusste schon Goethe. Lassen Sie also heute Ihren Stadtteil, vielleicht sogar Ihre Stadt hinter sich und entdecken Sie, welche Kleinode ganz in der Nähe zu finden sind. Besorgen Sie sich in einer Buchhandlung einen Wanderführer für die Umgebung und planen Sie an einem gemütlichen Abend Ihren Ausflug. Wenn Sie Kinder mitnehmen wollen, sollte der Tag mit einer Mischung aus Kultur und Erlebnissen aufwarten. Aber wer sagt denn, dass sich der Besuch einer Backsteinkirche nicht mit anschließendem Ponyreiten auf einem Bauernhof verträgt?

○ erledigt

# 324
# Sie wollen etwas für sich tun? Lernen Sie eine Yoga-Übung.

DIE ALTINDISCHE LEHRE des Yoga ist viel mehr als nur eine Sammlung von Körperübungen, aus der man sich bei Bedarf eine aussucht. Trotzdem gibt es kaum ein Gebrechen, gegen das Yoga nicht helfen würde. Und so werden auch in ganz andere Fitness-Bereiche immer mehr Yoga-Übungen eingeschleust: in die Schwangerschafts- und Rückbildungsgymnastik, die Rückenschulen, in Bauch-Beine-Po-Trainingsstunden …
Besorgen Sie sich ein großes Yoga-Buch, das die Vielfalt der Übungen und Anleitungen zu jeder Haltung darstellt. Noch besser sind Übungskarten-Sets, aus denen Sie sich ganz gezielt Ihre ein bis drei Lieblingsübungen herauspicken können, ohne immer ein schweres Buch mitschleppen zu müssen. Sie brauchen nur bequeme Kleidung und eine dicke Isomatte oder eine normale Gymnastikmatte, wenn Sie auf einem Teppich üben. Die Matte sollte rutschfest sein. Und schon geht's los: Was ist Ihr Problem? Was möchten Sie trainieren?

| Problem | Das hilft |
|---|---|
| Rückenschmerzen, »Büromensch«-Beschwerden | Drehsitz; Kamel, das Krokodil, der Hund |
| Periodenschmerzen, PMS | Die Kobra, der Sonnengruß |
| Langes Stehen, schwere Beine | Der Schulterstand (gegen eine Wand),<br>das Dreieck, die Baumhaltung, die Schildkröte |
| … | … |

Individuelle Programme und Unterstützung erhalten Sie von ausgebildeten Yogalehrern (Adressen zum Beispiel beim Bund Deutscher Yogalehrer, www.yoga.de). Wenn Sie sich durch einen Kurs oder das Üben mit einem guten Buch eine Basis geschaffen haben, kann es sinnvoll sein, mit einem Yogalehrer ein paar Privatstunden zu vereinbaren. Er entwickelt mit Ihnen in zwei Stunden ein auf Sie zugeschnittenes Übungsprogramm und überprüft alle paar Monate wieder in einer Stunde Ihre Haltung. Kurse sind eher für den Einstieg geeignet und können immer nur einen kleinen Überblick geben.

○ erledigt

# 325
## Machen Sie anderen Menschen heute Komplimente und loben Sie sie.

EIN MENSCH lobt uns, und wir werden gleich ein paar Zentimeter größer vor Freude und Stolz. Verschenken Sie heute dieses Gefühl – an Kolleginnen, Freunde, Verwandte. Vielleicht sagen Sie auch der Frau, die Ihnen in der U-Bahn gegenübersitzt, wie toll ihre Frisur aussieht oder ihr Outfit. Was Sie schnell merken werden: Viele Menschen, besonders Frauen, können ein Lob nur schlecht annehmen. Aus lauter Verlegenheit halten sie dagegen: »Ach, eigentlich beherrsche ich Powerpoint gar nicht«, »Nee, die Hose ist schon uralt, außerdem trägt sie um die Hüften rum richtig auf« ... Und wie sieht es bei Ihnen aus? Am besten lächeln Sie, sagen »danke« und genießen jedes Kompliment.

○ erledigt

# 326
## Sie ärgern sich, weil Sie als Kind kein Instrument gelernt haben? Dann fangen Sie heute damit an.

VERPASSTEN CHANCEN nachzutrauern – »Ach, hätten mich doch meine Eltern nur angehalten, ein Instrument zu lernen« – macht uns nur unzufrieden. Es ist nie zu spät, um durchzustarten, und Sie müssen garantiert nicht mit Achtjährigen die Klavierbank drücken! Es gibt ein großes Angebot speziell für Erwachsene, sogar an der VHS. Also melden Sie sich noch heute für einen Kurs an. Und dann lassen Sie sich von Freunden oder im Musikladen die ersten Akkorde von »Smoke on the Water« auf der Gitarre oder den Flohwalzer auf dem Klavier zeigen – und schon geht's los.

○ erledigt

# 327

## Ihnen dauert alles viel zu lange? Nur mit der Ruhe – üben Sie sich heute in Geduld.

ZUGEGEBEN: Wir gehören nicht gerade zu den geduldigsten Menschen. Wenn wir beim Arzt lange warten müssen oder wenn ein anderer bei dem Tempo, das wir vorlegen, nicht mithalten kann, werden wir schnell nervös und zappelig. Ihnen geht es genauso? Dann nehmen Sie heute den Zeitdruck raus, den Sie sich vor allem selbst machen, und versuchen Sie gelassener zu werden. Nur weil etwas nicht nach Ihrem Plan läuft, heißt es nicht, dass es schlecht läuft. Durch ein bisschen mehr Geduld bauen Sie nicht nur Stress ab, sondern können auch Momente genießen, die in der allgemeinen Hektik sonst untergehen würden.

○ erledigt

# 328

## Drehen Sie in der Mittagspause eine Runde.

WOLLTEN SIE sich schon oft aufraffen und gleich am Morgen joggen gehen? Trösten Sie sich: Vielleicht tickt Ihre biologische Uhr einfach anders. Nehmen Sie das Jogging-Outfit mit ins Büro und laufen Sie mittags, vielleicht durch einen nahegelegenen Park. Sie brauchen danach auch nicht verschwitzt am Arbeitsplatz zu sitzen. Duschen Sie in der Firma oder – wenn es dort keine Möglichkeit dafür gibt – kaufen Sie sich eine Dauerkarte für ein Hallenbad in der Nähe. Eine halbe Stunde laufen, 15 Minuten duschen plus Rückweg ins Büro – das dauert weniger als eine Stunde, und Sie werden vor Energie platzen. Und der tolle Nebeneffekt: Selbst wenn es bewölkt ist, tankt Ihr Körper im Freien Sonnenlicht. Deshalb sollten eigentlich alle, die im Büro arbeiten, mindestens einmal am Tag für eine halbe Stunde nach draußen gehen.

○ erledigt

# 329

## Das Miteinander pflegen! Unternehmen Sie mal wieder etwas mit Ihrem Partner.

SIE HABEN EINEN PARTNER, mit dem Sie schon lange zusammen sind? Damit haben Sie etwas gefunden, wonach sich viele sehnen! Und eine stabile Beziehung hat viele Vorteile: Sie wissen alles voneinander, können sich aufeinander verlassen, Sie brauchen nicht mehr jedes Wort auf die Goldwaage zu legen und haben schon so manche Krise gemeinsam gemeistert. Doch gerade weil sich zwei so gut kennen und miteinander vertraut sind, schleicht sich ganz heimlich die Gewohnheit ein: Warum viel reden, wenn der eine sowieso die Meinung des anderen kennt? Warum gemeinsam etwas unternehmen, wenn man sich ohnehin jeden Tag sieht? Aber Vorsicht: Selbstverständlich ebbt das Kribbeln im Bauch mit der Zeit etwas ab. Und selbstverständlich ist es sehr angenehm, sich nicht mehr ständig bemühen zu müssen. Für zu selbstverständlich sollten Sie das alles aber nicht halten. Denn sonst besteht leicht die Gefahr, dass Sie nicht mehr zusammen-, sondern nur noch nebeneinander herleben.

Gönnen Sie sich deshalb zwei ganze Tage, die Sie gemeinsam verbringen – nur Sie beide. Wenn Sie Kinder haben, organisieren Sie eine Betreuung, denn es geht hier nicht um eine Familien-, sondern um eine Paarveranstaltung. Am ersten Tag darf Ihr Partner entscheiden, was Sie machen, am zweiten Sie. Überlegen Sie sich etwas, das Ihnen beiden Spaß machen könnte. Das muss nichts Ausgefallenes sein, Hauptsache Sie erleben die gemeinsame Zeit intensiv miteinander, kommen sich ein bisschen näher – und das außerhalb Ihres Alltags. Murren Sie auch nicht, wenn Ihnen der Vorschlag Ihres Mannes am Anfang nicht so zusagt, er wird sich auch seine Gedanken gemacht haben.

Und wozu das Ganze, fragen Sie? Einmal aus Ihren geregelten Tagesabläufen, aus der vertrauten Umgebung und den Gewohnheiten auszubrechen wird Ihnen richtig guttun! Kaum zu glauben nach der langen Zeit, aber Sie werden neue Seiten an Ihrer Beziehung entdecken. Und wer weiß: Vielleicht sehen Sie danach in Ihrem Partner nicht nur den Mann, mit dem Sie jetzt zusammenleben, sondern auch wieder denjenigen, in den Sie sich vor Jahren verliebt haben.

○ erledigt

## 330

# Wechseln Sie heute die Perspektive!

ÜBER DEN WOLKEN, dass wusste schon Reinhard Mey, ist alles, »was uns groß und wichtig erscheint, plötzlich nichtig und klein«. Entschweben Sie heute Ihrem Alltag und schauen Sie sich alles von oben an. Wählen Sie dazu den höchsten Punkt Ihrer Stadt, zum Beispiel einen nahen Berg, den Fernsehturm, das höchste öffentliche Gebäude – oder wagen Sie eine Fahrt im Heißluftballon. Hauptsache, Sie stehen mal über den Dingen. Was ist anders, jetzt wo Sie von der Ameise zum Adler geworden sind? Verschieben sich nicht Verhältnisse, wenn alles, was einen so täglich umgibt und betrifft, plötzlich so winzig wie eine Spielzeugstadt aussieht?

○ erledigt

## 331

# Fahren Sie mit dem Regionalticket einen Sonntag lang durch die Gegend.

AUTO UND FLUGZEUG – ja, das sind die Verkehrsmittel, mit denen Sie sich üblicherweise fortbewegen. Heute benutzen Sie ganz andere Vehikel, um das nahe und weitere Umland Ihrer Heimatstadt zu erkunden. Besuchen Sie Freunde und machen Sie sich zu fünft einen Tag lang für 20 bis 30 Euro auf die Socken – mit Zug, Bahnen und Bussen. Unter www.bahn.de/regional/ finden Sie eine Übersicht über die in Deutschland erhältlichen Regionaltickets und die Verkehrsmittel, in denen sie gelten.

○ erledigt

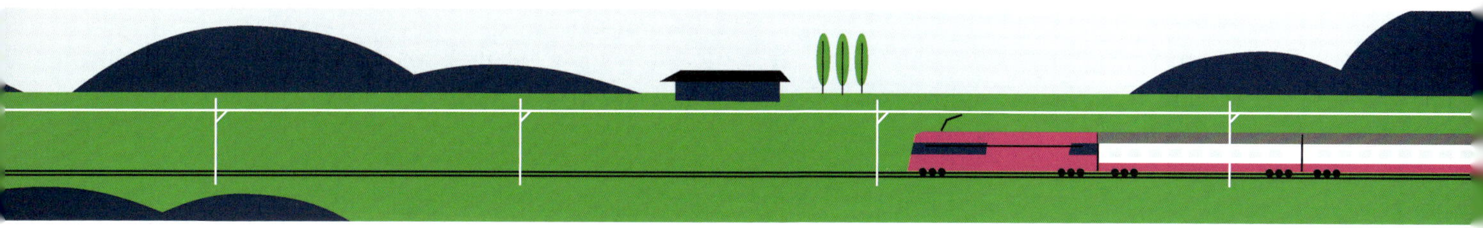

## 332
## Before sunrise: Wie wäre es mit einem Treffen in genau einem Jahr?

KENNEN SIE den Film »Before sunrise«? Ein Mann und eine Frau streifen zusammen eine Nacht durch Wien und verabreden dann am nächsten Morgen, sich nach genau einem Jahr wiederzusehen. Machen Sie es doch genauso: Gibt es einen Freund, den Sie selten sehen? Oder haben Sie jemand Netten im Urlaub kennengelernt? Dann vereinbaren Sie ein Treffen in genau einem Jahr. Sie werden überrascht sein, wie viel sich in zwölf Monaten verändert und wie viel doch immer gleich bleibt.

○ erledigt

## 333
## Wie könnten Sie später an sich zurückdenken? Schicken Sie sich eine Nachricht aus der Zukunft.

STELLEN SIE SICH VOR, dass Sie Ihrem jetzigen Ich mit 70 Jahren einen Brief senden – was werden Sie schreiben? Wie hat es Ihr Leben verändert, endlich Klavierspielen gelernt zu haben, einige Monate im Jahr in Frankreich zu verbringen …? Was wird Ihnen aus der zeitlichen Distanz wohl weniger dringlich oder aber auch viel dramatischer erscheinen als heute? Ürigens: Sie müssen diesen Tipp nicht auslassen, wenn Sie 70 Jahre oder älter sind, denn bestimmt haben Sie trotzdem alle möglichen Pläne, die Sie verwirklichen wollen.

○ erledigt

334

# Steuererklärung, Keller entrümpeln oder Fenster putzen – erledigen Sie heute etwas, das längst fällig ist.

»WAS DU HEUTE kannst besorgen, das verschiebe lieber auf morgen« ist ein Motto, dem wir alle gelegentlich gern folgen. Das Problem dabei: Dinge, die zu tun sind – zum Beispiel die Steuererklärung –, lösen sich leider nicht einfach in Luft auf. Im Gegenteil: Wenn Sie sie immer wieder vor sich herschieben, wird die Überwindung nur größer, sich damit zu befassen. Und selbst die freie Zeit, die Sie durch den Aufschub gewonnen haben, können Sie nicht richtig genießen. Denn immer spukt in Ihrem Hinterkopf herum: »Eigentlich müsste ich ja …« Eine solche Situation ist doch eher belastend, oder?

Schreiben Sie daher eine Liste, was Sie noch »besorgen« müssen, und nehmen Sie sich einen Punkt nach dem anderen vor. Sie brauchen nicht alles an einem Tag anzugehen, aber der erste Schritt wird heute gemacht! Sie werden sich regelrecht befreit fühlen, wenn Sie Ihre unerledigten Aufgaben abgearbeitet haben.

| | Was muss ich tun? | Bis wann? | Erledigt! | |
|---|---|---|---|---|
| | | | | |
| | | | | |
| | | | | |

Als Belohnung und Anreiz gönnen Sie sich etwas Schönes – ein neues Buch zum Schmökern, ein Stück Kuchen im Café oder einen gemütlichen Abend mit Ihren Freundinnen. Und nicht vergessen: Genießen Sie das Gefühl, etwas geschafft zu haben!

○ erledigt

# 335
## Engagieren Sie sich für andere: Tun Sie etwas für einen guten Zweck.

SICHER HABEN WIR alle unsere kleinen und größeren Sorgen: Das Kind hat Schnupfen, der Chef schlechte Laune, und ein neues Auto wäre auch mal dringend fällig. Doch wenn wir ehrlich sind, gibt es eigentlich wenig zu klagen. Anderen Menschen dagegen geht es nicht gut: Sie sind krank, einsam, haben vielleicht ein große Familie zu ernähren und keinen Job. Daher benötigen sie unsere Unterstützung. Wie gut, dass es ehrenamtliche Helfer gibt! Doch es werden immer wieder welche gebraucht – überlegen Sie sich daher heute, wie Sie Ihr Glück mit anderen teilen können. Es muss nichts Großes sein, aber eine ehrenamtliche Tätigkeit schafft jeder – auch neben Job und Familie. Wie wäre es, wenn Sie alten Leuten Gesellschaft leisten, ihnen vorlesen oder sich einfach mit ihnen unterhalten? Gemeinsam mit ihnen Geburtstag feiern? Sie können auch für Personen, die nicht mehr in der Lage sind, sich allein zu versorgen, einkaufen gehen oder ab und zu die Wohnung aufräumen. Oder Sie engagieren sich bei »Essen auf Rädern«, führen Hunde Gassi oder, wenn Sie es sich zutrauen, besuchen Fremde, die krank sind.
Es gibt sicher ein Betätigungsfeld, das Ihnen liegt und auch Freude bereitet. Apropos Freude: Was kann schöner sein als die ehrliche Freude und Dankbarkeit eines Menschen, dem Sie wirklich weitergeholfen haben? Versuchen Sie es mal und widerlegen Sie die Worte von Peter Frankenfeld: »Man kann nicht allen helfen, sagen manche Leute, und helfen keinem.«

Was gibt es in der Nähe für Möglichkeiten, anderen zu helfen?

---

Was kann ich gut? Was würde auch mich selbst weiterbringen?

---

○ erledigt

# 336

## Wo liegt welches Land? Blicken Sie heute über den Tellerrand.

TIPPEN SIE BLIND mit dem Finger auf eine Weltkarte und informieren Sie sich gründlich über das Land, auf dem er gelandet ist. Ins Meer gefallen? Dann versuchen Sie es gleich noch mal! Wenn Sie keinen Atlas zur Hand haben, finden Sie über Bildersuchen im Internet auf einen Mausklick etliche Weltkarten und unzählige Informationen über Bevölkerung, Landeswährung, Gebiete und vieles mehr. Über »Google Earth« können Sie sich Regionen im ausgewählten Land auch im Detail angucken.

○ erledigt

# 337

## Sie kommen selten zu Wort? Dann verschaffen Sie sich heute Gehör!

ZÄHLEN SIE zu den Menschen, die ihre Belange schlecht vorbringen können? Dann versuchen Sie, sich besser durchzusetzen – egal ob es um Gehaltsverhandlung oder den Haushaltsplan geht. Überlegen Sie sich vorher, welche Argumente Sie anführen möchten. Und selbst wenn Ihr Gegenüber viel redet oder schnell laut wird, lassen Sie sich nicht unterkriegen. Sie müssen nicht dagegenhalten, vielmehr geht es darum, dass Sie Ihren Standpunkt ruhig und hartnäckig vertreten. Da hält selbst der geschickteste Verhandlungspartner auf Dauer nicht mit. Und wenn Sie sich Ihr Durchsetzungsvermögen einmal bewiesen haben, können Sie mit Mut und Zuversicht in die nächsten Diskussionen gehen.

○ erledigt

# 338

# Futtern in freier Natur, das hört sich gut an: Veranstalten Sie heute spontan ein Picknick mit Freunden oder der Familie.

KENNEN SIE DAS GEMÄLDE »Frühstück im Freien« des Impressionisten Szinyei Merse, auf dem zwei Frauen und vier Männer zusammen auf einer Wiese picknicken? Die ganze Szene wirkt so friedlich und glücklich – am liebsten möchte man in das Bild hineinsteigen und sich der Gruppe anschließen.
Leider unmöglich, doch das soll Sie nicht davon abhalten, selbst ein Picknick zu veranstalten. Trommeln Sie Ihre liebsten Freunde oder Ihre Familie zusammen und packen Sie gemeinsam den Picknickkorb: Saft, vielleicht eine Flasche gekühlten Wein, kalte Chickenwings, Brot, Käse, selbst gemachten Nudelsalat … – alles, was lecker ist, hat Platz darin. Dann brauchen Sie noch ein oder zwei Decken, wenn möglich auf einer Seite beschichtet, für jeden einen Sonnenhut, und schon geht es raus ins Grüne. Sicher kennen Sie einen ruhigen Platz – im Stadtpark oder vielleicht etwas weiter draußen an einem See –, der sich gut für ein Picknick eignet. Wenn gerade Winter ist, findet das Picknick eben auf dem (freigeräumten) Wohnzimmerboden statt. Oder Sie ziehen sich warm an und stecken in Ihren Korb noch eine Thermoskanne mit heißem Glühwein. So können Ihnen auch Schnee und Kälte nichts anhaben. Legen Sie am besten gleich los und organisieren Sie das Vorhaben mit Ihrem ganz persönlichen Picknick-Plan.

Wer kommt mit? ______________________________

Was brauchen wir? ______________________________

Wer besorgt was und nimmt es mit? ______________________________

Vorschläge, wohin es gehen soll: ______________________________

Kleiner Tipp: Machen Sie von sich ein Foto in dieser gemütlichen Runde. An diesem Anblick können Sie sich noch lange erfreuen.

○ erledigt

# 339

## Bewerben Sie sich als Komparse in Ihrer Lieblingsserie.

DER SCHRITT zur Nebenrolle in einer deutschen Serie ist kleiner, als Sie vermuten. Es gibt zum Beispiel spezielle Agenturen, die Komparsen vermitteln. Sie können sich aber auch direkt bei der Produktionsfirma Ihrer Lieblingsserie bewerben. Adressen und eine interessante Seite mit häufig gestellten Fragen für den Einstieg finden Sie unter www.komparse.de. Vielleicht müssen Sie für Ihre Komparsenrolle etwas weiter fahren, denn die wichtigsten Regionen der TV-Produktion sind Berlin, Köln und München. Aber das nimmt ein echter Fan doch in Kauf!

○ erledigt

# 340

## Hektik, Chaos, Arbeitsberge – kein Problem, wenn Sie zwischendurch mal eine Pause einlegen.

SIE WISSEN vor lauter Arbeit gar nicht mehr, wo anfangen? Und daheim tanzen Ihnen die Kinder auf der Nase herum, während Ihr Mann gemütlich Fußball guckt?
Nun, da gibt es zwei Möglichkeiten: Sie verfallen in Hektik und versuchen, alles auf einmal auf die Reihe zu kriegen. Oder Sie gönnen sich eine kleine Pause, um wieder ruhiger zu werden und ein bisschen Energie zu tanken. Laden Sie Ihre Kinder bei Ihrem Mann ab. Dann laufen Sie einmal um den Block oder schließen sich im Bad ein, um mit Ihrer Freundin zu telefonieren. Wegen 30 Minuten wird weder im Büro noch daheim das Chaos ausbrechen, aber für Sie können diese Mini-Pausen eine echte Rettung sein – und eine Stärkung, bevor Sie sich wieder ins Getümmel stürzen.

○ erledigt

# 341

## Urlaub individuell: Sammeln Sie Informationen über Ihr Reiseziel.

**AUCH WENN SIE** gern Pauschalreisen buchen, ist es gut, sich vorher über Land und Leute zu informieren. Viele Urlauber verlassen sich ganz auf die Reiseleitung und geführte Touren und bekommen so nur einen Ausschnitt präsentiert. Doch eine Reise in ein fremdes Land kann mehr als Sonne, Strand und Touristenattraktionen sein. Kaufen Sie sich heute für Ihren nächsten Urlaub einen dicken Reiseführer, schauen Sie sich die Website des Landes an oder fragen Sie Freunde, die schon dort waren. So können Sie sich Ihr eigenes Bild machen und wissen später mehr zu berichten als nur von der Cocktailauswahl am Pool.

○ erledigt

# 342

## Besuchen Sie einen Lebensmittelladen, der Spezialitäten anbietet, und lassen Sie sich inspirieren.

**OB EIN MODERNER** Bio-Supermarkt, der schönste Feinkostladen Ihrer Stadt oder ein Händler für Fisch oder Südfrüchte: Gehen Sie heute an einen dieser Orte, an dem frische Waren schön präsentiert werden und vor allem die Beratung exzellent ist! Schauen Sie das Obst- und Gemüseangebot an, lassen Sie sich etwas an der Fleisch- oder Fischtheke empfehlen, probieren Sie sich durch das Käsesortiment. Und mit den gekauften Lebensmitteln legen Sie heute einen Schlemmerabend ein.

○ erledigt

# 343

# Vergeben Sie Punkte für alle Dinge, die Sie zufrieden machen: Zählen Sie Ihr Glück.

IN DER HEKTIK des Alltags geht oft unter, wie gut es uns eigentlich geht. Nur die nicht erledigten Aufgaben und der alltägliche Stress sind uns immer gegenwärtig. Besinnen Sie sich auf die großen und kleinen Dinge im Leben, die Sie glücklich machen – von der Freundin über Ihren Job bis hin zum Schneeglöckchen, das Sie heute Morgen auf dem Weg zur U-Bahn erspäht haben. Tragen Sie in die Tabelle alles ein und verteilen Sie Punkte.

| | Das macht mich glücklich | Punkte | |
|---|---|---|---|
| | | | |
| | | | |
| | | | |
| | | | |
| | | | |
| | | | |
| | | | |
| | | | |
| | | | |
| | Gesamtpunktzahl | | |

Zählen Sie die Punkte zusammen und genießen Sie es, schwarz auf weiß zu sehen, wie viel Glück es in Ihrem Leben gibt.

○ erledigt

## 344

# Basteln Sie Postkarten selbst und verschicken Sie sie.

SCHNEIDEN SIE aus weißem, dünnem Karton Rechtecke aus oder kaufen Sie Blankokarten. Zeitschriften, Geschenkpapier oder Bilder aus Ihrem Computer bieten einen Fundus an Motiven. Wählen Sie aus, was Ihnen gefällt, und kombinieren Sie Ihre Schnipsel zu Collagen für Ihre Karten. Wenn Sie partout keine Zeit zum Basteln haben, können Sie auch bei verschiedenen Internetanbietern aus eigenen Fotomotiven Postkarten herstellen lassen. Verschicken Sie die Karten mit ein paar persönlichen Zeilen an Freunde und Bekannte.

○ erledigt

## 345

# Sie wollen Abwechslung im Leben? Dann probieren Sie heute eine neue Stellung im Bett aus.

»RAUF, RÜBER, RUNTER« – so sieht Ihr Liebesleben hoffentlich nicht aus. Aber eine gewisse Routine schleicht sich in jede Beziehung ein. Bringen Sie heute frischen Wind ins Schlafzimmer (oder in die Küche, in das Bad ...). Vielleicht gibt es eine Stellung oder ein Spiel, das Sie bisher nur in der Fantasie zugelassen haben. Fragen Sie auch Ihren Partner nach seinen innigsten Wünschen. Und behandeln Sie seine Offenbarungen mit Respekt!
Wenn Sie zurzeit keinen Partner haben, müssen Sie nicht aus dem Haus laufen und den nächstbesten Menschen in Ihre Wohnung zerren! Auch bei der Selbstbefriedigung neigen wir dazu, immer die gleichen Pfade zu beschreiten. Besorgen Sie sich heute in einem Sexshop neues Spielzeug oder probieren Sie eine »Technik« aus, an die Sie sich bisher nicht herangetraut haben.

○ erledigt

346

# Gehen Sie auf Entdeckungstour und lernen Sie die Museen in Ihrer Stadt kennen.

DEUTSCHES MUSEUM, Pergamonmuseum und Wiener Museumsquartier – obwohl einige der schönen, großen Museen direkt vor Ihrer Haustür liegen, gehören Sie immer noch zu den Kulturmuffeln? Schade, denn Museen sind nicht nur etwas für Kunstliebhaber, und sie haben ihr altes Image – düstere, muffige Säle und streng blickende, ehrfurchtsvoll flüsternde Besucher – schon längst verloren.
Ganz im Gegenteil: Es gibt die verschiedensten Dinge zu entdecken, von Technik und Architektur über Kristalle und Feuerwehrwagen bis hin zu Kunst aus allen Epochen. Sicher ist etwas dabei, das Sie interessiert. Vielleicht erstaunt es Sie selbst, wenn Sie sich nach einem Museumsbesuch für etwas begeistern, das Sie vorher wenig prickelnd gefunden haben. Starten Sie daher am nächsten Regentag Ihre Museumstour. Sie können sich von kleinen zu großen Ausstellungen steigern oder Sie beginnen mit dem Museum, das Sie – ohne es zu kennen – am wenigsten anspricht. Versprochen: Sie werden positiv überrascht sein.

| Museum | Hat mir gefallen oder nicht | ... aus diesem Grund | Resümee für mich |
|---|---|---|---|
| | | | |
| | | | |
| | | | |
| | | | |
| | | | |

○ erledigt

347

# Informieren Sie sich über andere Religionen und besuchen Sie eine Moschee, Synagoge, Kirche …

»ICH BIN ZU DEM SCHLUSS GEKOMMEN, wer die Lehren anderer Religionen ehrfürchtig studiert – ganz gleich, zu welchem Glauben er sich selbst bekennt –, sein Herz sich weitet und nicht verengt.« Lassen Sie dieses Zitat von Mahatma Gandhi auf sich wirken und lernen Sie heute etwas über andere Religionen. Alle Glaubensrichtungen bieten eine Menge Stoff, um sich für das eigene Leben inspirieren zu lassen. Und Sie werden feststellen, dass sich viele Vorurteile auflösen, je mehr Sie über andere Konfessionen wissen.

- ISLAM: In Deutschland leben circa drei Millionen Muslime. Auf der Homepage des Zentralrats der Muslime in Deutschland (www.zentralrat.de) finden Sie viele Informationen über den Islam. Auf seine Initiative geht auch der »Tag der offenen Moschee« zurück: Wie der Name schon besagt, können Sie an diesem Tag Moscheen besuchen und den islamischen Glauben näher kennenlernen.
- CHRISTENTUM: In Deutschland sind die katholische (www.katholische-kirche.de) und die evangelische (www.ekd.de) Kirche am weitesten verbreitet. Auch wenn Sie nicht gläubig sind, besuchen Sie doch einen Gottesdienst. Sie werden überrascht sein, wie viel Sie daraus für Ihren Alltag mitnehmen können.
- JUDENTUM: Juden in Deutschland – ein sehr schmerzhafter Teil unserer Geschichte. Umso wichtiger ist es, dass wir heute aufeinander zugehen. Auf der Homepage des Zentralrats der Juden in Deutschland (www.zentralratdjuden.de) erfahren Sie viel über den jüdischen Glauben. Und wenn Sie eine Synagoge besuchen wollen, informieren Sie sich bei den jüdischen Gemeinden in Ihrer Nähe.
- BUDDHISMUS: Während es in Indien, wo diese Religion entstanden ist, nicht mehr allzu viele Buddhisten gibt, findet sie in Amerika und Europa immer mehr Anhänger. Auf www.dharma.de, der Website der Buddhistischen Union (des Dachverbands der Buddhisten in Deutschland), werden Sie viel entdecken – von Meditationsveranstaltungen bis hin zu Kennenlern-Tagen in verschiedenen Städten.
- HINDUISMUS: Die Hindus sind in Deutschland nicht einheitlich organisiert. Hier leben zum Beispiel afghanische Hindus oder indische Bengalen. Die größte Gruppe bilden die sri-lankischen Tamilen. Fahren Sie doch mal zu einem der großen Jahresfeste in den Tempel Sri Kamadchi Ampal Mandir in Hamm.

○ erledigt

348

## Wagen Sie sich heute schon früh raus aus dem Haus und laufen Sie gleich eine Runde.

IHR MOTTO heißt »Sport ist Mord«? Nun, Sie müssen es ja nicht übertreiben. Statt sich stundenlang auf dem Lauftrainer im Fitnessstudio zu quälen, führen Sie doch ein morgendliches Ritual ein: Laufen Sie vor der Arbeit oder – wenn Joggen nicht Ihre Sache ist – gehen Sie spazieren. Von Bedeutung ist nur, dass Sie den Tag mit ein bisschen Bewegung beginnen. So kommen Sie gut in Schwung und tanken Sauerstoff.

○ erledigt

349

## Erstellen Sie eine Gute-Laune-Mischung für die Ohren.

DIE RIESIGEN SPEICHER der MP3-Player verführen zur Beliebigkeit. Das heißt für viele: die ganze Musiksammlung draufspielen, Zufallsgenerator an und bedudeln lassen.
Erinnern Sie sich an die liebevoll aufgenommenen Kassetten Ihrer Jugend – und stellen Sie eine Playlist zusammen, auf der nur Musik enthalten ist, die bei Ihnen sofort gute Laune auslöst. Lassen Sie alle Füllieder und solche Songs weg, die Sie bloß an einen Ex erinnern. Wählen Sie keine Lieder, die Sie doof finden – es sei denn, sie bringen Sie zum Schmunzeln. Erlaubt sind wirklich nur Songs, bei denen Sie sofort durchs Zimmer tanzen.

○ erledigt

## 350

# Crazy Day: Machen Sie heute mal etwas völlig Verrücktes.

**FÜR DIE EINE** ist es schon seltsam, im Sommer durch einen öffentlichen Springbrunnen zu tanzen, die andere findet es witzig, im Faschingskostüm auf eine ganz normale Party zu gehen. Und die Dritte kann es gar nicht glauben, dass sie ihre Kinder wirklich übers Wochenende bei den Großeltern gelassen hat und mit den Freundinnen an den Gardasee gebraust ist.

Wir können Ihnen nicht vorschreiben, was Sie verrückt finden. Schauen Sie in sich hinein; stellen Sie fest, wo Ihre Grenzen liegen, und dann überschreiten Sie sie ein kleines bisschen. Ab und zu etwas Verrücktes zu machen zeigt Ihnen, dass Sie noch spontan sein können, etwas wagen wollen und ganz gut ohne die Meinung der anderen auskommen.

○ erledigt

## 351

# Unzufrieden mit Ihren Computerkenntnissen? Dann buchen Sie jetzt einen Kurs!

… **UND ZWAR** für das Computerprogramm oder die Programme, mit denen Sie in Ihrem Traumjob am meisten arbeiten müssten! Dafür brauchen Sie kein Heidengeld auszugeben: Inzwischen können Sie derartige Kurse in vielen Städten auch bei der VHS und anderen günstigen Anbietern buchen. Schmökern Sie durch das Angebot: Einsteigerkurse wie »Suchstrategien für das Internet« oder Ähnliches bringen Sie ebenso ein Stück weiter. Achten Sie bei der Schulung auf Professionalität: Jede Teilnehmerin sollte einen eigenen Computer zur Verfügung haben, denn was Sie nicht gleich praktisch anwenden können, bleibt nicht lange im Gedächtnis haften.

○ erledigt

## 352

# Wie schön, nicht nur Rechnungen oder Reklame, sondern einen richtigen Brief im Postkasten zu finden!

SORGEN SIE RUHIG selbst dafür, dass Sie in den Zeiten von E-Mail, Skype und Chat auch mal »Schneckenpost« bekommen. Schreiben Sie sich selbst einen Brief, stecken Sie ihn in einen edlen Umschlag – und schicken Sie ihn los. Sehr schön ist es, einige Zeilen nach einem besonderen Erlebnis zu verfassen, wenn Sie in Hochstimmung sind. Dann können Sie beim Lesen gleich noch einmal in den Erinnerungen schwelgen.

○ erledigt

## 353

# Sie haben ein ungewöhnliches Hobby? Kein Problem, suchen Sie nach Gleichgesinnten.

ES GIBT ein sehr nettes Buch von Lauren Weisberger, »Die Party Queen von Manhattan«, in dem die Heldin sich regelmäßig mit mehreren Frauen trifft, um über Bücher zu sprechen. Ihr Geheimnis: Sie lesen nicht irgendwelche Bücher, sondern Heftchenromane der schlimmsten Sorte. Noch nicht einmal ihren Freundinnen oder Männern haben sie davon erzählt, aber zusammen können sie ihrer Leidenschaft frönen. Haben Sie auch ein solch »dunkles« Geheimnis? Etwas, das Ihnen Freude bereitet, aber gleichzeitig auch peinlich ist? Dann finden Sie Menschen, die die gleichen Vorlieben haben – zum Beispiel über Zeitungsannoncen oder Foren im Internet –, und gründen Sie Ihren eigenen Club. So müssen Sie nichts verleugnen, was Ihnen wichtig ist, und können mit anderen Spaß haben, ohne dass Sie der Grund für die Heiterkeit sind.

○ erledigt

# 354

# Das ganz besondere Rendezvous: Verabreden Sie sich heute mit Ihrem Partner.

ERINNERN SIE SICH noch an die ersten Verabredungen mit Ihrem Mann oder Freund? Als Sie noch ganz aufgeregt waren und dieses Kribbeln im Bauch gespürt und sich jedes Mal in Schale geschmissen haben? Sicher konnten Sie kaum glauben, dass der tolle Kerl an Ihrer Seite wirklich zu Ihnen gehört. Heute gibt es statt Kribbeln gemütliches Kuscheln, statt sexy Outfits bequeme Klamotten, und der tolle Kerl sitzt vor allem auf dem Sofa vor dem Fernseher an Ihrer Seite. Statt sich in einem kleinen Restaurant zu treffen, grübeln Sie gemeinsam über Ihrer Steuererklärung, und statt Tête-à-têtes an verschwiegenen Plätzen machen Sie Familienausflüge in den nächsten Freizeitpark.

Doch die Euphorie der Anfangszeit muss nicht verlorengehen, Sie können sie ganz leicht wieder zum Leben erwecken. Sorgen Sie dafür, dass sich jemand um Ihre Kinder kümmert, und treffen Sie sich mit Ihrem Mann zu einem Date – nur Sie zwei, wie früher. Vielleicht gehen Sie in die Bar, in der Sie sich das erste Mal nähergekommen sind. Oder Sie probieren ein neues Restaurant mit gutem Essen und romantischem Flair aus. Hauptsache, Sie verlassen die gemeinsamen vier Wände, und der Alltag bleibt daheim! Klammern Sie alle Gesprächsthemen rund um Ihr gemeinsames Leben aus und versuchen Sie stattdessen, Ihren Partner ganz neu kennenzulernen: Was beschäftigt ihn momentan? Was macht er gern oder würde er gern mal erleben? Sie denken vielleicht: »Ach, das weiß ich doch alles.« Aber jeder Mensch verändert sich mit der Zeit – und wenn sich zwei erst einmal im gemeinsamen Leben eingerichtet haben, hören sie leider oft auf, über die eigenen Wünsche und Träume zu sprechen. Sie werden erstaunt sein, dass es für Sie beide neue und auch bekannte Facetten (wieder) zu entdecken gibt. Und Sie werden erkennen, dass auch in einer langen Partnerschaft ein bisschen Fremdheit nicht schadet, die Sie wieder neugierig aufeinander macht. Gemeinsam können Sie alte Zeiten auferstehen lassen, und wenn Sie sich ein wenig bemühen, werden das Kribbeln und die Aufregung immer ein Teil Ihrer Beziehung bleiben.

○ erledigt

## 355

# Öfter mal was Neues: Lösen Sie heute Ihre Gutscheine ein.

ES IST SCHON ERSTAUNLICH, wie viele interessante und nett gemeinte Gutscheine verfallen sind, weil wir sie vergessen haben. Denn wenn nichts anderes draufsteht, verliert ein Gutschein drei Jahre nach Ende des Jahres, in dem er gekauft wurde, seine Gültigkeit. Heute ist deshalb Ihr großer Einlösetag: Suchen Sie alle Gutscheine zusammen und beginnen Sie damit, sie einzulösen oder das Zugesagte einzufordern (bei selbst gebastelten). Eine leichtere und schnellere Möglichkeit, mal etwas Neues auszuprobieren und sich inspirieren zu lassen, gibt es nicht.

○ erledigt

## 356

# Sind Sie schon lange nicht mehr vor die Tür gesetzt worden? Bleiben Sie so lange in einer Bar, bis Sie hinausgeworfen werden.

ACH, DIE GUTEN ALTEN ZEITEN, als Sie noch um die Häuser gezogen sind und sich die Nächte um die Ohren geschlagen haben! Heute graut Ihnen vor dem nächsten Morgen, wenn Sie später als null Uhr zu Bett gehen müssen. Und sogar Ihre Großmutter nennt Sie »solide«.
So kann das wirklich nicht weitergehen, Sie sind doch noch keine 100! Raffen Sie sich auf und ab geht's in die nette Bar an der Ecke. Heute zeigen Sie mal der Jugend, was 'ne Harke ist, und bleiben bis ganz zum Schluss. Ja, bis die Stühle auf die Tische gestellt werden und der Barkeeper Sie völlig übermüdet daran erinnert, dass auch er seinen Schlaf braucht.

○ erledigt

# 357

## Olé, olé! Werden Sie heute zum Fußballfan.

**FUSSBALL,** wenn Sie das schon hören! Sie können nicht verstehen, warum Ihre Freunde an jedem Wochenende ins Stadion ziehen oder zusammen vor dem Fernseher hocken. Dann wird es doch mal Zeit, dass Sie sich Ihnen anschließen: Leihen Sie sich einen Schal Ihres Heimatvereins, kaufen Sie ein Ticket – und sehen Sie sich ein Fußballspiel ganz aus der Nähe an. Damit es auch stilecht zugeht, dürfen natürlich Bier und Bratwurst nicht fehlen. Und, hat Sie das Fußballfieber gepackt? Verraten Sie besser niemandem, dass Sie eigentlich nur wegen der knackigen Waden der Spieler mitgegangen sind!

○ erledigt

# 358

## Veränderung gewünscht? Das geht ganz leicht, wenn Sie heute Ihre Wohnung umräumen.

**IM PRINZIP SIND SIE** mit Ihrer Einrichtung recht zufrieden, und doch packt Sie in letzter Zeit immer wieder der Wunsch nach etwas Abwechslung. Kein Problem: Auch wenn Sie nur kleine Details verändern, können Sie leicht ein komplett neues Wohngefühl schaffen. Vielleicht haben Sie sich schon lange gefragt, wie eigentlich Ihre Sofagarnitur vor dem Fenster wirken würde oder ob der große Küchentisch nicht auch in die andere Ecke passt. Nutzen Sie den heutigen Tag, um Ihre Möbel neu zu arrangieren. Platzieren Sie um, rücken Sie herum – Sie werden staunen, wie schnell Ihr Zuhause ganz anders aussieht und Sie sich in den eigenen vier Wänden wieder wohlfühlen.

○ erledigt

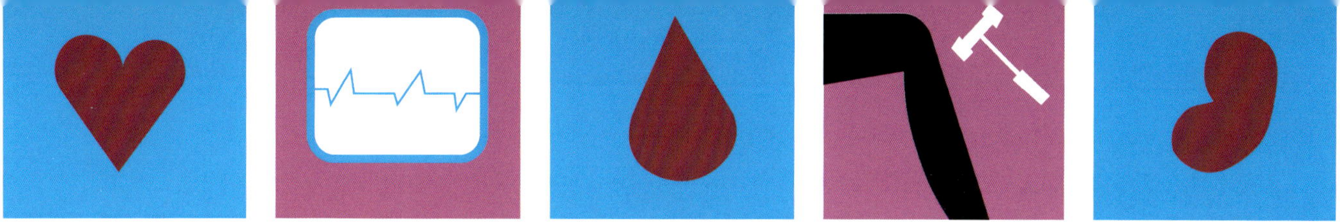

# 359

## Sie gehen nicht mal zum Arzt, wenn Sie krank sind? Machen Sie trotzdem heute einen Termin aus, um sich durchchecken zu lassen.

MIT IHREN KINDERN rennen Sie wegen jeder Kleinigkeit zum Onkel Doktor, doch Sie selbst haben noch nicht mal Zeit für eine Vorsorgeuntersuchung. Seit Wochen plagt Sie schon ein schlimmer Husten, aber einen Arztbesuch bringen Sie in Ihrem vollen Terminplan wirklich nicht mehr unter. Dass das keine besonders geschickte Strategie ist, wissen Sie selbst, denn irgendwann rächt sich Ihr Körper – und dann liegen Sie richtig flach. Vereinbaren Sie deshalb heute Ihren ersten Arzttermin und lassen Sie sich dann Schritt für Schritt von oben bis unten durchchecken.

- ZÄHNE: Brücken, Implantate oder auch nur Plomben – eine Runderneuerung der Zähne kann ganz schön teuer werden. Doch den Gesundheitszustand Ihrer Zähne können Sie verbessern. Neben dem täglichen Zähneputzen bietet sich dafür zweimal im Jahr die Vorsorge an.
- KREBSVORSORGE: Viele Krebsarten sind heilbar – wenn sie rechtzeitig entdeckt werden. Daher zahlt Ihnen die Krankenkasse Vorsorgeuntersuchungen des Unterleibs (Frauen ab 20 Jahre), der Brust und der Haut (Frauen ab 30 Jahre), zusätzlich ein Mammografie-Screening (Frauen ab 50 Jahre), des Darms (Frauen und Männer ab 50 Jahre) sowie der Prostata, Genitalorgane und Haut (Männer ab 45 Jahre).
- IMPFEN: Diphtherie, Tetanus, Kinderlähmung – viele Eltern wollen ihre Kinder lieber nicht impfen lassen. Doch nicht ohne Grund werden etliche Impfungen von der Ständigen Impfkommission (STIKO) empfohlen (siehe Homepage des Robert-Koch-Instituts, www.rki.de) – auch für Erwachsene! Einerseits breiten sich bestimmte Krankheiten wieder verstärkt aus, wenn kein Impfschutz in der Bevölkerung besteht, andererseits sind einige davon wirklich gefährlich – und zwar nicht nur die sogenannten Kinderkrankheiten.
- GESUNDHEITSCHECK: Ab 35 können Sie sich alle zwei Jahre kostenlos gründlich untersuchen lassen. Danach wissen Sie mehr über Ihren aktuellen Gesundheitszustand. Zugleich dient diese Untersuchung der Früherkennung. Ob Diabetes, Herz-Kreislauf-Probleme oder andere Krankheiten – mit diesem Check werden erste Anzeichen und Risikofaktoren ans Licht gebracht. Also, beugen Sie rechtzeitig vor!

○ erledigt

# 360
# Haben Sie den falschen Job? Dann informieren Sie sich über Weiterbildungsmöglichkeiten.

WIR HABEN EINE FREUNDIN, die unglücklich ist mit ihrem Job. Aber wenn wir sie fragen, heißt es immer: »Ich bin doch schon so alt, ich kann doch jetzt nichts Neues mehr anfangen!« Wir kennen aber auch eine ehemalige Kollegin, die in gehobener Position ausgestiegen ist und einen Neuanfang gewagt hat. Wenn Sie wirklich wollen, ist es nie zu spät – weder zum Lernen noch zum Durchstarten!

Sicher ist es nicht einfach, trotz Job und Familie noch mal von vorn zu beginnen und wieder die Schulbank zu drücken. Damit liegt auf jeden Fall eine schwierige Phase vor Ihnen. Doch eine Frage sollten Sie sich immer wieder stellen: Wollen Sie den Beruf, den Sie momentan haben und der Ihnen jetzt schon keine Freude mehr bereitet, wirklich bis zur Rente ausüben? Nehmen Sie Ihr Leben und Ihre Zukunft lieber selbst in die Hand. Am Ende können Sie stolz auf sich sein, denn dann wissen Sie, dass Sie ganz allein mehr aus sich gemacht haben und Ihrem Traum ein Stück nähergekommen sind.

Sie brauchen nicht gleich alle Brücken hinter sich abzubrechen; es gibt viele Möglichkeiten, einen neuen Weg einzuschlagen: Sie können sich selbstständig machen, sich berufsbegleitend weiterbilden, Ihr Abitur oder sogar ein Studium per Fern-Uni nachholen. Oder Sie spezialisieren sich durch eine Zusatzausbildung oder lassen sich – zum Beispiel als bisherige Hausfrau – mithilfe eines Coaches ganz neu aufstellen ... Wenn Sie sich gut informieren (zum Beispiel unter www.kursnet.arbeitsagentur.de), vorher Pro und Kontra abwägen und sich vielleicht auch die Unterstützung durch Freunde und Familie sichern, werden Sie bestimmt erreichen, was Sie sich vornehmen. Was aber das Wichtigste ist: Sie müssen wissen, was und wohin Sie wollen, und voll und ganz hinter Ihren Zielen stehen. Wenn Sie nur halbherzig drangehen, wird es Ihnen schwerfallen, das Ganze durchzuziehen – und am Ende sind Sie nicht glücklicher.

Bevor Sie also loslegen, analysieren Sie Ihre Situation und Ihre Wünsche: Warum macht mich mein Job unzufrieden? Liegt es am Arbeitgeber oder am Beruf selbst? Welche Tätigkeiten würde ich lieber ausüben? Welches Berufsbild umfasst solche Aufgaben? Welche Ausbildung benötige ich dafür? Was muss ich auf mich nehmen, um an mein Ziel zu gelangen? Wo muss ich zurückstecken?

Sie sind sich sicher? Dann trauen Sie sich, wagen Sie den ersten Schritt! Auch wenn Sie gelegentlich meinen, es nicht zu schaffen: Glauben Sie an sich und halten Sie durch. Wir drücken Ihnen die Daumen.

○ erledigt

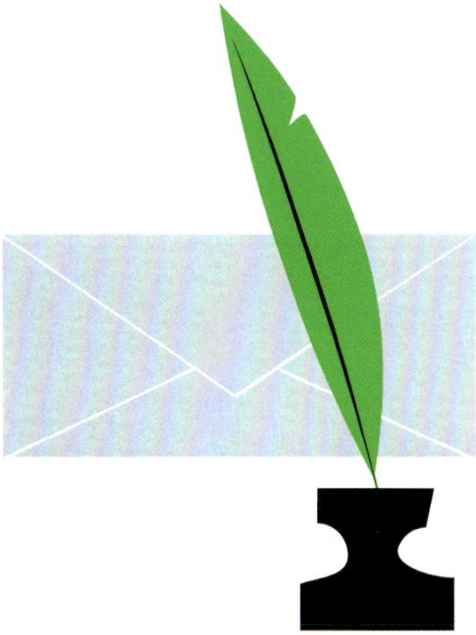

## 361

# Schreiben Sie mal einen richtigen Brief, statt anzurufen oder eine formlose E-Mail zu versenden.

DIE KUNST des Briefeschreibens – schon fast ist sie vergessen. Kaufen Sie sich heute einige Blatt hochwertiges Briefpapier und greifen Sie zum Füller! Wir sind schon so sehr an unsere PC- oder Handytastatur gewöhnt, dass es ein ganz ungewohntes Gefühl ist, Sätze nicht einfach umstellen oder löschen zu können. Bei einem Brief müssen Sie sich doch tatsächlich im Voraus überlegen, was Sie eigentlich sagen möchten! Und Sie müssen ihn frankieren und zur Post bringen. Egal an wen Sie diesen Brief verschicken, der Empfänger wird Ihre Mühe zu schätzen wissen und sich sehr darüber freuen.

○ erledigt

## 362

# Lassen Sie den Supermarkt links liegen: Kaufen Sie heute in den kleinen Läden in Ihrer Umgebung ein.

KENNEN SIE NOCH einen kleinen Tante-Emma- oder Türkenladen, in dem das Sortiment individuell und mit Liebe ausgesucht wird? In dem Sie mit der Besitzerin regelmäßig eine Tratschpause einlegen und nicht in der Anonymität der Massenabfertigung verschwinden? Da haben Sie aber Glück, denn gerade in Großstädten sterben diese kleinen Lädchen unter dem Konkurrenzdruck der Supermärkte und Kaufhäuser aus. Doch dagegen können Sie etwas tun: Tätigen Sie wenigstens einen Teil Ihrer Einkäufe in diesen Läden – damit haben Sie schon viel geholfen.

○ erledigt

# 363

## »Body-and-Mind«-Programme im Visier: Sehen Sie sich heute nach exotischen Wellness-Angeboten in Ihrer Stadt um.

UND PROBIEREN SIE gleich eines davon aus. Wie wäre es mit dem Floating-Tank? Eine Sitzung kostet zwar circa 55 Euro, aber die Anwenderin soll in kürzester Zeit ultra entspannt sein. Für uns wäre das nichts, da man im Dunkeln im Wasser liegt (vielleicht haben wir den Film »Titanic« zu oft gesehen ...) – aber die Palette ist ja breit. Vom Cleopatrabad bis zur Algenpackung, von Hotstone bis Zen-Su versucht jeder Anbieter, immer wieder Neues zu kreieren.

○ erledigt

# 364

## Haben Sie zu wenig Zeit für Ihre Lieben? Ändern Sie das heute und essen Sie mit Ihrer Familie.

SIE SIND BERUFSTÄTIG und arbeiten momentan von früh bis spät? Da bleibt leider nicht so viel Zeit für die Familie. Doch oft geht es gar nicht darum, wie viel Zeit wir gemeinsam verbringen, sondern vielmehr, wie wir sie nutzen! Führen Sie deshalb ein Ritual ein – eine gemeinsame Mahlzeit am Tag. Dabei treffen sich alle Familienmitglieder an einem Tisch, jeder kann von seinen Erlebnissen berichten und wird angehört. So fällt es Ihrer Familie leichter zu akzeptieren, dass Sie viel zu tun haben, und es entsteht ein Gemeinschaftsgefühl – alle ziehen an einem Strang.

○ erledigt

# 365

# Geschafft! Ein Jahr voller Ideen liegt hinter Ihnen – Zeit für ein großes Fest und Ihr persönliches Happy End!

MIT 365 TIPPS und Aufgaben haben Sie Schwung in Ihr Leben gebracht. Wir hoffen, Sie haben die Entdeckungsreise genossen und hatten viel Spaß! Der Abschluss eines solchen Mammutprojekts ist eine zünftige Feier wert, nicht nur im Beruf. Laden Sie all Ihre Freunde ein und begehen Sie ein rauschendes Happy-End-Fest im Bollywood-Stil.

Verschönern Sie Ihre Wohnung mit typischer Deko. An goldenen Figuren darf es natürlich nicht fehlen. Über Wände und offene Regale spannen Sie glitzernde Stoffe in satten Farben. Alle dafür notwendigen Materialien, zum Beispiel auch für Saris, finden Sie im Asia-Laden und in den Stoffabteilungen der Kaufhäuser. Im Asia-Laden und über das Internet bekommen Sie auch Bollywood-Poster und kitschige Bilder von indischen Gottheiten, die jede Wohnung sofort zum Bollywood-Tempel machen.

Super wäre es, wenn Sie sich im Freundeskreis einen Beamer ausleihen könnten. Damit projizieren Sie im Hintergrund mithilfe eines DVD-Players oder Computers indische Musikvideos (zum Beispiel »Best of Bollywood«) oder Bollywood-Filme ohne Ton an die Wand. Passend dazu schieben Sie ein paar Bhangra-CDs in die Anlage. Besser als Film-Soundtracks sind übrigens Best-of-CDs, denn darauf sind die schönsten Stücke vereint. Ein guter Tipp: »Shah Rukh Khan The Definitive Collection«, Teil 1 und 2, kombiniert je eine Doppel-CD und eine DVD, sodass Sie zusätzlich die farbenfrohen Tänze vor Augen haben.

Vielleicht können Sie Ihre Gäste dazu bewegen, im Sari oder einem indisch anmutenden Fantasiekostüm zu erscheinen. Die passende Kleidung gibt's bei eBay oder Amazon. Suchen Sie danach mit dem Stichwort »Bollywood«. Begrüßen Sie jeden Gast an der Tür mit einem Bindi, also einem aufgeklebten oder -gemalten Punkt für die Stirn.

In kulinarischer Hinsicht sollte es möglichst bunt und indisch zugehen. Fladenbrote mit Dips, Pakora als Fingerfood, exotisches Obst in kleinen Häppchen ... Vielleicht bauen Sie auch eine Lassi-Bar auf. Anregungen finden Sie in den vielen indischen Kochbüchern, die auf dem Markt sind. Genießen Sie Ihre Feier in dem Bewusstsein, dass ein sehr bewegtes, spannendes und hoffentlich auch erfolgreiches Jahr hinter Ihnen liegt.

○ erledigt

# Dank

Für Feedback, Vorschläge und Expertenwissen möchten die Autorinnen den folgenden Menschen danken:

Jori Ariantho, Christine Axmann, Kirsten Bauseler, Heike Behrens, Susanne Beyer, Lothar Ciesielski/ Cologne Falconry, Alyasha Deadlight, Susanna Fischer, Petra Hartmann, Jörn und Leika Krüger, Familie Lucas, Julia Nickel, Arndt Pohlmann, Axel Pohlmann, Helga Pohlmann, Ulrike Pohlmann, Solveig Robbe, Sabine Schlimm, Patricia Szolnoki, Martin Trockner, Moritz Warth, Annette Weber, Christoph Weber.

Und außerdem ein großer Dank an Orlando Hoetzel für die schönen Illus!

# Bücher, die weiterhelfen

## Freunde, Familie & Partnerschaft

››› Meier, Natascha: **Kamasutra-Box.** GRÄFE UND UNZER VERLAG, München

››› Nussbaum, Cordula: **Familien-Alltag sicher im Griff.** GRÄFE UND UNZER VERLAG, München

››› Smith, Lynn: **Mentoring für Frauen. Wie Frauen Frauen fördern, stärken, unterstützen.** Brunnen Verlag, Gießen

## Körper & Wellness

››› Schutt, Karin: **Massage-Box.** GRÄFE UND UNZER VERLAG, München

››› Trökes, Anna: **Das große Yoga-Buch.** GRÄFE UND UNZER VERLAG, München

››› Trökes, Anna: **Die Yoga-Box, 60 Übungskarten.** GRÄFE UND UNZER VERLAG, München

## Me & Myself

››› Au, Franziska von: **Erfolgreich auftreten im Beruf.** GRÄFE UND UNZER VERLAG, München

››› Berckhan, Barbara: **Einfach selbstsicher!** GRÄFE UND UNZER VERLAG, München

››› Bonneau, Elisabeth: **Erfolgsfaktor Smalltalk.** GRÄFE UND UNZER VERLAG, München

››› Cameron, Julia: **Der Weg des Künstlers.** Droemer Knaur, München

››› Carr, Allen: **Endlich Nichtraucher!** Goldmann, München

››› Härter, Gitte: **Mehr Disziplin, bitte!** GRÄFE UND UNZER VERLAG, München

››› Öttl, Christine; Härter, Gitte: **Selbst-Marketing.** GRÄFE UND UNZER VERLAG, München

››› Preuss-Scheuerle, Birgit: **Entscheide und ... gewinne!** GRÄFE UND UNZER VERLAG, München

## Spaß & Kultur

››› Dusy, Tanja: **Indien. Küche und Kultur.** GRÄFE UND UNZER VERLAG, München

››› Fielding, Helen: **Schokolade zum Frühstück. Das Tagebuch der Bridget Jones. Roman.** Goldmann, München

››› Gadalla, Ulaya: **Bollywood-Dance.** Droemer Knaur, München

››› Greifenstein, Gina: **1 Teig – 50 Kuchen.** GRÄFE UND UNZER VERLAG, München

››› Mankani, Bulbul: **Das Bollywood-Kochbuch.** Christian Verlag, München

››› Matthaei, Bettina: **Würzen.** GRÄFE UND UNZER VERLAG, München

››› Pearson, Allison: **Working Mum. Roman.** Wunderlich, Reinbek bei Hamburg

››› Sahler, Martina: **Cyberschokolade. Roman.** Thienemann Verlag, Stuttgart

››› Schlegl-Kofler, Katharina: **GU Hunde-Erziehungs-Box.** GRÄFE UND UNZER VERLAG, München

››› Sondermann, Christina: **Das große Spielebuch für Hunde. Beschäftigungsideen – Spaß im Hundealltag.** Cadmos Verlag, Brunsbek

›› Steputat, Willy; Fabig, Angelika: **Reimlexikon.** Reclam Verlag, Ditzingen

›› Theby, Viviane: **Schnüffelstunde. Nasenspiele für Hunde.** Kynos Verlag, Mürlenbach

›› Townsend, Sue: **Das Intimleben des Adrian Mole, 13 ¾ Jahre. Roman.** Bertelsmann, München

›› Waldmüller, Heinz; Born, Gertrud; Möller, Armin E.: **Schnäppchenführer Deutschland.** Geocenter, Stuttgart

›› Walter, Gisela: **Die schönsten Spiele für drinnen und draußen.** GRÄFE UND UNZER VERLAG, München

›› Weisenberger, Lauren: **Die Party Queen von Manhattan.** Goldmann, München

## Wissen & Können

›› Kohlheim, Rosa; Kohlheim, Volker: **DUDEN Familiennamen.** Duden Verlag, Mannheim

›› Miltner, Frank; Kolb, Klaus: **Gedächtnis-Training für den Job.** GRÄFE UND UNZER VERLAG, München

›› Münchhausen, Marco von: **Entrümpeln mit dem inneren Schweinehund.** GRÄFE UND UNZER VERLAG, München

›› Pohlmann, Nina: **Krawatten-Knigge.** GRÄFE UND UNZER VERLAG, München

›› Rommel, Thomas: **50 Klassiker der Weltliteratur.** Merus Verlag, Hamburg

›› Seiwert, Lothar: **Das neue 1x1 des Zeitmanagement.** GRÄFE UND UNZER VERLAG, München

›› Wokersien, Telse: **Smalltalk auf Englisch.** GRÄFE UND UNZER VERLAG, München

›› Udolph, Jürgen; Fitzek, Sebastian: **Professor Udolphs Buch der Namen. Woher sie kommen, was sie bedeuten.** Goldmann Verlag, München

# Adressen, die weiterhelfen

www.tusdoch.de
**Die Website zum Buch**

---

www.bbbsd.org
Internetseite des Projekts »Big Brothers Big Sisters«, das Mentoringprogramme für Kinder/Jugendliche anbietet

www.biosphaerenhaus.de
Website des Baumwipfelpfads im Pfälzerwald. Weitere Adressen finden Sie über die Stichworte »Baumwipfelpfad«, »Hochseilgärten« und »Baumkronenpfad«.

www.buddhismus-deutschland.de
Bietet eine Suchmaschine nach buddhistischen Vereinen, auch in kleinen Städten

www.diekinderkueche.de
Die »Kinderküche« bietet bisher in München und in Hamburg schöne und durchdachte Kochkurse für Kinder an.

www.falknerpassion.de
Adler- und Falkenhof im Wildpark Allensbach

www.fedcon.de
ScienceFiction-Con in Deutschland

www.feencon.de
Fantasy-Con in Deutschland

www.heerlager.de
Termine und Adressen von Mittelaltermärkten, -veranstaltungen und Ritterspielen

www.lazyboneuk.com
Insekten in Schokolade und andere Köstlichkeiten

www.secondlife.com
Portal des 3D-Chats »Second Life«

www.sfactor.com
Homepage von Sheila Kelley, der »Erfinderin« des Erotic-Dance-Workouts

www.wattenmeer-nationalpark.de/karte/deut.htm
Übersicht und Internetadressen aller 13 Nationalparks in Deutschland

www.xing.de
Ehemals openBC – gezieltes Netzwerken per Internetplattform. Gratis- und Premium-Mitgliedschaften (Premium mit erweiterter Personen-Suchfunktion)

www.yoga.de
Website des Bunds Deutscher Yogalehrer. Gute Anlaufstelle für die Suche nach einem Yoga-Lehrer in Ihrer Nähe

## Wichtiger Hinweis

Die Gedanken und Anregungen in diesem Buch stellen die Meinung und Erfahrung der Autorinnen dar. Sie wurden von ihnen nach bestem Wissen erstellt und mit größter Sorgfalt geprüft. Dennoch können nur Sie selbst entscheiden, ob die hier geäußerten Vorschläge und Ansichten auf Ihre eigene Lebenssituation übertragbar und für Sie passend und hilfreich sind. Weder Autorinnen noch Verlag können für eventuelle Nachteile oder Schäden, die aus den im Buch gegebenen praktischen Hinweisen resultieren, eine Haftung übernehmen.

## Die Autorinnen

**Esther Szolnoki** arbeitet in einem Ratgeberverlag, **Nina Pohlmann** erforscht als Lektorin das wilde Ruhrgebiet. Vor zwei Jahren haben die beiden einen Pakt geschlossen: Jede Woche etwas völlig Neues wagen! In diesem Buch geben sie ihre besten Ideen weiter. Ihre Lieblingstipps: Nummer 14 und Nummer 67.

## Der Illustrator

**Orlando Hoetzel,** geboren 1971, lebt als freier Illustrator in Berlin und ist für internationale Kunden in den Bereichen Magazine und Werbung tätig. Seine Arbeiten verbinden sein Faible für elegante Formen – Mode, Interiors – mit erzählerischen Elementen. Und sonst? Erweitert er seinen Horizont am liebsten reisend und Sprachen lernend.

**© 2007 GRÄFE UND UNZER VERLAG GMBH,** München

Alle Rechte vorbehalten. Nachdruck, auch auszugsweise, sowie Verbreitung durch Film, Funk, Fernsehen und Internet, durch fotomechanische Wiedergabe, Tonträger und Datenverarbeitungssysteme jeder Art nur mit schriftlicher Genehmigung des Verlags.

**Leitende Redaktion:** Anita Zellner

**Redaktion:** Sabine Schlimm

**Lektorat:** Cornelia Rüping

**Korrektorat:** Ursula Heller

**Umschlag und Innenlayout:**
independent Medien-Design, München

**Herstellung:** Martina Müller

**Satz:** Knipping Werbung GmbH, Berg/Starnberg

**Repro:** Penta Repro, München

**Druck und Bindung:**
Firmengruppe Appl, Wemding

**Umwelthinweis**
Dieses Buch wurde auf chlorfrei gebleichtem Papier gedruckt.
Um Rohstoffe zu sparen, haben wir auf Folienverpackung verzichtet.

**ISBN 978-3-8338-0790-9**
**1. Auflage 2007**

### Unsere Garantie

Alle Informationen in diesem Ratgeber sind sorgfältig und gewissenhaft geprüft. Sollte dennoch einmal ein Fehler enthalten sein, schicken Sie uns das Buch mit einem entsprechenden Hinweis an unseren Leserservice zurück. Wir tauschen Ihnen den GU-Ratgeber gegen einen anderen zum gleichen oder einem ähnlichen Thema um.

### Liebe Leserin, lieber Leser,

wir freuen uns, dass Sie sich für ein GU-Buch entschieden haben. Mit Ihrem Kauf setzen Sie auf die Qualität, Kompetenz und Aktualität unserer Ratgeber. Dafür sagen wir Danke! Wir wollen als führender Ratgeberverlag noch besser werden. Daher ist uns Ihre Meinung wichtig. Bitte senden Sie uns Ihre Anregungen, Ihre Kritik oder Ihr Lob zu unseren Büchern. Haben Sie Fragen oder benötigen Sie weiteren Rat zum Thema? Wir freuen uns auf Ihre Nachricht!

**Wir sind für Sie da!**
Montag–Donnerstag: 8.00–18.00 Uhr;
Freitag: 8.00–16.00 Uhr
Tel.: 0180-5 00 50 54*
Fax: 0180-5 01 20 54*
E-Mail: leserservice@graefe-und-unzer.de

**P.S.:** Wollen Sie noch mehr Aktuelles von GU wissen, dann abonnieren Sie doch unseren kostenlosen GU-Online-Newsletter und/oder unsere kostenlosen Kundenmagazine.

**GRÄFE UND UNZER VERLAG**
Leserservice
Postfach 86 03 13
81630 München

*(0,14 €/Min. aus dem dt. Festnetz)

GRÄFE UND UNZER
100 JAHRE GANSKE VERLAGSGRUPPE

*Ein Unternehmen der*
GANSKE VERLAGSGRUPPE